코딩강화
파이썬

**코딩강화
파이썬**

© 2019. 이규호 All Rights Reserved.

초판 1쇄 발행 2019년 6월 28일

지은이 이규호
펴낸이 장성두
펴낸곳 주식회사 제이펍

출판신고 2009년 11월 10일 제406-2009-000087호
주소 경기도 파주시 회동길 159 3층 3-B호
전화 070-8201-9010 / **팩스** 02-6280-0405
홈페이지 www.jpub.kr / **원고투고** jeipub@gmail.com
독자문의 readers.jpub@gmail.com / **교재문의** jeipubmarketer@gmail.com

편집부 이종무, 황혜나, 최병찬, 이 슬, 이주원 / **소통·기획팀** 민지환, 송찬수 / **회계팀** 김유미
교정·교열 및 진행 이 슬 / **본문디자인** 성은경 / **표지디자인** 미디어픽스
용지 신승지류유통 / **인쇄** 해외정판사 / **제본** 광우제책사

ISBN 979-11-88621-56-9 (93000)
값 19,800원

제이펍은 독자 여러분의 아이디어와 원고 투고를 기다리고 있습니다. 책으로 펴내고자 하는 아이디어나 원고가 있으신 분께서는
책의 간단한 개요와 차례, 구성과 제(역)자 약력 등을 메일로 보내주세요. jeipub@gmail.com

코딩강화 파이썬

이규호 지음

제이펍

이 책은 파이썬을 이용한 프로그래밍을 알려주는 책이지만 컴퓨팅 사고를 익히는 부분을 놓치지 않고 있습니다. 코드를 만들 줄 아는 사람을 만들기 위한 책이 아니라 컴퓨팅 사고를 자연스럽게 익히고 그것을 프로그램으로 구현하기 위한 도구로서 파이썬을 배우는 것입니다. 책을 읽으면서 약간 저 자신의 집필 의욕이 꺾일 만큼 제가 고민하고 교육하고 싶었던 내용을 저자분이 놓치지 않고 책에서 설명하고 있습니다. 코딩을 배우고 싶은 학생부터 자녀의 컴퓨팅 사고 교육을 위한 고민을 하는 부모님까지, 이 책으로 한 걸음 더 목표에 가까워지리라 확신합니다.

— **배프**, 《배프의 오지랖 파이썬 웹프로그래밍》 저자, 패스트캠퍼스 파이썬 강사

디지털 시대에 접어들면서 너나 할 거 없이 모든 사람이 코딩을 도구로써 이용해야 할 필요성이 생겼다. 그렇다면 코딩을 어떤 언어로 시작할 것인가를 결정해야 하는데, 파이썬은 세계적으로 가장 많이 사용되는 언어이자 중요한 프로그래밍 언어 중 하나다. 그래서인지 시중에는 파이썬 교재가 넘쳐나고 있다. 전문가가 쓴 책들은 자칫 비전공자나 사전지식이 없는 독자에게 어렵게 느껴지기도 하는데, 이 책은 비전공자를 교육해 본 경험을 토대로 집필한 노력이 곳곳에서 엿보인다. 처음 시작하는 독자에게 맞춤인 책이다.

— **안성진**, 성균관대학교 컴퓨터교육과 교수

무언가를 새롭게 학습할 때, 가장 중요한 것은 '어떻게 하는 거지?'에 대한 의문을 가지는 것이 아니라, '왜 하는 거지?'에 대한 의문을 가지는 것이라 생각한다. 그리고 이 책은 우리에게 코딩을 '어떻게 해야 하는지'가 아닌 '왜 해야 하는지'를 먼저 알려준다. 올바른 '프로그래밍적 사고'를 기반으로 코딩을 시작하고 싶은 분에게 이 책을 추천한다.

— **윤기태**, 패스트캠퍼스 강사

프로그래밍 언어를 배우는 것은 '컴퓨터를 배우는 일일까요?' 아니면 '논리를 배우는 일일까요?' 적어도 컴퓨터 프로그램을 만드는 일을 하는 저로서는 후자의 답을 고르겠습니다. 왜 이 답을 골랐는지는 이 책을 읽으면 알 수 있을 겁니다. 파이썬은 지금 바로 여러분이 원하는 모든 것을 마음만 먹으면 만들어낼 수 있도록 여러분을 도와줄 것입니다. "배우지 않은 것은 쓸 수 없다"고 말하는 저자가 쓴 이 책이 여러분에게 정말 컴퓨터가 즐거운 것이란 상상을 하게 만들어주리라 기대합니다. 추천인으로서 여러분에게 바라는 한 가지가 있다면 이것입니다. 두려워 마세요. 한 발자국을 내디디면 새로운 세상이 열려 있을 거예요.

— **이지호**, 《Flask 기반의 파이썬 웹 프로그래밍》 저자

단순히 파이썬 입문서나 코딩 입문서라고 부르기엔 기존 책들과 다른 책이다. 첫 장인 '용어부터 알고 가자'를 보면 이 책이 지향하는 바를 확실히 알 수 있는데, '프로그래밍'과 '코딩'을 정확히 정의하고 풀어 설명한다. 이처럼 용어를 민감하게 사용할 뿐만 아니라, 그 의미도 꼭 설명한다. 덕분에 코딩 입문자도 막힘 없이 따라갈 수 있다. 게다가 알고리즘까지 설명하니, 이 책을 모두 읽으면 코딩 초보를 졸업했다고 할 수 있겠다.

— **이태화**, 《일 잘하는 평사원의 업무 자동화》 저자

개발과 교육을 업으로 삼고 있는 저도 이 책의 꼼꼼함과 자세한 설명에 깜짝 놀랐습니다. 입문자가 알아야 하는 거의 모든 내용이 이 책에 있다고 자신 있게 이야기할 수 있습니다. 이 책을 통해 여러분은 파이썬다운 프로그램 작성법, 함수와 객체 사용법, 디버깅 방법, 컴퓨터적 사고방식까지 함께 익힐 수 있을 것입니다. 더불어, 예제와 유제를 머리를 싸매며 직접 풀어 본다면 책을 덮는 순간 한층 더 레벨업한 여러분을 만날 수 있을 거라 생각합니다.

— **정호영**, 코드스쿼드 강사

2015 개정 교육과정 적용으로 소프트웨어 교육이 일부 의무화되었다. 비록 고등학교 과정은 선택 과목으로 남았지만, 취업이나 창업 때까지 프로그래밍을 몰라도 되는 사람이 얼마나 될까?

언론사에서는 인공지능으로 인한 대규모 구조적 실업을 연일 경고한다. 매일 보던 패스트푸드점 직원이 키오스크로 대체되고, 은행 창구 직원이 줄어드는 반면 ATM은 늘어난다. 이러한 사회 변화를 직시하면 프로그래밍을 공부하지 않는 것이 더 힘들다.

소프트웨어 교육은 사실상 의무화되었다. 이제는 학생들도 자신의 미래를 위해 프로그래밍 공부를 시작해야 하는 현실을 이해한다. 하지만 그렇다고 하더라도 새로운 과목을 익히는 것이 부담스러운 게 사실이다.

이러한 학생의 처지를 이해하는 선생님들은 프로그래밍을 쉽고 재미있는 것으로 소개한다. 학생들도 흥미를 느끼며 주어진 과제를 수행한다. 하지만 이는 컴퓨팅 사고 교육에만 전념하는 블록 코딩 단계, 예컨대 중학교 교육과정의 '스크래치'나 '엔트리'에서 끝난다.

고등학생이나 성인이 되어 텍스트 코딩에 접어들면 상황은 완전히 달라진다. 미처 마음의 준비를 하지 못한 사람들은 불친절한 에러 메시지에 주눅이 든 채 프로그래밍을 시작하고, 수학을 떠올리게 만드는 함수와 알고리즘을 마주하고 좌절한다.

그러나 이는 학생 탓이 아니다. 배우는 사람이 느끼는 어려움을 해소해 줄 콘텐츠가 부족한 것이 원인이다. 서점에 가보면 프로그래밍 입문서가 많지만, 무엇을 어떻게 왜 어떤 순서로 가르쳐야 하는지 진지하게 고민한 흔적이 보이는 책은 한 손에 꼽는다. 예비 개발자가 아닌 독자까지 고려한 책은 사실상 없다.

이에, 이 책이 대안이 될 수 있기를 바라는 간절한 마음으로 내용을 구성하였다. 특히 '몰라도 일단 넘어가는' 관행 등 기존의 프로그래밍 입문 서적이 가진 불친절함을 답습하지 않도록 힘썼다. 혹여 정보 교과 공부를 보충하기 위해 중고등학생이 이 책을 펼치더라도 무리 없이 이해할 수 있을 것으로 기대한다.

이 책을 통해 독자들이 프로그래밍에 대한 자신감을 가지고 각종 시험을 정복하는 동시에, 격변의 시기에 대비할 수 있는 무기를 갖추게 되리라 확신한다.

감사의 글

이 책은 저 혼자만의 힘으로 완성되지 않았습니다. 그렇기에 부족한 기억력으로나마 도움을 주신 분들께 인사를 드리고 싶습니다.

꼼꼼한 감수로 책의 완성도를 높여주신 권정인 교수님, 콘텐츠를 통한 가치 전달을 지도해 주신 안성진 교수님, 수학에 관한 서술이 엇나가지 않도록 내용을 검토하고 조언해 준 류현규 선배님, 신선한 시각으로 아이디어를 샘솟게 해준 양현석, 글쓰기에 자신감을 가지도록 늘 첫 독자가 되어준 김기범, 글에 대한 직감과 한결같은 응원으로 용기를 준 조아라, 투고와 출간에 관한 지식을 나눠준 한종석.

원고를 좋게 봐주시고 이 책이 출간될 수 있도록 애쓰신 제이펍 출판사 장성두 대표님과 저자보다도 불타는 열정으로 원고를 책으로 만들어주신 이슬 과장님, 본문 디자인 및 조판을 담당해 주신 성은경 디자이너님, 베타리딩으로 책의 완성도를 높여준 분들과 보이지 않는 곳에서 힘써주신 제이펍 출판사의 모든 분.

그리고 늘 믿고 격려하며 기다려주시는 부모님 그리고 누나.

마지막으로, 제가 저자일 수 있도록 이 책을 읽어주신 독자님께 진심으로 감사드립니다.

이규호

이 책의 구성

이 책의 목적은 고등학교를 졸업한 사람이라면 마땅히 터득해야 할 컴퓨팅 사고와 소프트웨어 기초 지식을 효과적으로 전달하는 것이다. 이 책은 다음과 같이 다섯 단계로 구성된다.

- 레벨 1: 프로그래밍이 무엇인지 어떤 의미를 지니는지 알아보고 첫 프로그램을 만든다.
- 레벨 2: 파이썬의 기초 문법을 배우고 익힌다.
- 레벨 3: 컴퓨팅 사고와 알고리즘의 의미를 알아보고, 레벨 2에서 오해했던 문법적 요소를 바르게 이해하며, 심화된 문법과 디버깅을 학습한다.
- 레벨 4: 많은 문제를 풀어보고, 문제를 해결하는 방법의 공통된 원리를 살핀다.
- 레벨 5: 타인의 코드를 이용해 프로그래밍할 때의 느낌을 실감하고, 패스워드 크래킹을 통해 지금까지 배운 것을 어떻게 사용할 수 있는지 확인한다.

이 책의 사용법

1. 암기는 시험을 볼 때만 한다

단언컨대, 정보 홍수의 시대에 필요한 것은 암기 능력이 아니라 필요한 정보를 찾아내는 능력이다. 따라서 어떤 내용이 기억나지 않는다면, 거리낌 없이 앞으로 돌아가 전에 다뤘던 내용을 다시 확인하면 된다. 프로그래밍 입문 과정에서 노력을 기울여 무언가를 암기하는 행위는 불필요하다.

현업 프로그래머는 과거에 자신이 썼던 프로그램 코드나 타인이 공개한 코드를 재활용하는 데 거리낌이 없다. 게다가 대개 인터넷에 연결된 상태에서 프로그래밍한다. 결론적으로 프로그래머들은 어떤 것도 억지로 외우지 않는다. 찾아서 쓰면 되기 때문이다. 따라서 모든 프로그래밍 시험은 오픈북 형태로 치를 때 가장 이상적이다.

하지만 안타깝게도 모든 선생님께 오픈북 시험을 요구할 수는 없다. 시험의 공정성이나 신뢰성 등 교실에는 무수한 제약과 돌발 상황이 존재하기 때문이다. 따라서 학습자에게 암기를 요구하는 선생님이 있을 수도 있다. 이 경우에는 어쩔 수 없이 내용을 외우더라도 왜 그 내용을 외우도록 요구했을지 의문을 가져보자.

2. 순서대로 차분하게 읽되 문제가 안 풀린다고 좌절하지 않는다

이 책은 처음부터 끝까지 일관된 논리에 따라 치밀하게 구성되었다. 설명부를 읽으면 예제를 파악할 수 있고, 예제를 알면 유제를 풀 수 있도록 내용을 배치하였다. 앞에서 제시했던 것을 뒤에서 다시 다룸으로써 이해를 심화하기도 한다. 그러므로 이 책은 읽는 순서가 이해에 중대한 영향을 미친다. 따라서 독자들이 첫 장부터 차분하게 읽어나가길 바란다.

다만, '어떤 문제든 답을 보지 않고 풀어서 맞아야 한다'는 생각은 버리길 바란다. 이는 완벽주의의 함정이며, 초심자가 흔히 저지르는 실수다. 때로는 에러를 해결하지 못하거나 접근 방법조차 떠올리지 못할 수도 있다. 그럴 때는 예시 답안을 확인해도 괜찮다. 다만, 프로그램 코드를 눈으로만 보지 말고 반드시 직접 실행해 본 후 학습 포인트까지 확실히 읽고 넘어가자.

3. 나에게 적합한지 확인한다

이 책은 프로그래밍에 처음 입문하는 학습자가 기본서로 활용할 수 있도록 설계되었다. 따라서 다음 사람들에게 이 책을 권장한다.

- 컴퓨터를 전공하진 않지만 급변하는 미래를 준비하고 싶은 대학생
- 정보 교과서의 내용을 예·복습하거나 더 자세히 알고 싶은 고등학생
- 관련 학과 소속으로 학부 과정 기초 프로그래밍 수업을 더 잘 이해하려는 대학생
- 필요에 따라 프로그래밍을 급하게 배워 사용해야 하는 직장인
- 반복되는 사무를 자동화함으로써 더 생산적인 일에 집중하고 싶은 사업자
- 블록 코딩을 배운 후 텍스트 코딩으로 나아가고 싶은 중학생
- 이외의 이유로 프로그램에 입문하고 싶은 사람

이 책의 구성 요소

이 책의 설명을 좀 더 쉽게 이해할 수 있도록 다음과 같은 참고 요소들을 곳곳에 활용했다.

1. 예제

본문의 설명을 이해했는지 확인할 수 있도록 바로바로 예제를 제공한다.

2. 학습 포인트

예제 또는 유제에서 꼭 얻어갈 지식들을 정리하였다.

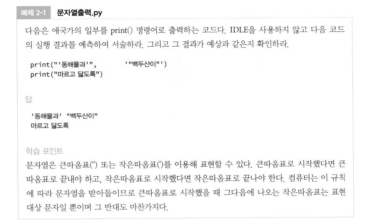

3. 유제

본문과 예제의 학습 포인트를 이해했다면 풀어볼 수 있는 문제를 따로 제공하여 본문에서 다룬 내용을 충분히 연습하도록 했다.

4. 유제 해설

유제의 정답과 학습 포인트를 별도로 정리하여 제공한다. 또한, 코딩에는 한 가지 답안만 존재하는 것은 아니므로 독자가 생각할 수 있는 다른 답에 대한 설명도 추가했다.

유제 3-1 **플레잉카드**.py

예시 답안

```
all_cards = [i+j for i in suit for j in denomination]
suit = ['♠', '♣', '♡', '◇']
denomination=['A', '2', '3', '4', '5', '6', '7', '8', '9', '10', 'J', 'Q', 'K']
all_cards=[i+j for i in suit for j in denomination]
print(all_cards)
```

학습 포인트

예시 답안과 같이, 리스트 내포를 쓸 때 2개의 for를 이용해서 1차원 리스트를 만들 수도 있다.
리스트 내포를 사용하지 않는다면 다음과 같이 코드를 작성한다.

5. NOTE

본문에 언급한 내용에 대한 보충 설명이나, 이 책의 범위에는 들지 않지만 파이썬의 주요 내용에 관한 설명을 추가했다.

 셸(shell)과 프롬프트(prompt)는 파이썬 IDLE에 국한된 용어가 아니다. 셸은 '명령어를 입력받고 해석하여 컴퓨터가 수행할 수 있도록 중개하고 그 결과를 보여주는 도구'를 통칭하는 표현이다. 그리고 프롬프트는 '셸이 명령을 기다리고 있을 때 보여주는 문자'를 일반적으로 지칭하는 단어다.

6. FAQ

이 책을 공부하다가 생길 수 있는 예상 질문과 그에 대한 답을 실었다.

 셸과 에디터 중에 무엇이 더 좋은가?
더 좋은 것은 없다. 목적에 따라 필요한 것을 사용하면 된다. 그러나 이를 판단하기 위해서는 셸과 에디터의 차이를 알아야 한다.

셸은 한 줄씩 즉시 실행되므로 여러 줄의 프로그램을 작성하기 어렵다. 그리고 코드를 따로 저장할 수 없다. 셸 창의 [File]-[Save]를 통해 작성한 코드와 실행 결과를 함께 저장할 수 있긴 하지만 이 책은 사용하지 않는다.

에디터는 여러 줄을 한꺼번에 작성하여 실행할 수 있지만, 계산 결과를 바로 볼 수 없다. 따라서 내가 작성한 코드가 맞는지 틀렸는지도 즉시 확인할 수 없다.

그러므로 에디터와 셸 모두를 띄워놓고, 에디터를 이용해 코드를 편집하다가 궁금한 것이 생겼을 때는 셸을 이용하면 적절하다. 이 책은 셸을 이용할 때 '>>>' 표시를 이용할 것이다. 이는 파이썬 셸이 명령을 기다리고 있음을 알릴 때 띄우는 신호이며, **프롬프트(prompt)**라고 부른다.

7. 코딩 영어

이 책을 읽거나 파이썬을 배울 때 알면 좋을 영어 단어나 문장의 뜻을 실었다.

 'index'는 '가리킴'이란 뜻으로, 무언가를 가리킬 때 주로 사용하는 집게손가락(검지)을 영어로 'index finger'라고 한다. 'indexing'은 인덱스를 통해 변수의 일부를 사용하는 행위를 말한다.
'slice'는 '잘린 조각'이란 뜻으로, 변수의 일부를 나타낸다. 'slicing'은 인덱스를 통해 변수의 일부 구간을 사용하는 행위를 말한다.

8. 에러 메시지

이 책의 내용을 직접 실행했을 때 겪을 수 있는 에러 메시지에 대한 설명을 실었다.

에러 메시지

```
TypeError: unsupported operand type(s) for -: 'str' and 'str'
```
자료형과 관련된 오류   연산자 -는 지원하지 않는다   문자열과 문자열 사이에서

🦋 **강찬석**(LG전자)

파이썬을 처음 접하는 사람에게 가장 기본적인 문법부터 이를 활용한 예제까지 학습하는 데 필요한 항목들이 잘 갖춰져 있는 책입니다. 쉽다고 생각할 수 있어도 중간중간 다루고 있는 프로그래밍 관련 지식과 팁들은 기본을 다지는 데 충분히 도움이 될 것이라 생각합니다.

🦋 **김기범**(JDA(SCM consulting firm))

컨설턴트로서 느낀 어려운 점 중 하나는 바로 개발자(고객, 자사 포함)와의 대화입니다. 그동안 화성에서 온 듯한 사람으로 취급했지만, 이 책을 읽고 나니 사실은 컴퓨팅 사고를 가진 훌륭한 집단이란 걸 깨달았습니다. 모든 영역에서 컴퓨터가 활용되는 4차 산업시대를 대비해 이 책과 함께 컴퓨팅 사고를 길러 한발 앞서 나가는 인재가 되어보는 건 어떨까요?

🦋 **양현석**(LG CNS)

다른 IT 서적은 단어부터 초보자를 당황스럽게 만드는데, 이 책은 단어 선택부터 진행되는 흐름, 준비된 문제까지 프로그래밍을 처음 접하는 사람을 위해 쓴 기색이 엿보입니다. 처음부터 한 단계씩 밟아 가다 보면 어느새 프로그래밍에 익숙해지는 것은 물론이고, 프로그래밍에 대한 재미까지 덤으로 얻을 수 있습니다.

🦋 **이호경**(kt ds)

기본부터 중·고급 내용까지 '잘' 다룬 책은 많지 않습니다. 하지만 이 책은 기본부터 중·고급 내용까지 단계별로 자연스럽게 이어져 있습니다. 파이썬을 처음 시작하는 분이나 기본기부터 다시 한번 탄탄히 쌓으면서 컴퓨팅 사고력 능력을 키우고 싶은 분께 추천하고 싶습니다.

🐟 장미(성균관대학교 컴퓨터교육과)

왜 프로그래밍을 배워야 하는지부터 파이썬이라는 언어가 얼마나 강력한 힘을 가졌는지까지 몸소 느껴볼 수 있었습니다. 또한 중간중간 숨어 있는 유쾌한 비유들로 까다로운 개념에 좀 더 쉽게 다가갔던 것 같습니다. 정보 시험을 대비하는 독자들과 알고리즘 공부를 파이썬으로 시작하고 싶은 독자 모두에게 적절한 입문서라고 생각합니다.

🐟 정욱재(서울시립대학교)

흥미를 위한 입문서로 보기에는 다소 많은 지식이 담겨 있습니다. 그래서 교과서 같은 느낌이 드는 책입니다. 코딩 교육을 위한 책이라 그런지 파이썬 스타일의 책으로 보이지는 않지만, 그럼에도 불구하고 설명 부분이 충분히 좋은 책인 듯합니다.

🐟 한홍근

프로그래밍에 입문하고자 하는 독자에 눈높이를 맞춘 프로그래밍 입문서라고 생각합니다. 생소한 용어와 그에 대한 설명을 나열하는 형태가 아니라, 배경을 설명하고 그 용어가 나오게 된 이유, 그리고 쉽게 이해할 수 있는 예시를 보여줍니다. 책 전체에서 배운 내용을 바탕으로 직접 프로그램을 만들면서 '여러분이 공부한 지식으로 이런 것도 만들 수 있어요!'라는 성취감도 느낄 수 있습니다. 기존 프로그래밍 입문서를 공부하며 어려움을 느꼈던 분께 권합니다.

제이펍은 책에 대한 애정과 기술에 대한 열정이 뜨거운 베타리더들로 하여금
출간되는 모든 서적에 사전 검증을 시행하고 있습니다.

LEVEL 01

있어 보이는 계산기 사용자

0과 1의 차이는 여러 가지로 해석된다. 단순히 크기 1만큼의 차이로 볼 수도 있겠지만, '거짓과 참' 또는 '없음과 있음'으로 해석하기도 한다.

첫 장을 펼친 우리는 0에서 1이 되었다. 시작은 모든 것의 씨앗이자 신호탄이다. 지금의 초심을 기억하자. 그리고 작심의 불꽃이 사그라지는 3일이 지나기 전에 레벨 2로 나아가자.

용어부터 알고 가자

1.1.1 프로그래밍 vs 코딩

예전에는 프로그래밍(programming)이라는 단어가 코딩(coding)이라는 단어보다 더 일반적이었다. 그런데 정보 교과 교육의 의무화가 결정되면서 '프로그래밍 교육'보다는 '코딩 교육'이라는 단어가 더 자주 보이게 되었다. 길이도 더 짧고 발음도 더 쉬워서 빠른 대체가 이루어진 것이다.

하지만 엄밀히 말하자면 프로그래밍과 코딩은 서로 다른 단어다. 프로그래밍은 'program + ing', 코딩은 'code + ing'이다. 즉, 프로그래밍은 '프로그램을 만드는 행위', 코딩은 '코드를 만드는 행위'다.

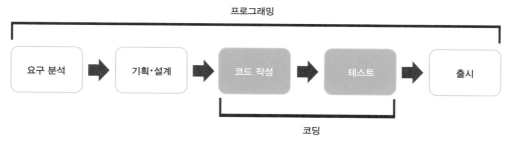

프로그래밍과 코딩

코드는 프로그램을 기획·설계한 후에 작성하므로 사실 코딩은 프로그래밍의 여러 단계 중 하나일 뿐이다. 게다가 정부가 의무화를 통해 강조하고자 하는 것은 코드를 만드는 능력이 아니라, 기획·설계 단계에서 더 필요한 컴퓨팅 사고(Computational Thinking)다. 따라서 엄밀히 말하자면 '코딩 교육 의무화'라는 단어는 틀린 것이다.

'코딩'의 의미가 넓어지고 있는 추세이긴 하지만, 코딩과 프로그래밍은 엄연히 다르다. 혼동하지 않도록 주의하자.

1.1.2 컴퓨팅 사고

"이 나라의 모든 사람들은 프로그래밍을 배워야 한다. 왜냐하면 프로그래밍이 생각하는 방법을 가르쳐 주기 때문이다(Everybody in this country should learn how to program a computer, because it teaches you how to think)." 이는 애플의 공동 창립자 중 한 명이자 CEO였던 잡스가 남긴 말이다. 굉장히 멋진 말이고, 프로그래밍 교육의 핵심을 꿰뚫는 표현이기도 하다.

하지만 프로그래밍을 배우기 전이라면 다소 의문이 생길 수밖에 없는 표현을 포함하고 있다. 그것은 바로 '생각하는 방법(how to think)'이라는 단어다. 스티브 잡스는 프로그래밍을 배우지 않은 사람들을 모두 생각할 줄도 모르는 사람이라고 비난한 것일까? 물론 그렇지 않다. 잡스가 말한 '생각하는 방법'이란 컴퓨팅 사고를 의미한다.

그렇다면 컴퓨팅 사고란 무엇일까? 지금 단계에서는 다음과 같이 알고 넘어가면 충분하다.

> '복잡하고 어려운 문제를 컴퓨터가 해결할 수 있는 형태로 변환하여 해결 방법을 설계한 뒤, 컴퓨터에게 명령하여 답을 찾는 과정'에서 필요한 일련의 생각

1.1.3 프로그래밍 언어

컴퓨터는 인간의 말을 알아듣지 못한다. 따라서 컴퓨터에게 명령하여 인간이 요구하는 동작을 수행시키려면, 컴퓨터가 알아들을 수 있는 말로 명령을 표현해야 한다. 이때 컴퓨터가 알아들을 수 있는 말을 일컬어 '기계어'라고 한다. 그런데 0과 1로 이루어진 이 기계어는 인간이 쓰기에는 너무나 복잡하다.

그래서 학자들이 번역기를 만들었다. 덕분에 기계어까지는 아니더라도 **컴퓨터 입장에서 친숙한 인간의 언어**로 사람이 명령하면, 번역기가 그 말을 0과 1로 이루어진 기계어로 변환해준다. 이때 컴퓨터 입장에서 친숙한 인간의 언어가 바로 **프로그래밍 언어**다.

하지만 이것은 다소 부자연스럽다. 비유를 들자면, 한국어를 모르는 영어권 출신 비서에게 일을 시키기 위하여 내가 영어를 배우는 꼴이기 때문이다. 즉, 프로그래밍 언어를 배운다는 것은 이 비서의 능력이 너무나 대단한 나머지 해고하기는 싫어서 내가 눈물을 머금고 영어를 배

우는 것과 마찬가지다.

정말 이런 상황이라면 비서에게 한국어를 가르치고 싶은 마음이 굴뚝같을 것이다. 그래서 지금 이 순간에도 컴퓨터에게 인간의 언어를 가르치려 끊임없이 시도하는 사람들이 있다. 어느 정도 성과는 나오고 있지만, 궁극적으로 인간의 언어 능력을 갖추는 수준에 이르려면 시간이 더 필요할 것으로 보인다.

왜 하필 파이썬인가?

사람들의 말에도 여러 종류가 있듯 프로그래밍 언어도 다양하다. 지리적 요인에 의해 나눠진 사람의 말과 달리, 프로그래밍 언어는 목적에 따라 분화되었다. 세상에는 정말 수많은 프로그래밍 언어들이 있지만, 이 책은 파이썬(Python)을 다루기로 한다. 다음 세 가지 요건을 충족하는 언어가 파이썬 하나뿐이기 때문이다.

1.2.1 적용 가능한 분야가 넓다

특수한 목적으로 설계된 프로그래밍 언어, 예컨대 웹에 특화된 JavaScript나 데이터베이스에 특화된 SQL 등은 입문자에게 추천하지 않는다. 특정 분야에서는 굉장한 성능을 보여주지만, 그 분야 외에는 적용하기가 어려워 흥미가 떨어지기 때문이다.

예를 들어, 중학교 교육과정에 포함된 스크래치(Scratch)와 엔트리(Entry)는 교육 목적 언어다. 그래서 쉽고, 교육 효과가 좋다. 하지만 이들을 이용해 복잡하거나 고급화된 작업을 수행하기는 어렵다.

파이썬은 활용 범위가 무척 넓은 언어다. 무엇을 할 수 있는지 묻기보다 무엇을 할 수 없는지 묻는 게 더 빠르다. 데이터의 수집과 분석, 상용 소프트웨어 개발, 게임 제작, 웹 사이트 제작, 심지어 최근 이슈화된 인공지능 구현에 이르기까지 굉장히 넓은 범위에서 사용되고 있다. 따라서 컴퓨터를 전공으로 선택하지 않은 비전공자는 파이썬 하나만으로도 충분한 경우가 많다.

1.2.2 인기 있다

인지도가 떨어지는 프로그래밍 언어는 인터넷 검색을 통해 정보를 얻기가 무척 어렵다. 그래서 공부하기도 힘들다. 이 때문에 프로그래밍 입문 단계에서는 널리 알려진 언어의 학습을 권장한다.

2019년 1월 기준으로, 파이썬은 수십 개의 언어를 제치고 현재 3위에 올라 있다.[1] 해외는 물론이고 국내 자료도 많은 편이다.

1.2.3 학습이 쉽다

굉장히 훌륭한 프로그래밍 언어지만 교육 목적상 적합하지 않은 경우가 있다. 예컨대 프로그래밍에 갓 입문한 사람이 C나 Java라는 언어를 배울 때, 강의자가 무슨 수를 써도 만족스럽게 설명할 수 없는 부분이 초반에 등장한다. 수학에 비유하자면 초등학생이 도형의 부피 구하기를 배우는 데 적분기호($\int$)가 등장하는 셈이다.

이를 해결하기 위해서는 뒷부분을 먼저 설명해야 하는데, 뒷부분을 이해하기 위해서는 초반부를 꼭 알아야 한다. 이 악순환을 끊으려면 '알 수 없는 부분은 그냥 받아들이고 외워서 넘어가는' 방법밖에 없다. 이는 학습자에게 찜찜함을 남긴다. 파이썬은 이러한 불상사가 벌어지지 않는다. 게다가 문법도 간결해서 배우기 쉽다.

1.2.4 고등학교 정보 교과 교육과정에 채택되었다

위에서 제시한 세 가지 요건을 모두 충족하는 프로그래밍 언어는 현재 파이썬 하나뿐이다. 그래서 최근 프로그래밍 입문 교육에서는 파이썬을 사용하는 추세다.

고등학교 교과서 또한 이러한 흐름을 반영하고 있다. 총 8종의 2015 개정 정보 교과서 중에서 6종이 파이썬을 채택하였다. 나머지 2종은 C 언어를 채택하였는데, 과거 프로그래밍 입문자 교육에 대개 C 언어가 사용되었기 때문이다.

---

1 TIOBE Index for January 2019. (2019). https://www.tiobe.com/tiobe-index/.

설치와 실행 그리고 첫 프로그램

1.3.1 설치

파이썬 설치는 게임 설치보다 쉽다. 따라서 여기서는 간단하게 설명하고 넘어가기로 한다. 그럴 리는 없겠지만, 만약 설치에 어려움을 느낀다면 유튜브 동영상이나 온라인 자료를 검색하기 바란다. 설치를 친절하게 설명해주는 자료는 인터넷에 너무도 많다.

여기서는 Microsoft Windows 10(이하 윈도우) 사용자를 기준으로 설명한다. 인터넷 브라우저는 Microsoft Edge 또는 Google Chrome 등 무엇을 사용해도 괜찮다.

1. 웹 브라우저에서 https://www.python.org/에 접속한다.
2. Downloads 탭에 마우스 커서를 올리고 'Download for Windows'라는 글자 아래에 'Python 3.7.2' 버튼을 클릭한다. (3.7.2는 2019년 1월 8일 기준 버전이며, 이후 숫자가 커질 수 있다.) 인터넷 익스플로러를 사용한다면 Downloads 탭을 클릭하여 'Download the latest version for Windows'라는 글자 아래에 있는 'Download Python 3.7.2'를 클릭한다.
3. 다운로드한 파일을 실행한 후 **아래쪽에 있는 'Add Python 3.7 to PATH'**에 체크하고 'Install Now' 버튼을 클릭한다.

 실수로 'Add Python 3.7 to PATH'에 체크하지 않았다면?
가장 쉬운 해결 방법은 설치 파일을 다시 실행하여 Uninstall을 눌러 삭제한 뒤 재설치하는 것이다. 이를 해결하지 않고 진행해도 당장은 괜찮다. 그러나 조금 더 복잡한 프로그램을 만들 때 유용하게 사용할 수 있으므로 재설치를 권한다.

키보드에서 (대개 키보드의 왼쪽 아래 Ctrl키와 Alt키 사이에 있다)를 눌러 키보드로 python을
직접 입력하거나 시작 버튼을 클릭하여 알파벳 P를 찾아 Python 3.7을 찾아보면 다음과 같은
항목들이 보일 것이다.

> IDLE
>
> Python 3.7
>
> Python 3.7 Manuals
>
> Python 3.7 Module Docs

Manuals와 Module Docs는 영어로 된 파이썬 설명서다. (이 책에서는 다루지 않는다.) Python
3.7을 클릭하면 까만 화면에 하얀색 글씨가 보일 것이다. 이 창은 저장과 불러오기가 어려워
이 책에서는 사용하지 않을 예정이다. 즉, 이 책에서 사용하는 것은 IDLE뿐이다.

> **코딩 영어**
>
> 입문 수준을 넘어 프로그래밍을 잘하는 단계에 도달하기 위해서는 결국 영어 또한 일정 수준에 도달해
> 야 한다. 영어 사용자가 한국어 사용자보다 압도적으로 많으므로 양질의 자료나 최신 정보들은 대부분
> 영어로 되어 있기 때문이다. 예를 들면, 'how to make website with python'으로 검색한 결과가 '파이
> 썬으로 홈페이지 만드는 방법'을 검색한 결과보다 훨씬 낫다.
>
> 하지만 영어 실력 향상은 이 책의 범위 밖이다. 따라서 이 책에서는 영어에 익숙지 못한 학습자를 고려하
> 기로 한다. 중요한 영어 단어나 문장은 해석을 제공할 것이다. 정확한 해석보다는 이해를 돕는 데 중점을
> 두었다.

IDLE을 실행하면 다음과 같은 창을 볼 수 있다.

IDLE 실행 화면

메뉴가 많고 복잡해 보인다. 하지만 일단은 신경 쓰지 말고, 첫 실행 기념으로 아무거나 입력
해보자. 한국어나 영어를 입력하면 프로그램이 빨간색으로 에러 메시지를 띄울 것이다. 두려

워할 필요는 없다. 다음으로는 숫자를 입력해서 계산을 시켜보자. 이번에는 반응이 조금 다를 것이다.

```
Python 3.7.2 Shell                                          -    □    ×
File  Edit  Shell  Debug  Options  Window  Help
Python 3.7.2 (tags/v3.7.2:9a3ffc0492, Dec 23 2018, 22:20:52) [MSC v.1916 32 bit (Intel)] on win32
Type "help", "copyright", "credits" or "license()" for more information.
>>> 안녕
Traceback (most recent call last):
  File "<pyshell#0>", line 1, in <module>
    안녕
NameError: name '안녕' is not defined
>>> hello
Traceback (most recent call last):
  File "<pyshell#1>", line 1, in <module>
    hello
NameError: name 'hello' is not defined
>>> 1*2
2
>>> 2-8
-6
>>> 4*9
36
>>> 7/3
2.3333333333333335
>>> 7//3
2
>>> 7%3
1
>>> 8**2
64
>>>
                                                              Ln: 27  Col: 4
```

IDLE을 통한 여러 가지 시도

이처럼 파이썬은 기본적인 계산기 역할을 할 수 있다. 지금 단계에서 사용할 수 있는 것은 사칙연산 같은 것뿐이지만, 자유롭게 입력하며 하나씩 실험해보자. '얼마나 큰 숫자를 넣어야 파이썬이 계산을 포기할까?' 같은 의문을 해소해보는 것도 좋다.

에러 메시지

숫자를 0으로 나누려고 하면 다음과 같은 에러 메시지를 볼 수 있다.

```
ZeroDivisionError: division by zero  ←——— 0으로 나눈 오류: 숫자를 0으로 나누려 들었음
```

지금 단계에서 사용할 수 있는 산술연산자는 다음과 같다. IDLE에서 직접 테스트해보자.

여러 가지 산술연산자

산술연산자	기능	예시	결과
+	덧셈	1+2	3
-	뺄셈	2-8	-6
*	곱셈	4*9	36
/	나눗셈	7/3	2.3333333333333335
//	나눗셈의 몫	7//3	2
%	나눗셈의 나머지	7%3	1
**	제곱	8**2	64

 곱셈이 왜 *인가? × 아닌가?
만약 곱셈을 ×로 표기하면 영어 소문자 x와 구분하지 못하여 큰 혼란이 생길 것이다. 따라서 컴퓨터에서 표현되는 모든 곱셈 연산은 *를 사용한다. 키보드 오른쪽 숫자 패드를 보면 +, -, *, /라고 표시되어 있는 것을 확인할 수 있다. *는 영어로 애스터리스크(asterisk)라고 하거나 우리말로 '별표'라고 읽는다.

화면을 다시 살펴보자. 사용자가 엔터를 한 번 칠 때마다 그 결과를 일일이 반환하고 있다. 이처럼 사용자의 명령을 받을 때마다 하나씩 해석하여 실행하는 언어를 인터프리터 언어(interpreter language)라고 하며, 그 해석기를 **인터프리터**라고 부른다.

정확히 표현하자면 우리는 파이썬을 설치한 것이 아니다. 파이썬이라는 프로그래밍 언어의 해석기와 이를 사용할 수 있도록 돕는 소프트웨어를 설치한 것이다. 이때, 프로그램 개발을 돕는 도구는 **통합 개발 환경(IDE, Integrated Development Environment)**이라 부른다.

파이썬의 해석기와 함께 설치된 **IDLE(Integrated Development and Learning Environment)**은 여러 종류의 IDE 중 하나다. 학습에 필요한 모든 것을 가지고 있으며 복잡한 기능이 없어 입문자들의 학습용으로 적합하다. 그러므로 이 책에서는 IDLE만을 사용하기로 한다.

 모든 프로그래밍 언어가 인터프리터 언어인 것은 아니다. C는 분류상 컴파일 언어다. 명령이 입력될 때마다 이를 번역하는 인터프리터와 달리, 컴파일러는 코드 전체를 실행 가능한 형태로 번역하여 실행 파일을 미리 만든다.

이번에는 'Python 3.7.2 Shell'이라고 쓰인 제목 표시줄 바로 아래 메뉴를 살펴보자.

자주 사용되는 메뉴를 다음 표에 나타냈다.

IDLE에서 자주 사용되는 메뉴

메뉴	설명
[File]	
– [New File]	문서 편집 프로그램의 '새 문서'와 같다. 이를 통해 셸(Shell) 모드에서 벗어나 편집기(Editor) 모드로 전환할 수 있다.
– [Open]	문서 편집 프로그램의 '열기'와 같다.
– [Save]	문서 편집 프로그램의 '저장하기'와 같다. 단축키가 Ctrl+S임을 알아두고 수시로 저장하자.
– [Savs As]	문서 편집 프로그램의 '다른 이름으로 저장'과 같다.
[Edit]	
– [Find]	문서 편집 프로그램의 '찾기'와 같다. 단축키는 Ctrl+F다.
– [Replace]	문서 편집 프로그램의 '찾아 바꾸기'와 같다.
[Debug]	무척 중요하지만 지금 단계에서는 알기 어렵다. 레벨 3에서 설명한다.
[Options]	
– [Configure IDLE]	글꼴 등 스타일을 바꾸거나 기본 창을 셸에서 에디터로 바꾸는 등 유용한 설정을 할 수 있다.

지금처럼 엔터를 한 번 칠 때마다 IDLE이 반응해주는 창을 **셸 창(shell window)**이라고 한다. 그런데 이 상태로는 긴 프로그램을 작성하기 어렵다. 따라서 [File]–[New File]을 눌러 새로운 화면을 띄워 보자.

그러면 새하얀 공백에 아무것도 적혀 있지 않은 새 창이 뜰 것이다. 이곳에는 무엇을 적어도 IDLE이 반응하지 않는다. 마치 메모장처럼 생긴 이것을 **에디터 창(editor window)**이라고 한다.

이 책에서는 편의상 이 두 화면을 셸과 에디터라고 부르기로 한다. 에디터 화면은 다음과 같다.

IDLE의 에디터 창

에디터의 메뉴는 셸의 메뉴와 조금 다르다. 에디터에서 꼭 알아둬야 할 메뉴는 [Run]의 하단부에 위치한 [Run Module]이다. 셸과 달리 에디터에서는 IDLE이 알아서 명령을 실행해주지 않으므로 한 줄 이상의 코드를 작성한 후 직접 실행(Run)해야 한다. 단축키는 F5다. 자주 사용되므로 단축키를 알아두자.

셸과 에디터, 무엇이 더 좋은가?

더 좋은 것은 없다. 목적에 따라 필요한 것을 사용하면 된다. 그러나 이를 판단하기 위해서는 셸과 에디터의 차이를 알아야 한다.

셸은 한 줄씩 즉시 실행되므로 여러 줄의 프로그램을 작성하기 어렵다. 그리고 코드를 따로 저장할 수 없다. 셸 창의 [File]-[Save]를 통해 작성한 코드와 실행 결과를 함께 저장할 수 있긴 하지만 이 책은 사용하지 않는다.

에디터는 여러 줄을 한꺼번에 작성하여 실행할 수 있지만, 계산 결과를 바로 볼 수 없다. 따라서 내가 작성한 코드가 맞았는지 틀렸는지도 즉시 확인할 수 없다.

그러므로 에디터와 셸 모두를 띄워놓고, 에디터를 이용해 코드를 편집하다가 궁금한 것이 생겼을 때는 셸을 이용하면 적절하다. 이 책은 셸을 이용할 때 '>>>' 표시를 이용할 것이다. 이는 파이썬 셸이 명령을 기다리고 있음을 알릴 때 띄우는 신호이며, **프롬프트(prompt)**라고 부른다.

셸(shell)과 프롬프트(prompt)는 파이썬 IDLE에 국한된 용어가 아니다. 셸은 '명령어를 입력받고 해석하여 컴퓨터가 수행할 수 있도록 중개하고 그 결과를 보여주는 도구'를 통칭하는 표현이다. 그리고 프롬프트는 '셸이 명령을 기다리고 있을 때 보여주는 문자'를 일반적으로 지칭하는 단어다.

1.3.3 첫 프로그램

우리는 단순히 계산기를 쓰기 위해 파이썬을 설치한 게 아니다. 이제 첫 프로그램을 만들어볼 차례다. 에디터를 띄우고 다음 코드를 입력하자.

```
print('안녕하세요')
```

다음으로, 메뉴의 [Run]-[Run Module] 또는 F5를 눌러 이 코드를 실행해보자. 실행 전에 저장하라는 메시지가 뜰 것이다.

'Source Must Be Saved. OK to Save?'는 '실행 전 소스(코드)를 저장해야 한다. OK 버튼을 눌러 저장할 것인가?'라는 뜻이다.

아무 곳에 아무 이름으로나 저장해도 잘 실행되지만, 제대로 이름을 붙여 저장하는 습관을 기르자. 그래야 나중에 파일을 쉽게 찾아서 열어볼 수 있기 때문이다. [확인] 버튼을 눌러 바탕화면에 '코딩'이라는 이름의 폴더를 만들고 '처음'이라는 이름으로 저장하기로 한다. 그러면 '처음.py'라는 파일이 생성된다.

윈도우는 파일의 이름 뒤에 마침표(.)와 함께 확장자를 붙여 분류한다. 이러한 확장자는 대개 세 자리다. 예컨대 .exe(실행 가능 파일)나 .txt(메모장 파일), .hwp(아래아 한글 문서)와 같은 식이다. 하지만 파이썬 파일은 .py라는 두 글자 확장자를 지닌다.

확장자가 뭐지? 안 보인다!
윈도우 설치 후 설정을 한 번도 변경하지 않았다면, 확장자가 보이지 않을 것이다. 윈도우+E키를 눌러 파일 탐색기를 켜서 창 위쪽에 있는 '보기' 탭을 누르고, '표시/숨기기' 영역의 '파일 확장명'에 체크하면 확장자가 보인다. 보기에 거추장스럽다면 다시 숨겨도 된다.

저장 후 셸을 확인하면 다음과 같은 결과를 볼 수 있다. 에디터에서 프로그램을 만들더라도 실행은 셸을 통하게 된다는 점을 눈여겨보자.

    안녕하세요

고작 다섯 글자를 화면에 출력하는 아주 단순한 프로그램이지만, 어쨌든 프로그램을 만들었다. 이것으로 레벨 1을 마쳤다. 축하한다!

하지만 뭔가 허무한 느낌이 들 수도 있다. 그런 사람들을 위해 준비했다. 다음은 레벨 2의 예고편이다. 셸에 다음 코드를 입력하고 실행해보자.

```
>>> for i in range(999): print(i)
```
← 엔터 키를 두 번 눌러야 실행된다.

만약 실행되지 않고 빨간색 에러 메시지가 뜬다면 무언가 잘못 입력한 것이다. 사소해 보이는 특수문자 하나까지 잘 살펴서 다시 시도해보자.

LEVEL
02
되게 만드는 명령권자

우리 삶에서는 과정과 결과, 둘 모두 중요하다. 둘 중 하나라도 삐걱대는 순간 우리의 인생은 엉망진창이 된다. 따라서 둘 다 포기할 수 없다. 이러한 고찰은 프로그래밍과도 관련이 있다. 코드를 과정에, 프로그램을 결과에 비유해 생각해보자.

시작부터 완벽하게 깔끔한 코드를 작성하고 그 결과물인 프로그램을 즐기는 사람이 지구상 어딘가에는 있을지도 모르겠다. 하지만 대개 그렇게 못한다. 보통의 지능으로는 에러와 씨름하며 프로그램이 가까스로 작동하게 만들어놓고, 테스트와 코드 수정을 반복하며 효율을 개선하는 것이 최선이다.

레벨 2에서는 일단 프로그램이 동작하도록 만드는 지식을 배운다. 바로 파이썬 문법이다. '잘한다'라는 산을 넘기 전에 '할 수 있다'라는 언덕을 먼저 넘어보자.

프로그램의 구조

2.1.1 컴퓨터 프로그램은 왜 필요했을까?

프로그램의 기본 구조를 이해하는 가장 좋은 방법은 컴퓨터의 역사를 살펴보는 것이다. 이를 통해 프로그램을 어떤 상황에서 어떤 형태로 만들어야 하는지 큰 틀을 잡을 수 있기 때문이다.

우리나라에서 컴퓨터의 옛 이름은 전자계산기였다. 이 단어는 컴퓨터의 유래를 잘 표현하고 있다. 컴퓨터는 단순 반복하거나 인간이 수행하기에 너무나 복잡하고 번거로운 계산을 대신 수행하도록 만들어진 기계장치였다.

하지만 기계장치는 사람의 말을 알아듣지 못하므로 규칙을 정할 필요가 있었다. 이것이 원시적인 형태의 기계어, 즉 0과 1로 이루어진 약속이자 규칙이다. 학자들은 이 규칙대로 작동하는 기계를 만들고, 약속된 언어의 형태로 여러 가지 명령을 내렸다.

즉, 사람이 '정보 처리 절차'와 함께 '처리할 정보'를 기계장치에 전달하면, 기계는 계산 끝에 '결과'를 돌려주었다. 이때의 '정보 처리 절차'가 바로 컴퓨터 프로그램의 뿌리다.

2.1.2 문제 해결을 위한 프로그램, 어떻게 만들어야 할까?

프로그램을 문제 해결의 도구로써 제작하기 위해서는 학자들이 컴퓨터를 사용했던 원시적 방법을 그대로 따르면 된다. 구체적인 절차를 사례와 함께 살펴보자.

❶ 질문 던지기: 내가 만들 프로그램은 왜 필요한가?

프로그램 개발자는 구체적으로 누구의 어떤 욕구를 충족시키기 위해 프로그램을 개발하려 하는지 명확하게 밝혀야 한다. 그러면 그 욕구를 충족시키기 위해 프로그램이 도출해야 하는 결과가 무엇인지 자연스럽게 알 수 있다.

이는 프로그램 기획의 첫 단추다. **이 단계를 대충 넘기면, 프로그램 완성과 테스트를 눈앞에 두고 기획 단계로 되돌아오게 된다.** 모래 위에 쌓으면 공든 탑도 얼마든지 무너질 수 있다는 사실을 염두에 두고 다음 사례를 보자.

> 다이어트를 하고 싶은 사람들이 목표 체중을 쉽게 설정할 수 있도록 적정 체중을 알려주는 프로그램을 만들자!

❷ 설계 구체화하기: 목표를 달성하려면 프로그램을 어떻게, 어떤 형태로 만들어야 하는가?
원하는 결과물을 도출하기 위해 투입해야 할 정보를 결정하고, 그 정보를 처리할 방법을 설계한다. 정보처리 절차는 충분히 명확해서 오해가 없을 수준으로 표현되어야 한다.

> BMI 비만 기준을 이용하기 위해 사용자로부터 키를 입력받아 목표 체중을 도출하자. 우리나라 비만 기준인 BMI 25를 사용하기로 한다. 입력받은 키(cm)를 100으로 나눠 미터(m)로 변환한 뒤 제곱해서 25를 곱하면 적정 체중을 구할 수 있다. 식으로 표현하면 다음과 같다. 입력받은 키를 x, 출력할 권장 체중을 y라고 할 때,
>
> $y = (x/100)*(x/100)*25 = 0.0025x^2$

 사례는 이해를 돕기 위해 단순화한 것이다. 실제 적정 체중은 나이와 체성분 등에 따라 다르게 산정된다. 괜히 공식에다 자신의 키를 넣어보고 스트레스 받지 말자.

❸ 프로그램 만들기
기획에 따라 코딩을 수행하는 단계다. 1단계와 2단계가 명확하게 수행되었다면 이 단계에서는 기술적인 문제만 고려하면 된다. 입력받은 정보를 처리해서 올바른 값을 출력하는 코드를 작성한다.

적정 체중 제시 프로그램을 파이썬 코드로 표현하는 것은 무척 쉬운 일이다. 그러나 아직 구체적인 문법을 배우기 전이므로 제시하지 않는다.

문제 해결에 앞서 살펴보아야 할 것들

사실, 프로그램 작성보다 문제를 인식하고 분석하는 과정이 먼저다. 따라서 위에서 사례로 든 프로그램에는 다음 절차가 선행되었어야 한다.

문제 인식

– 다이어트를 하고 싶은 사람들이 자신의 적정 체중을 쉽게 계산하지 못한다.

문제 분석과 정의

- 문제 상태: 사람들이 자신의 적정 체중을 모름
- 목표 상태: 사람들이 자신의 적정 체중을 앎
- 해결 과정: 여러 방법 가운데 하나로 BMI 지수 활용. 사람의 키(m)를 제곱하고 기준 BMI를 곱하여 적정 체중 도출
- 필요 자원: 비만 기준 BMI 지수(인터넷을 검색하여 비만 전 단계인 25 사용), 사람들 각자의 키
- 자동화 가능 여부 판단: 사람의 키를 묻고 계산 결과를 출력하는 것이므로 자동화 가능
- 결론: 프로그램 작성

위 과정이 유일한 정답은 아니다. 문제를 인식하고 정의하는 방식에 따라 전혀 다른 해결책이 도출되기도 한다.

문제 분석과 정의

- 문제 상태: 사람들이 다이어트를 원함
- 목표 상태: 사람들이 다이어트를 원하지 않음
- 해결 과정: 사람들이 다이어트를 하지 않도록 설득함
- 필요 자원: '당신은 생긴 그대로 아름답습니다' 등의 문구
- 자동화 가능 여부 판단: 인터넷에 올라오는 각종 다이어트 관련 게시글에 자동으로 댓글을 달 수도 있겠으나, 댓글을 읽은 사람이 설득된다는 보장이 없으며 각 사이트 이용약관을 위반하는 행위일 수 있음
- 결론: 사람들이 자신의 몸을 긍정하도록 사회 활동을 시작하며, Youtube 등의 동영상 플랫폼을 통해 의견이 자동 확산될 수 있도록 노력함

2.1.3 프로그램과 함수 구조

'설계 구체화하기' 단계에서 당황한 사람이 있을 것이다. 바로 함수(function) 때문인데, 수학책도 아닌데 y=f(x) 꼴이 등장했으니 당황할 법도 하다. 하지만 함수를 모르면 프로그래밍을 잘하기 어렵다. 프로그래밍이 요구하는 함수에 대한 이해 수준은 높지 않으니 확실하게 정복하고 가자.

함수라는 단어에 진절머리가 나는 사람도 있을 것이다. 하지만 그것은 함수를 어렵게 배웠기 때문이다. 사실, 함수는 다음과 같다.

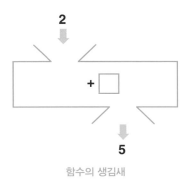

함수의 생김새

초등학생 때부터 보던 것이라 익숙할 것이다. 하지만 이것이 함수다. 놀랍게도 우리는 초등학생 때 모두 함수를 잘했다. 빈칸에 들어갈 수가 '3'이라는 것을 우리는 모두 알고 있었다. 그런데 언제부터인가 함수가 어렵게 느껴졌을 것이다. 아마도 중학교에 입학하여 함수라는 이름을 접한 이후일 가능성이 높다.

원인은 이렇다. 함수(函數)라는 이 단어는 상자를 뜻하는 함(函)과 계산할 수(數)를 합친 한자어다. 해석하자면 '계산을 수행하는 상자'가 된다. 바로, 위 그림의 상자를 가리키는 것이다.

그런데 이 수(數)라는 한자는 계산한다(compute)는 뜻보다 숫자(number)라는 뜻으로 훨씬 더 많이 사용된다. **자연수, 정수, 유리수, 홀수, 짝수와 같은 단어에 이미 익숙한 상태에서 수(數)라는 글자를 계산한다는 뜻으로 받아들이기는 쉽지 않다.**

여기서부터 고통이 시작된다. 이름은 분명 숫자 같은데 숫자가 아니라니 어리둥절한 기분이 든다. 여기에 y와 x, 그리고 f라는 해괴한 알파벳이 더해지며 정의역이 어떻고 치역이 어떻고 대응규칙이니 뭐니 하는 말이 나오는 순간 뇌가 이해를 포기하는 것이다. **아이러니하게도 '함수'라는 이름이 함수에 대한 이해를 막고 있는 셈이다.**

용어와 표현이 우리를 얼마나 괴롭힐 수 있는지 다음 예시를 통해 확인해보자. 놀랍게도, 다음 두 문제는 형태만 다를 뿐 같은 문제다. 묻는 대상도 같고 주어진 정보도 같으며 답도 같다.

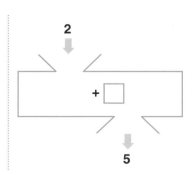

y = f(x)인 일차함수 그래프의 기울기가
1이고 x-y 평면상의 점 (2, 5)를
통과한다고 할 때, y 절편을 구하시오.

중학교 함수와 초등학교 함수

왼쪽 문제를 보면서 굳이 머리 아파하지는 말자. 프로그래밍을 위한 함수는 왼쪽이 아니라 오른쪽이다.

 위 설명은 독자가 함수에 대한 두려움을 극복할 수 있도록 일부 왜곡한 것이다. 그러나 대학교 수준 이상의 수학 과목을 공부하기 전까지는 위 설명이 무척 유용할 것이다.

속사정을 알았으니 이제 다시 함수에 대한 이해를 시도해보자. 앞으로 프로그램을 만들 때는 항상 다음 구조를 먼저 떠올려야 한다.

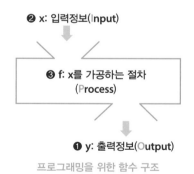

❷ x: 입력정보(Input)

❸ f: x를 가공하는 절차
(Process)

❶ y: 출력정보(Output)

프로그래밍을 위한 함수 구조

문제 해결을 위한 프로그램은 이처럼 함수 구조를 띤다. 위와 같은 함수 구조를 반복적으로 접하다 보면, ❶목표(y)를 설정한 뒤 ❷현재 상황(x)을 분석해서 ❸해결 방법(f)을 도출하는 사고 과정에 익숙해진다. 이것이 바로 프로그래밍을 배우는 과정에서 문제 해결력이 함께 함양되는 이유다.

적정 체중 산출 프로그램을 위 구조에 적용해보면 y는 '적정 체중(kg)', x는 '프로그램 사용자의 키(cm)', 그리고 f는 '키를 미터로 환산해 제곱한 후 25를 곱하기'가 된다.

한편, 입력(Input)과 처리(Process)와 출력(Output)의 머리글자를 따서 위 함수 구조를 IPO 모델이라고 칭하기도 한다. 함수나 프로그램 외의 것들도 IPO 모델을 이용하여 설명할 수 있다. 사람끼리의 소통을 생각해보자. 대화란, 다른 사람의 말을 받아들여(Input) 생각하고(Process) 대답(Output)하는 과정이다. 제조업 또한 IPO 모델로 설명된다. 고객의 요구를 받아들여(Input) 적절한 제품을 기획하고(Process) 이를 제품의 형태(Output)로 고객에게 전달하기 때문이다. 이외에도 외부 환경과 상호작용하는 대부분의 존재를 IPO 모델로 설명할 수 있다.

화면 출력

2.2.1 왜 알아야 하는가?

프로그램의 가장 단순한 형태는 바로 전광판이다. 전광판은 프로그램을 이용하는 사람인 행인들로부터 어떠한 입력이나 요청도 받지 않은 채 정해진 광고만 덩그러니 보여준다.

아주 단순하고 누구나 만들 수 있는 프로그램처럼 보인다. 하지만 누군가는 전광판을 소프트웨어와 함께 구매했을 것이다. 이 구매 행위는 **정보를 타인에게 전달하고 싶어 하는 인간의 욕구**에서 기인한다. 그리고 파이썬의 **화면 출력 기능은 그 욕구를 충족시킨다.**

화면 출력은 여러 가지 정보 전달 방법 중에서도 가장 기본적인 것이다. 컴퓨터 파일 형태로 내보내거나 프린터를 통한 종이 출력도 가능하며, 다른 방법도 얼마든지 있다. 하지만 여기서는 화면 출력만을 우선 설명하고, 파일 출력은 뒤에서 다루기로 한다.

2.2.2 어떻게 할 수 있는가?

화면을 통해 프로그램의 사용자에게 특정 정보를 전달하는 방법을 알아보자. 가장 먼저 알아야 할 것은 글자 형태의 정보를 모니터에 표시하는 방법이다. 너무 쉬워서 싱겁게 느껴질 수도 있다.

글자를 화면에 출력하기 위해 사용하는 명령어는 print()다. 이 명령어의 가장 기본적인 형태는 레벨 1에서 첫 프로그램으로 만들었던 다음 코드다.

```
print("안녕하세요")
```

이를 상세히 뜯어보자.

코드	설명
print	'출력하라'라는 뜻을 지닌 명령어. 바로 뒤에 따라오는 소괄호 사이에 있는 것을 화면에 출력한다.
(	소괄호를 열어 명령어 print와 출력 대상인 "안녕하세요"를 구분한다. 정확하게는 구분 그 이상의 의미가 있는데, 함수 단원에서 알게 될 것이다.
"	'안녕하세요'는 숫자가 아니라 문자열이다. 프로그램 코드에서 문자열을 표현할 때는 반드시 **큰따옴표(")** 또는 **작은따옴표(')를 이용해 감싸야** 한다. 둘 중 어떤 것을 사용해도 괜찮다.
안녕하세요	화면에 출력하고자 하는 문자열이다. 다른 글자로 바꾸거나 영어, 특수문자 또는 숫자를 추가해보자. '안녕 하세요'처럼 띄어쓰기를 포함해도 된다.
"	파이썬 인터프리터에게 문자열의 시작을 큰따옴표로 알렸으므로 종료 또한 큰따옴표로 알려주어야 한다. 만약 작은따옴표로 문자열을 시작했다면 이 자리에도 작은따옴표가 와야 한다.
)	소괄호를 열었으므로 소괄호를 닫아주어야 한다.

위에서 제시한 한 줄짜리 코드의 실행 결과는 다음과 같다.

안녕하세요

이 짧은 코드를 입력하는 과정에서도 여러 가지 에러가 발생할 수 있다. 만약, 에러 메시지가 뜨지 않고 정상적으로 프로그램이 작동했더라도 다음 표를 한 번은 읽어두자.

print() 명령을 내릴 때 발생할 수 있는 에러 메시지

코드	에러 메시지	해석
prnt("안녕하세요")	line 1, in \<module> prnt("안녕하세요") NameError: name 'prnt' is not defined	line 1: 프로그램의 첫 번째 줄에서 NameError: 이름과 관련된 에러가 발생했다. name 'prnt' is not defined: 'prnt'라는 이름은 정의되어 있지 않다. → 코드를 살펴보니 명령어에 i가 빠졌다. 이처럼 무언가의 **이름을 틀릴 경우 NameError를 만나게 된다.**
Print("안녕하세요")	line 1, in \<module> Print("안녕하세요") NameError: name 'Print' is not defined	line 1: 프로그램의 첫 번째 줄에서 NameError: 이름과 관련된 에러가 발생했다. name 'Print' is not defined: 'Print'라는 이름은 정의되어 있지 않다. → **파이썬은 대소문자를 엄격히 구분한다.** print와 Print는 다르다.
print(("안녕하세요") 또는 print("안녕하세요"	Syntax Error unexpected EOF while parsing	Syntax Error: 구문 에러 unexpected EOF: 예기치 못한 파일의 종료(End Of File) while parsing: 코드를 해석하던 도중에 → 인터프리터가 코드를 해석하는데, 끝나서는 안 될 부분에서 코드가 끝났다고 알린 것이다. 코드를 살펴보니 **여는 괄호와 닫는 괄호의 개수가 일치하지 않는다.**

코드	메시지	해석
print("안녕하세요")) 또는 print"안녕하세요")	invalid syntax	invalid syntax: 인식 불가능한 구문 → 인터프리터가 볼 때 이상한 부분이 있는데, 딱히 표현할 방법이 없을 때 이런 에러가 발생한다. 그래도 에러가 발생한 범위를 빨간색 블록으로 친절하게 알려주긴 하는데, 이 표시는 그 근처에 에러의 원인이 있다는 뜻일 뿐이다. 직접적인 원인을 알려주지는 않으며, 정확한 위치가 아닐 때도 있다. 빨간색 블록으로 표시된 주변의 코드를 살펴보니 여는 괄호와 닫는 괄호의 개수가 일치하지 않는다.
print("안녕하세요) 또는 print("안녕하세요') 또는 print('안녕하세요")	EOL while scanning string literal	EOL while scanning string literal: 인터프리터가 문자열을 읽던 도중에 라인이 끝나버림(End Of Line) → (첫 번째 사례) '안녕하세요' 뒤에 와야 하는 큰따옴표를 실수로 입력하지 않았다. 인터프리터가 큰따옴표를 만나 문자열을 인식하기 시작했는데, 닫는 큰따옴표가 나오지 않으니 에러가 난 것이다. (두 번째, 세 번째 사례) '안녕하세요' 앞뒤에 오는 따옴표가 서로 다르다. 하나는 큰따옴표이고, 하나는 작은따옴표다. 인터프리터가 앞에 쓴 따옴표를 만나 문자열을 인식하기 시작했는데, 같은 모양의 따옴표로 닫아주지 않으니 문자열이 끝나지 않은 것으로 판단하여 에러가 난 것이다.

코드에 입혀진 다양한 색상의 의미

IDLE은 프로그래머가 에러를 미리 눈치챌 수 있도록 코드에 색을 입혀 보여준다. 코드 내용은 신경 쓰지 말고, 셀에 다음 내용을 입력하여 색을 관찰해보자.

```
>>> string="안녕하세요"
>>> if "하세" in string: #string에 "하세"라는 문자가 포함되어 있다
    print(string)          #그 string을 화면에 출력하라
```

코드에서 각 색깔이 의미하는 바는 다음과 같다.

```
>>> string="안녕하세요"
>>> if "하세" in string: #string에 "하세"라는 문자가 포함되어 있다
        print(string) #그 string을 화면에 출력하라

안녕하세요
>>>
```

주황색: 문법에서 사용되는 각종 키워드   검정색: 대부분의 코드
파란색: 출력 결과 등   초록색: 문자열
보라색: 각종 명령어   빨간색: 주석(코드에 아무런 영향을 미치지 않는 설명부)

이렇게 IDLE이 색을 코드에 입혀 보여주기 때문에 프로그래머는 코드에 에러가 있을 때 문제를 더 쉽게 파악할 수 있다. 예를 들어 프로그래머가 print를 prnt라고 입력하면 코드가 보라색이 아닌 검정색으로 표기될 것이고, 프로그래머는 자연스레 이상함을 느껴 그 부분을 다시 살피게 될 것이다.

그렇다고 해서 색깔을 달달 외울 필요는 전혀 없다. 우리의 뇌는 익숙한 것과 그렇지 않은 것을 무척 잘 구별해내기 때문이다. 이 색깔은 [Options]-[Configure IDLE] 메뉴의 Highlights 탭에서 수정할 수 있다.

이번에는 명령어 print()를 이용해 여러 줄의 문자열을 화면에 출력해보자. 이육사 시인의 '광야' 1연을 인용하기로 한다.

```
print("까마득한 날에")
print("하늘이 처음 열리고")
print("어데 닭 우는 소리 들렸으랴.")
```

이 코드의 실행 결과는 다음과 같다.

```
까마득한 날에
하늘이 처음 열리고
어데 닭 우는 소리 들렸으랴.
```

위 코드를 통해 한 번의 print() 명령어가 끝나면 자동으로 줄이 바뀐다는 사실을 알 수 있다. 또한, 코드가 위에서부터 한 줄씩 실행된다는 것도 파악할 수 있다. 다음과 같이 여러 문장을 하나의 print() 명령 안에 포함하는 것도 가능하다.

```
print("지금눈내리고","매화향기홀로아득하니","내여기가난한노래의씨를뿌려라.")
```

이육사 시인의 '광야' 4연을 띄어쓰기 없이 모두 붙여서 인용했다. 그 결과는 다음과 같다.

```
지금눈내리고 매화향기홀로아득하니 내여기가난한노래의씨를뿌려라.
```

이처럼 print() 명령어 내에서 쉼표(comma)로 구분된 문장들은 띄어쓰기로 분할되어 나타난다. 쉼표를 입력하지 않고 다음과 같이 명령하더라도 에러는 발생하지 않는다.

```
print("지금눈내리고" "매화향기홀로아득하니" "내여기가난한노래의씨를뿌려라.")
```

그러나 쉼표를 입력하여 문자열을 구분했을 때와 달리, 다음과 같이 문자열이 모두 붙어서 출력된다.

```
지금눈내리고매화향기홀로아득하니내여기가난한노래의씨를뿌려라.
```

 파이썬은 띄어쓰기와 줄바꿈이 자유롭다. 프로그래머가 줄바꿈과 공백을 통해 코드의 가독성을 높일 수 있도록 배려한 것이다. 다음 여덟 개 명령의 출력 결과는 모두 같다.

❶ print("안녕하세요")
❷ print("안녕하세요")
❸ print("안녕하세요")
❹ print ("안녕하세요")
❺ print ("안녕하세요")
❻ print ("안녕하세요"
)
❼ print(
    "안녕하세요"
)
❽ print
   (
     "안녕하세요"
)

하지만 조심해야 할 것이 하나 있다. **파이썬은 띄어쓰기와 달리 '들여쓰기'에는 매우 민감하게 반응한다.** 들여쓰기는 문장 시작부의 공백을 뜻한다. 이는 띄어쓰기와 명백히 다르다. 들여쓰기에 관한 구체적인 내용은 조건문에서 설명할 것이다.

다음 예제와 유제를 풀면서 연습해보자. 유제의 정답은 2.13절에 있다.

예제 2-1 **문자열출력.py**

다음은 애국가의 일부를 print() 명령어로 출력하는 코드다. IDLE을 사용하지 않고 다음 코드의 실행 결과를 예측하여 서술하라. 그리고 그 결과가 예상과 같은지 확인하라.

```
print("'동해물과'",          '"백두산이"')
print("마르고 닳도록")
```

답

```
'동해물과'  "백두산이"
마르고 닳도록
```

학습 포인트

문자열은 큰따옴표(") 또는 작은따옴표(')를 이용해 표현할 수 있다. 큰따옴표로 시작했다면 큰따옴표로 끝내야 하고, 작은따옴표로 시작했다면 작은따옴표로 끝나야 한다. 컴퓨터는 이 규칙에 따라 문자열을 받아들이므로 큰따옴표로 시작했을 때 그다음에 나오는 작은따옴표는 표현 대상 문자일 뿐이며 그 반대도 마찬가지다.

유제 2-1 **문자열출력.py**

다음은 시인 윤동주의 시 '별 헤는 밤' 4연의 일부다. 특수문자와 공백, 줄바꿈까지 토씨 하나 다르지 않게 화면에 출력하라.

```
별 하나에 동경과
별 하나에 시와
별 하나에 어머니, 어머니
```

 보통 하나의 문제를 해결하기 위한 프로그램 코드는 하나가 아니라 여럿인 경우가 더 많다. 사소한 문법이 다를 수도 있고, 해결 방법 같은 중대한 것이 다를 수도 있다. 이 책에서는 그중 하나를 예시 답안으로 제시할 것이다. 스스로 작성한 코드와 어떤 차이가 있는지 살펴보자. 유제의 해설은 각 레벨의 후반부에 수록하였다.

다음 코드의 실행 결과를 예측하여 서술하고, 그 결과가 예상과 같은지 확인하라.

```
print("3")
print(3)
print("1+2")
print(1+2)
```

답

```
3
3
1+2
3
```

학습 포인트

① 1행의 "3"은 숫자 3이 아니라 문자 3이다.

② 2행의 3은 숫자 3이 맞다.

③ 3행의 "1+2"는 문자열이다. 따라서 그대로 출력된다.

④ 4행의 1+2는 숫자와 연산자로 구성되어 있다. 이런 경우 파이썬은 연산을 출력 명령보다 먼저 수행한다. 결과적으로 3이 화면에 출력되었다.

NOTE 세미콜론(;)을 이용하면 한 줄에 여러 명령을 입력할 수 있다. 예를 들어, 예제 2-2의 코드는 다음과 같이 변환할 수 있다. 그러나 이는 가독성을 해치므로 이 책은 이를 되도록 활용하지 않을 것이다.

```
print("3");print(3);print("1+2");print(1+2)
```

다음을 특수문자와 공백, 줄바꿈까지 토씨 하나 다르지 않게 화면에 출력하라.

```
30*5
150
```

2.3 주석

2.3.1 왜 필요한가?

주석(comment)은 프로그램 코드에 추가하는 설명이다. 인터프리터가 무시하고 지나가기 때문에 프로그램 동작과는 아무런 관련이 없다. 작성한 코드를 타인에게 전달하거나 시간이 지나 자신이 다시 보았을 때 이해를 돕기 위해 주석을 작성한다. 즉, 주석은 내 코드를 읽을 타인과 미래의 자신을 위한 배려다.

코드를 타인에게 전달할 때 설명하는 목적으로는 필요할 수도 있겠지만, 자신이 쓴 코드를 스스로 알아보지 못할 리가 없다고 생각하는 사람도 있을 것이다. 하지만 코드가 수백 줄에서 수천 줄, 길게는 수만 줄까지 늘어나는 상황에서 그런 일은 비일비재하다.

때로는 코드 외적인 정보를 기재하기도 한다. 예컨대 코드의 저작권을 명시하거나, 도움이 필요할 때 문의할 수 있는 연락처를 남기는 경우도 있다.

2.3.2 사용법과 예제

한 줄 주석은 #으로 시작한다. 여러 줄 주석은 '''(작은따옴표 세 번) 또는 """(큰따옴표 세 번)로 감싼다. 주석은 예제 2-3처럼 코드의 위아래 또는 오른쪽에 작성한다. 이해를 위해 코드 좌측에 추가한 줄 번호는 입력하지 않도록 주의한다.

다음 프로그램을 실행하기 전에 결과를 예측하여 서술하고, IDLE에 입력하여 결과를 확인하라.

```
1    #############프로그램 정보##############
2    # 프로그램 제작 목적: 애국가 출력 실습
3    # 출력: 애국가 1절
4    # 입력: 없음
5    # print면 충분할 것으로 예상
6    ###################################
7
8    # 1절 시작
9    print("동해물과 백두산이 마르고 닳도록")
10   print("하느님이 보우하사 우리나라 만세")  # 1절 끝
11
12
13   '''
14   print("남산위에 저 소나무 철갑을 두른듯")
15   print("바람서리 불변함은 우리 기상일세")
16   '''
17   # 2절 생략 이유: 1절만으로 충분해서.
18
19
20   # 3, 4절도 생략
21   """
22   print("가을하늘 공활한데 높고 구름없이")
23   print("밝은달은 우리 가슴 일편단심일세")
24
25   print("이 기상과 이 맘으로 충성을 다하여")
26   print("괴로우나 즐거우나 나라 사랑하세")
27   """
28
29
30   # 후렴은 출력하기로 결정
31
32   # print("후렴구")
33   # 후렴구라는 말은 출력 불필요
34
35   print("무궁화 삼천리 화려강산")
36   print("대한사람 대한으로 길이 보전하세")
37
38   # 이후 아리랑 출력 프로그램 실습도 고려
```

실행 결과

```
동해물과 백두산이 마르고 닳도록
하느님이 보우하사 우리나라 만세
무궁화 삼천리 화려강산
대한사람 대한으로 길이 보전하세
```

1행, 6행: #을 이용해 설명부를 부각시켰다. 그러나 이런 방식의 주석은 권장하지 않는다. 나중에 뒤에서 배울 docstring으로 대체할 수 있고, 그 편이 더 깔끔하기 때문이다.

2행~5행: 코드 작성을 시작하기 전에 개괄적인 설명을 써두었다. 프로그램을 만들다 보면 '내가 지금 뭘 하고 있었더라?' 같은 의문이 들 때가 많다. 이럴 때 큰 도움이 된다.

8행: 주석만 있는 줄이다.

10행: 코드 우측에 주석을 추가했다.

13행, 16행: 14행과 15행을 한꺼번에 주석으로 처리하기 위해 '''로 감쌌다.

17행, 20행, 33행: 주석은 이처럼 설명 대상의 아래에 쓸 때도 있고 위에 쓸 때도 있다. 편하게 쓰면 된다.

21행, 27행: 22행~26행을 한꺼번에 주석으로 처리하기 위해 """로 감쌌다.

30행, 38행: 이처럼 코드와 무관한 설명이 필요할 때도 있다. 프로그램에 관한 회의 결과라든지 동료의 조언 등을 적어두기도 한다.

32행: 사용하지 않을 코드의 좌측에 #을 추가하여 주석으로 처리하였다. 이렇게 처리하면 훗날 코드를 다시 사용하고 싶을 때 #만 지우면 된다.

유제 2-3 | **주석실습.py**

다음을 특수문자와 공백까지 토씨 하나 다르지 않게 화면에 출력하되, 최소 한 줄 이상의 주석을 추가하라.

  "이것은 문제를 위한 문제일 뿐이다."

2.4 변수와 할당연산자, 그리고 자료형

2.4.1 변수, 왜 필요한가?

변할 수 있는 숫자를 변수(variable)라 한다. 하지만 프로그래밍에서의 변수는 숫자보다 **자료의 공간에 더 가깝다. 편의에 따라 숫자를 바꾸며 자료를 저장하는 장소로 사용**하기 때문이다.

변수는 정보를 편하게 저장하고 싶은 인간의 욕구를 충족시킨다. 훗날 재사용할 목적으로 정보를 기록하는 것은 인간의 본성이다. USB 메모리스틱에 서류를 저장하거나 웹 공간에 사진을 저장하는 것은 우리가 모든 것을 머릿속에 저장하지 못하기 때문이다. 이처럼 인간은 스스로를 대신해 정보를 기억해줄 매체를 원하고, 변수가 이 욕구를 해소해줄 수 있다.

변수는 코드 안에서 사용되는 정보 저장의 단위다. 숫자(정수는 int, 실수는 float)뿐만 아니라 문자열(str)이나 리스트(list), 집합(set), 진위(bool), 심지어 딕셔너리(dict)와 같은 자료형도 저장할 수 있다. 변수를 숫자가 아닌 공간으로 이해해야 하는 이유다.

 변수의 반대 개념은 상수다. 상수는 변하지 않는 값이다. 파이썬에서는 쓰이지 않지만, C 등 다른 프로그래밍 언어에서는 자주 사용된다.

2.4.2 변수, 어떻게 사용할 수 있는가?

변수를 사용하려면 할당연산자 '='이 필요하다. 다음 코드는 x라는 변수에 10을 대입한 후 그것을 출력한다. 그리고 10의 제곱을 다시 x에 넣은 후 재차 출력한다.

```
1    x = 10
2    print(x)
3    x = x * x
4    print(x)
```

이 코드는 언뜻 보기에 단순하지만, 무척 중요한 내용을 담고 있다. 1행에서 **파이썬의 =은 같다는 뜻이 결코 아니다.** 우변의 값을 좌변의 변수에 대입하는 연산자다. 따라서 할당연산자가 사용된 때에는 오른쪽부터 해석해야 한다. 여기서는 우변의 10을 좌변의 x에 대입하는 역할을 한다.

구체적으로는 이렇다. 먼저, 인터프리터는 우변의 10을 좌변의 x에 대입하려 시도한다. 그런데 x라는 이름이 붙은 공간, 즉 변수가 없음을 알게 된다. 인터프리터는 에러 메시지를 출력하는 대신, 지금부터 x라는 이름의 변수 공간을 새로 만들기로 한다. 이로써 x라는 정수형 변수가 생성되고, 그 안에 10을 대입한다.

2행은 변수 x의 값을 출력한다. 그 결과, 문자 x가 아닌 숫자 10이 화면에 출력된다. (문자 x를 화면에 그대로 출력하려면 print("x")라고 명령해야 한다.)

3행에서 우변의 x * x를 먼저 수행한 후 이를 좌변의 공간 x에 대입한다. 따라서 x는 10에서 100으로 바뀐다.

4행은 변수 x의 값을 출력한다. 이번에는 변수 x에 저장되어 있는 숫자 100이 화면에 출력된다. 이번에는 변수에 문자열을 담아 이용해보자.

```
1    greeting = "안녕하세요. 제 이름은 "
2    name = "파이썬"
3    print(greeting+name+"입니다.")
```

1행 좌변의 'greeting'과 2행 좌변의 'name'은 변수다. 3행을 눈여겨보자. greeting(문자열 변수)과 name(문자열 변수)과 '입니다.'라는 문자열을 더하여 그것을 출력하고 있다. 이처럼 파이썬은 문자열과 문자열 간 덧셈이 가능하다. 문자열 덧셈의 결과는 다음과 같다.

안녕하세요. 제 이름은 파이썬입니다.

즉, 덧셈 기호는 숫자끼리 사용했을 때와 문자열끼리 사용했을 때 다른 기능을 수행한다. 숫자와 숫자는 합하고, 문자열과 문자열은 이어 붙인다.

변수 이름 짓기 규칙

- 언더스코어(_)를 제외하고, 변수명은 특수문자를 지닐 수 없다. (⑩ my★idol 불가)
- 변수명은 숫자로 시작할 수 없다. 그러나 첫 글자만 아니라면 괜찮다. (⑩ ad14ef12 가능, 1abc2 불가)
- 변수명은 공백으로 시작할 수 없다. 공백을 포함할 수도 없다. (⑩ ab c 불가)
- 변수명은 대소문자를 철저히 구분한다. A와 a는 다른 변수다.
- 'if'나 'while' 등 문법 구성에 사용되는 여러 예약어는 이름으로 사용할 수 없다.

이 규칙은 레벨 3에서 조금 더 구체적으로 다룬다.

예제 2-4　　**변수덧셈.py**

다음 코드의 실행 결과를 예측해 서술하고, 그 결과가 예상과 같은지 확인하라.

```
x = 5+5
print(x)
x = "5"+"5"
print(x)
x = "5+5"
print(x)
```

답

```
10
55
5+5
```

학습 포인트

1행의 덧셈은 숫자 간 덧셈이다. 3행의 덧셈은 문자열 간 덧셈이다. 5행의 "5+5"는 그 자체로 문자열이며, 여기서 덧셈 기호는 문자열 안에 있으므로 연산자가 아닌 문자다.

유제 2-4　　**변수덧셈.py**

주어진 변수를 모두 사용하여 다음 내용을 화면에 출력하라. 공백과 특수문자 표현에 유의하라.

주어진 변수

```
greeting = "안녕하세요."
introduction = "제 이름은"
name = "파이썬"
be = "입니다."
friend = "C랑은 친구예요."
```

출력할 내용

안녕하세요. 제 이름은 파이썬입니다. C랑은 친구예요.

앞에서 다룬 예제와 유제에서 알 수 있듯이, 연산자 '+'는 숫자와 문자열 모두에 사용될 수 있다. 숫자에 사용될 때는 단순한 덧셈을 의미하고, 문자열에 사용될 때는 이어 붙이라는 뜻이 된다. **즉, 같은 연산자라도 적용할 대상의 자료형에 따라 다른 기능을 수행할 수 있다.** 그렇다면 연산자 '-'는 어떨까? 셸을 통해 문자열 뺄셈을 시도한 결과는 다음과 같다.

```
>>> print("안녕하세요"-'하')
Traceback (most recent call last):
  File "<pyshell#0>", line 1, in <module>
    print("안녕하세요"-'하')
TypeError: unsupported operand type(s) for -: 'str' and 'str'
```

에러 메시지

TypeError: unsupported operand type(s) for -: 'str' and 'str'

자료형과 관련된 오류   연산자 -는 지원하지 않는다   문자열과 문자열 사이에서

즉, 문자열 간 뺄셈은 사용할 수 없다.

한편, 문자열은 두 가지 재미있는 기능을 지원한다. 바로 **인덱스(index)**를 이용한 개별 접근과 **슬라이싱(slicing)**이다.

 'index'는 '가리킴'이란 뜻으로, 무언가를 가리킬 때 주로 사용하는 집게손가락(검지)을 영어로 'index finger'라고 한다. 'indexing'은 인덱스를 통해 변수의 일부를 사용하는 행위를 말한다.
'slice'는 '잘린 조각'이란 뜻으로, 변수의 일부를 나타낸다. 'slicing'은 인덱스를 통해 변수의 일부 구간을 사용하는 행위를 말한다.

인덱스를 통한 문자열 일부의 개별 접근은 다음과 같은 방식으로 가능하다.

문자열[인덱스]

'문자열' 자리에는 문자열이 직접 올 수도 있고, 문자열을 담은 변수가 올 수도 있다. '인덱스'는 숫자다. 긴 문자열 사이에서 일부를 사용하고 싶을 때 활용된다. 예를 들어, 다음과 같은 변수가 있다고 할 때,

사용언어 = "파이썬"

중간 글자인 '이'를 출력하고 싶다면 다음과 같이 대괄호 사이에 숫자를 넣어 접근한다.

```
print(사용언어[1])     #print("파이썬"[1])과 같다.
```

실행 결과는 다음과 같다.

```
이
```

직관적으로 이해가 어려울 수도 있다. 1은 첫 번째 글자를 뜻하는 것 같은데, 왜 '파'가 아니라 '이'가 화면에 출력되었을까?

이것은 숫자를 0부터 세기 시작하는 프로그래밍 언어의 특성 때문이다. 즉, '사용언어'라는 변수에 포함된 세 글자 문자열은 다음과 같은 인덱스를 지닌다.

인덱스	[0]	[1]	[2]
사용언어	파	이	썬

따라서 인덱스 1은 첫 번째 숫자가 아니라 두 번째 숫자를 가리킨다.

에러 메시지

다음과 같이 존재하지 않는 인덱스에 접근하려고 하면 IndexError가 발생한다.

```
>>> 사용언어[3]
...(생략)...
IndexError: string index out of range  ← 인덱스와 관련된 오류:
                                          문자열 인덱스가 범위를 벗어남
```

한편, 다음과 같이 음수 인덱스를 사용할 수도 있다. 주로 문자열의 마지막 일부를 잘라낼 때 사용된다. **마지막 글자부터 거꾸로** 센다는 점과 **0이 아니라 –1부터 센다는** 점을 눈여겨보자.

인덱스	[-3]	[-2]	[-1]
사용언어	파	이	썬

하지만 꼭 문자 하나씩만을 사용해야 하는 걸까? 편의에 따라 '파이' 또는 '이썬' 등을 사용할 수는 없을까? 당연히 가능하다. 이때 사용되는 것이 슬라이싱이다. 슬라이싱은 다음과 같이 할 수 있다.

문자열[시작점:끝점]

주의할 점이 하나 있다. 시작점은 포함되지만 끝점은 포함되지 않는다는 것이다. 위의 '사용언어' 변수를 이용해 이를 확인해보자.

```
>>> print(사용언어[1:2])
이
>>> print(사용언어[0:2])
파이
>>> print(사용언어[0:3])
파이썬
```

NOTE 파이썬 셸에서 직전에 쳤던 명령을 다시 칠 때는 단축키 Alt+P를 사용하자. 이는 웹 브라우저의 '뒤로 가기'와 비슷한 기능이다. 반대 기능인 '앞으로'는 Alt+N이다. 기타 단축키는 [Options]-[Configure IDLE] 메뉴의 'Keys' 탭에서 확인할 수 있다.

즉, **변수명[a:b]**와 같이 사용할 때, 이는 a 이상 b 미만, 즉 '인덱스 a를 포함하여 b 직전까지'를 의미한다. **인덱스 b에 해당하는 문자는 슬라이스에 포함되지 않음**을 눈여겨보자.

FAQ **a 이상 b 미만이라니 너무 불편하다! 차라리 양쪽 다 포함하거나 양쪽 다 포함하지 않았다면 좋았을 텐데.**
지금은 불편함이 느껴지겠지만, 곧 이러한 표현의 이점을 알게 될 것이다. 예를 들어, '문자열[a:b]'의 문자 개수는 b-a개임을 쉽게 알 수 있다. 그리고 '문자열[a:b]+문자열[c:d]'라는 표현에서 b와 c가 같다면, 이것이 '문자열[a:d]'와 같은 표현이라는 것도 쉽게 알아볼 수 있다.

한편, 슬라이싱을 할 때 문자열의 첫 글자를 가리키는 0과 마지막 글자를 가리키는 인덱스는 다음과 같이 생략할 수 있다.

```
>>> print(사용언어[:2])
파이
>>> print(사용언어[1:])
이썬
>>> print(사용언어[0:3])
파이썬
>>> print(사용언어[:])
파이썬
```

사용언어[0:3]보다는 사용언어[0:]라는 표현이 조금 더 자연스럽다. 왜냐하면 3이라는 인덱스는 존재하지 않기 때문이다. 보자마자 끝점이 생략되어 있음을 알 수 있는 것도 장점이다.

또한, 사용언어[0:]보다는 사용언어[:]라는 표현이 더 자연스럽다. 시작점인 0은 존재하는 인덱스이긴 하지만, 그래도 생략하는 게 코드를 읽는 데 좋다. 생략된 인덱스를 보는 순간 시작점임을 알 수 있기 때문이다. 하지만 특정 표현 방식이 더 우월하다고 말할 수는 없다. 이는 취향의 문제다.

파이썬 셸에는 에디터와 다른 기능이 몇 가지 있다. 그중 하나는 print() 명령을 통하지 않고 변수명만 입력해서 안에 있는 내용을 확인하는 것이다.

```
>>> print(사용언어)
파이썬
>>> 사용언어
'파이썬'  ←──── 문자열이구나!
```

이러한 확인 방식은 변수의 앞과 뒤에 붙은 특수문자를 통해 해당 변수의 종류를 알 수 있다는 이점이 있다. 즉, 문자열뿐만 아니라 앞으로 배울 다른 자료형의 경우에도 마찬가지다.

예제 2-5 **슬라이싱.py**

문자열 A와 B가 다음과 같이 정의되어 있다.

```
A="아버지가방에들어가신다"
B="커피나라그린티프라푸치노"
```

이를 이용하여 다음과 똑같이 화면에 출력하라. print() 명령을 이용하되 문자열 덧셈은 사용하지 않도록 한다.

```
아버지가 방에 들어가신다
커피나라 그린 티 프라푸치노
```

예시 답안

```
print(A[:4], A[4:6], A[6:])
print(B[:4], B[4:6], B[6], B[7:])
```

학습 포인트

① print() 명령을 사용할 때 출력 대상을 쉼표로 구분하여 공백을 삽입할 수 있다.
② 슬라이싱을 이용해 문자열의 일부를 출력할 수 있다.
③ 슬라이싱을 할 때 첫 인덱스와 끝 인덱스는 생략할 수 있다.

유제 2-5 **슬라이싱.py**

문자열 A와 B가 예제 2-5와 똑같이 정의되어 있다고 가정한다. 이를 이용하여 '아버지가 커피 나라에 들어가신다'라는 문자열을 만들어 이를 새로운 변수 C에 저장하고, C를 화면에 출력하라.

 다음과 같은 문자열이 있을 때.

```
숫자 = "0123456789"
```

짝수나 홀수만 출력할 수도 있다.

```
>>> print(숫자[::2])
02468
>>> print(숫자[1::2])
13579
```

대괄호 안에 있는 마지막 콜론과 숫자 2는 인덱스를 두 칸씩 건너뛰라는 뜻이다. 즉, 예제 2-5의 설명에서는 이것이 생략되어 있었고, 기본값이 1이었던 것이다. 따라서 예제 2-5는 다음과 같이 풀 수도 있다.

```
print(A[:4:1], A[4:6:1], A[6::1])
print(B[:4:1], B[4:6:1], B[6], B[7::1])
```

지금까지 변수를 만들어 사용했다. 그렇다면 삭제할 방법도 있어야 하지 않을까? 파이썬은 다음과 같이 del 명령어를 통해 변수를 삭제할 수 있도록 지원한다.

```
del 변수명
```

또는

```
del(변수명)
```

변수를 삭제하면 변수 안에 있던 자료도 사라지므로 사용 시 주의하도록 한다. 존재하지 않는 변수를 삭제하려 하거나 이미 삭제된 변수를 또 삭제하려고 하면 다음과 같은 에러 메시지를 보게 된다.

```
>>> x = 100
>>> x
100
>>> del x ←── 삭제 완료
>>> del x
```

```
Traceback (most recent call last):
  File "<pyshell#3>", line 1, in <module>
    del x
NameError: name 'x' is not defined
```

NameError: name 'x' is not defined ⟵———— 이름과 관련된 에러: 'x'라는 것이 정의되어 있지 않음

쉽게 말해, x란 이름을 가진 무언가가 없다는 뜻이다. 이미 없는 x를 한 번 더 지우려 했기 때문에 오류가 발생한 것이다.

 'del'은 delete를 줄인 것으로 '삭제하다'라는 뜻이다. 키보드에도 delete키가 있는데, 백스페이스와 다르게 커서의 오른쪽 문자를 하나씩 지운다.

지금까지 정수 및 문자열과 변수, 할당연산자 =, 인덱싱 [] 및 슬라이싱 [:]과 변수의 삭제 방법까지 상세하게 알아보았다. 이는 다음의 기본적인 사항들을 설명하기 위해서였다.

1. 변수는 자료를 저장하기 위한 공간이다. 변수에는 어떤 자료형이든 저장할 수 있다.
2. 문자열, 숫자 등 자료형에는 여러 종류가 있다.
3. 할당연산자를 통해 변수에 자료를 넣거나 변수 안에 있는 값을 변경할 수 있다.
4. 덧셈(+)처럼 적용 대상 자료형의 종류에 따라 하나의 연산자가 여러 역할을 할 수 있다.
5. 뺄셈(-)처럼 적용 대상 자료형의 종류에 따라 사용할 수 없는 연산자도 있다.
6. 결국, 자료형의 종류에 따라 사용할 수 있는 연산자가 결정된다.
7. 문자열 등 일부 자료형은 인덱스를 이용해 일부만 사용할 수 있으며, 슬라이싱을 통해 특정 구간을 잘라낼 수도 있다.
8. 사용하지 않을 변수는 삭제할 수 있다.

이제는 여러 가지 자료형의 종류와 사용법, 사용 가능한 연산자, 인덱싱과 슬라이싱 방법 등을 빠르게 알아보자. 표 형태와 예시를 최대한 이용할 것이다. 외울 필요는 전혀 없으며 '이런 것도 있다'를 파악하는 수준에서 읽어두자. 나중에 예제를 풀다가 내용이 기억나지 않을 때 앞으로 돌아와 확인하면 된다.

변수는 현실의 정보를 담아내는 가장 기본적인 단위다. 변수에 담을 수 있는 자료형의 종류와 각 자료형에 쓸 수 있는 연산자를 살펴보자.

정수(int: integer)

우리가 흔히 사용하는 자연수와 0, 그리고 음의 정수를 포함하는 자료형이다.

정수 자료형의 사용

예시	결과	설명
x = 1+2 print(x)	3	덧셈
x = 3-4 print(x)	-1	뺄셈
x = (-5)*(-6) print(x)	30	곱셈
x = 7/3 print(x)	2.3333333333333335	나눗셈(정수를 정수로 나눈 연산 결과를 담고 있는 변수 x의 자료형이 실수(float)임을 눈여겨보자.)
x = 7//3 print(x)	2	몫
x = 7 % 3 print(x)	1	나머지
x = 2**4 print(x)	16	2의 4제곱

실수(float: floating point)

프로그래밍 언어에서는 1.5 또는 2.3과 같이 소수점이 있는 숫자를 실수라고 한다. 수학에서 말하는 실수(real number)와는 다르다.

사용 가능한 연산자는 정수와 같다. 정수와 실수의 연산 결과는 실수며, 실수와 실수의 연산 결과 또한 실수다.

문자열(str: string)

예제 2-4에서 보았듯이 문자만 문자열에 속하는 것이 아니며 숫자도 문자가 될 수 있다. 따옴표로 감쌌다면 그 안에 있는 것은 모두 문자열이다. 작은따옴표든 큰따옴표든 상관없지만, 시작과 끝 따옴표는 반드시 같아야 한다.

문자열 자료형의 사용

예시	결과	설명
x = '★' print(x)	★	
x = '★'+'♡' print(x)	★♡	문자열 간 덧셈이 가능하다.
x = '★'*5 print(x)	★★★★★	정수를 곱하면 문자열을 반복할 수 있다.
x = "가나다라마" print(x) print(x[0]) print(x[1:5])	가나다라마 가 나다라마	문자열은 인덱싱과 슬라이싱이 가능하다.
x = "가나다라마" del x[2]	TypeError발생	문자열은 일부 삭제나 일부 수정이 불가능하다.

 NOTE 특수문자 ★는 자음 'ㅁ'을 입력한 뒤 한자 키를 눌러 입력할 수 있다. ㅁ이 아닌 다른 자음들도 한자 키를 눌러 특수문자를 입력할 수 있다. ㄷ, ㅁ, ㅂ, ㅅ, ㅇ, ㅈ, ㅊ 등 각 자음에 어떤 특수문자가 있는지 알아두자.

에러 메시지

문자열 일부를 삭제하려고 하면 다음과 같은 에러 메시지를 보게 된다.

```
TypeError: 'str' object doesn't support item deletion
```
← 타입과 관련된 에러: 문자열은
요소에 대한 삭제를 지원하지 않음

 NOTE 다음 변수 x에서 글자 '하'만 없애고 싶다면

```
x = "안녕하세요"
```

다음과 같이 명령하면 된다.

```
x = x[:2]+x[3:]
```

엄밀히 말하자면 문자열을 수정하는 것이 아니고, '하'를 제외한 문자열을 새로 만들어 x에 다시 할당하는 것이다.

리스트(list)

리스트는 다음과 같이 대괄호로 감싸며, 각 요소는 쉼표(,)로 구분한다.

```
[요소1, 요소2, 요소3, ...]
```

여러 변수를 한데 모아 저장하는 역할을 수행한다. 리스트를 사용하면 각 정보에 일일이 변수명을 붙일 필요가 없어 편리하다. 같은 자료형만을 모아 저장할 수도 있지만 서로 다른 자료형을 저장하는 것도 가능하며, 리스트 안에 리스트를 포함하는 것도 가능하다. 숫자와 문자만큼이나 사용 빈도가 높으니 사용법을 꼭 숙지하자.

리스트 자료형의 사용

예시	결과	설명

`x = [2, 3, 1]`
`print(x)`
`print(x[0])`
`print(x[2])`
	`[2, 3, 1]`
	`2`
	`1`
		문자열과 마찬가지로 인덱스(index)를 통한 개별적인 접근이 가능하다.

`x = [3, [1, 2]]`
`print(x)`
`print(x[0])`
`print(x[1])`
`print(x[1][0])`
`print(x[1][1])`
	`[3, [1, 2]]`
	`3`
	`[1, 2]`
	`1`
	`2`
		리스트 안에 포함된 리스트의 요소에도 개별적인 접근이 가능하다.

`x = ['가나', 1, 2, '다', 5]` `print(x[0:3])`	`['가나', 1, 2]`	문자열과 마찬가지로 인덱스를 이용한 슬라이싱이 가능하다. 0번째 요소인 '가나'부터 3번째 요소인 '다' 직전까지가 출력되었다. 슬라이싱 결괏값 또한 리스트임을 눈여겨보자.

`x = ['가', '나', '다']`
`x[1] = '지'`
`print(x)`
	`['가', '지', '다']`	문자열과 달리, 리스트는 일부 요소를 수정할 수 있다.

`x = [1]`
`y = [2]`
`print(x+y)`
	`[1, 2]`	리스트 간 덧셈을 통해 이어 붙이기가 가능하다.

`x = [2]*3` `print(x)`	`[2, 2, 2]`	곱셈 기호를 이용한 리스트 반복이 가능하다.

`x = ['가', '나', '다']`
`del x[1]`
`print(x)`
	`['가', '다']`	문자열과 달리 리스트는 del 명령을 이용해 일부 요소를 삭제할 수 있다.

 NOTE 아직은 프로그래밍이 재미없게 느껴질 수 있다. 그래도 조금만 참아보자. 프로그래밍이 본격적으로 재미있어지는 것은 곧 배울 '입력'부터다.

다음과 같이 정의되어 있을 때, 이들을 'third'라는 하나의 변수에 모으려고 한다. 이때 필요한 명령은 무엇인가?

```
first = ['갑', '을', '병', '정']
second = ['무', '기', '경', '신', '임', '계']
```

예시 답안

```
third = first+second
```

학습 포인트

덧셈 연산자를 이용해 리스트를 이어 붙일 수 있다.

유제 2-6   **리스트.py**

a가 다음과 같이 정의되어 있다. a의 요소만을 이용하여 자신의 전화번호를 010-1111-2222 꼴로 화면에 출력하라. 인덱싱과 문자열 덧셈을 이용하도록 한다.

```
a = ['-', '1', '2', '3', '4', '5', '6', '7', '8', '9', '0']
```

튜플(tuple)

튜플은 다음과 같이 소괄호로 감싸며, 각 요소는 쉼표(,)로 구분한다.

```
(요소1, 요소2, 요소3, ...)
```

리스트와 거의 같지만, 두 가지가 다르다. 리스트는 대괄호 []로 감싸지만, 튜플은 소괄호 ()로 감싼다. 그리고 리스트는 일부를 수정하거나 삭제할 수 있지만, 튜플은 그렇지 않다.

이러한 특성 때문에 튜플은 리스트보다 자주 사용되지 않는 것처럼 보인다. 그러나 변수 간 데이터 교환이나 여러 변수의 값을 동시에 전달하는 상황 등에서 유용하게 사용될 때가 많다.

튜플 자료형의 사용

예시	결과	설명
x = (2, 3, 1) print(x) print(x[0]) print(x[2])	(2, 3, 1) 2 1	리스트와 마찬가지로 인덱싱이 가능하다. 인덱싱은 언제나 대괄호를 이용하는 것이 원칙이다.
x = (3, (1, 2)) print(x) print(x[0]) print(x[1]) print(x[1][0]) print(x[1][1])	(3, (1, 2)) 3 (1, 2) 1 2	튜플 내의 튜플에 접근할 수 있다.
x = ('가나', 7, 2, '다', 6) print(x[1:4])	(7, 2, '다')	리스트와 마찬가지로 인덱스를 이용한 슬라이싱이 가능하다. 인덱스 1의 요소인 7부터 인덱스 4의 요소인 6 직전까지가 출력되었다.
x = ('a', 'b', 'c') x[1] = 'X'	TypeError 발생	튜플의 일부 요소에 대한 수정이나 삭제는 불가능하다.
x = (1,) y = (2,) print(x+y)	(1, 2)	튜플 간 덧셈이 가능하다. 요소가 하나인 튜플은 소괄호를 닫기 전에 쉼표를 덧붙여야 튜플로 인식된다.
x = (2, 3)+(4, 5) print(x)	(2, 3, 4, 5)	튜플 간 덧셈이 가능하다.
x = (1, 2)*3 print(x)	(1, 2, 1, 2, 1, 2)	곱셈 기호를 이용한 튜플 반복이 가능하다.

> NOTE 리스트나 튜플처럼 여러 요소로 구성된 자료형을 정의할 때, 마지막 요소 뒤에 **후행 쉼표(trailing comma)**를 남길 수 있다. 예컨대, a = [1, 2]와 a = [1, 2,] 또는 b = (1, 2)와 b = (1, 2,) 모두 가능하다.
>
> 이를 사용하거나 사용하지 않는 것은 본인의 선택이지만, 단일 요소 튜플을 표현할 때 유용하므로 알아 두자. c=(3)이라 표현할 경우 파이썬이 이를 튜플의 소괄호가 아니라 수식의 소괄호를 표현하기 위한 것이라 이해하여 c를 정수 3으로 인식한다. 이런 경우 후행 쉼표를 사용하여 c=(3,)이라 명령하면 단일 요소 튜플을 쉽게 만들 수 있다.

딕셔너리(dict: dictionary)

정보를 단순히 모아놓는 것이 목적이라면 리스트만으로도 충분하다. 그러나 프로그래밍을 하다 보면 모아놓은 정보에 이름을 하나하나 붙이고, 그것들을 인덱스가 아니라 이름으로 찾아서 사용하고 싶을 때가 있다. 이럴 때 사용하는 것이 딕셔너리 자료형이다.

딕셔너리는 중괄호로 감싸며, 각 요소는 쉼표(,)로 구분하되 요소 내의 키(key)와 밸류(value)는 콜론(:)으로 구분한다.

```
{ key1: value1, key2: value2, key3: value3, ... }
```

 'dictionary'는 '사전'을, 'key'는 '실마리'를, 'value'는 '값'을 나타낸다.

밸류는 딕셔너리 변수에 담긴 정보이며, 키는 그 정보에 붙이는 이름이다. 키는 리스트의 인덱스와 비슷한 역할을 수행한다. 마치 리스트의 인덱스처럼 대괄호 안에 키를 명시하여 밸류에 접근할 수 있다.

키로는 정수, 실수, 튜플, 문자열 등을 쓸 수 있으나 리스트나 딕셔너리 자료형은 사용할 수 없다. 키는 인덱스 역할을 수행하므로 바뀔 수 없는 값이어야 하는데, 리스트와 딕셔너리는 요소를 수정할 수 있으므로 키로 사용되기에는 부적절하다. 밸류는 어떤 자료형이든 사용할 수 있다.

다음과 같은 방법으로 변수에 딕셔너리를 담은 후 키, 밸류 쌍을 추가하거나 삭제할 수 있다.

```
>>> a = {'key1': 'value1', 'key2': 'value2'}
>>> a['key2']                    #키를 이용한 밸류 접근
'value2'
>>> del a['key1']                #키를 이용한 밸류 삭제
>>> a['key4'] = 'value4'         #키, 밸류 쌍 추가
>>> a
{'key2': 'value2', 'key4': 'value4'}
```

에러 메시지

다음과 같이 존재하지 않는 키에 접근하려 시도하면 오류가 발생한다.

```
>>> a['key3']
...(생략)...
KeyError: 'key3'  ←————— 'key3'이라는 키와 관련하여 에러가 발생함
```

딕셔너리 변수는 사용할 곳이 많다. 게임을 만든다고 가정하자. 그 안에서 활동하는 캐릭터의 정보는 다음과 같이 딕셔너리 변수로 정리할 수 있을 것이다.

```
캐릭터1 = {'이름': '안내자',
         '역할': '초보 안내',
          ...
         '마력': 0,
         '힘': 100}
```

이처럼 프로그램 내에 '특정 존재'가 있고, 그 존재에 속하는 여러 종류의 정보를 그 정보의 이름과 함께 저장하고 싶을 때 딕셔너리 변수를 이용한다.

예제 2-7　**작은사전.py**

다음과 같은 명령을 통해 딕셔너리 변수를 이용하여 진짜 사전을 만들고자 한다.

```
dictionary['Apple'] = '사과'
dictionary['Banana'] = '바나나'
dictionary['Cacao'] = '카카오'
```

그러나 에디터로 이 코드를 실행하자 다음과 같은 에러가 발생하였다. 어떻게 하면 이 에러를 해결할 수 있을까?

```
NameError: name 'dictionary' is not defined
```

예시 답안

에러를 해석하면 이렇다. '이름과 관련된 에러: 'dictionary'라는 것이 정의되어 있지 않음.' 따라서 다음 명령을 코드의 첫 줄에 삽입한다.

```
dictionary={}        #또는 dictionary = dict()
```

학습 포인트

'Apple'이라는 키에 대응하는 '사과'라는 밸류를 변수에 추가하려면, 딕셔너리(dict) 변수 'dictionary'가 이미 생성되어 있어야 한다. 삽입 대상이 존재하지 않는데 값을 '추가'할 수는 없기 때문이다. 같은 논리로, 리스트 또한 값을 추가하려면 그 전에 변수가 먼저 생성되어 있어야 한다.

A씨는 파이썬 셸을 이용해 dic라는 이름의 딕셔너리를 만들고, 영한사전의 내용을 모두 집어넣었다. 영단어는 key로, 그 영단어의 뜻은 value로 입력한 것이다. 그런데 그 이후 dic 딕셔너리를 살펴보던 A씨는 다음과 같은 오류를 발견하였다.

```
>>> dic
{ ... , 'Pyohtn': '프로그래밍 언어 중 하나.', ... }
```

Python의 철자가 틀렸으므로 A씨는 셸에서 이를 수정하고자 한다. 어떻게 명령해야 이를 고칠 수 있을까?

집합(set)

수학의 집합과 동일하다. 수학 시간에 배웠던 중괄호 {}를 이용하여 집합을 표현할 수 있다. 나열된 요소들이 쉼표(,)로 구분되어 있으며 딕셔너리(dict)와 달리 콜론(:)이 사용되지 않음을 눈여겨보자.

```
{ 원소1, 원소2, 원소3, ... }
```

집합 자료형의 사용

예시	결과	설명
a = {1, 2, 3, 3, 3} print(a)	{1, 2, 3}	중복되는 요소는 하나로 표현된다.
a = {3, 2, 1} print(a)	{1, 2, 3}	내용물의 순서를 지정할 수 없다.
a = {1, 2, 3} b = {3, 4, 5} print(a | b) print(a & b) print(a - b)	{1, 2, 3, 4, 5} {3} {1, 2}	|　합집합 &　교집합 -　차집합

FAQ　합집합 연산을 위한 |는 어떻게 입력하는가?

i의 영어 대문자? 아니면 L의 영어 소문자? 둘 다 아니다. |은 특수문자다. 수직선이나 파이프(pipe)라고 한다. Shift+\ 또는 Shift+₩로 입력할 수 있다. \는 글자를 지울 때 쓰는 백스페이스 키의 왼쪽 또는 아래쪽에 있다.

부울(bool: boolean)

부울 자료형은 **진위(참 또는 거짓)**를 표현한다. 따라서 오직 두 가지만 나타낼 수 있다.

> True: 참
>
> False: 거짓

T와 F가 대문자임을 유의하자. 이는 뒤에서 설명할 조건문에서도 자주 사용된다. 셸을 이용해 True와 False를 확인해보자.

```
>>> 1 < 2
True
>>> 1 > 2
False
>>> A = 1 < 2
>>> A
True
>>> B = 1 > 2
>>> B
False
```

어떠한 **주장에 대해서만 진위가 존재하는 것이 아니다. 변수에도 진위가 있다.** 이는 bool() 명령어를 통해 확인할 수 있다.

bool() 명령어의 진위

시도	결과
bool(0)	False
bool(1)	True
bool('')	False
bool(' ')	True
bool([])	False
bool([0])	True
bool({})	False
bool(())	False

이처럼 변수가 비어있거나 숫자 0이면 그 진위는 False다. 그렇지 않고 공백 문자 등 특정 정보를 조금이라도 포함하고 있는 경우 진위는 True가 된다.

변수의 이러한 특성은 조건문과 함께 매우 유용하게 활용된다. 예컨대, '자료가 하나도 남지 않았을 때 프로그램을 종료한다'라는 명령을 내릴 수 있다.

진짜 아무것도 없는 None

False를 뜻하는 정수 0, 문자열 '', 리스트 [] 등이 어떠한 정보도 가지고 있지 않은 것으로 보이겠지만, 자료형을 드러내고 있으므로 완전히 아무것도 없는 무(無)는 아니다. 파이썬에서는 변수가 어떤 정보도 담고 있지 않을 때 이를 None이라고 한다. None에는 다음과 같은 특성이 있다.

```
>>> a = None
>>> a
>>>
```

이처럼 None인 변수를 확인하려고 하면 NameError는 발생하지 않으면서 어떠한 것도 보여주지 않는다. 보여줄 것이 없기 때문이다. 뭐라도 출력해보라고 다음과 같이 강제로 명령하면 None을 반환한다.

```
>>> print(a)
None
```

짐작할 수 있듯이 bool(None)의 결과는 False다.

2.4.4 형 변환

프로그래밍을 하다 보면, 정보는 유지하면서 자료형을 바꿔야 할 상황이 자주 있다. 이럴 땐 다음과 같은 방법으로 자료형을 변환하는데, 이를 형 변환(casting)이라 한다.

형변환후변수 = 새로운자료형(형변환전변수)

예시를 통해 형 변환을 자세히 알아보자.

```
>>> a = 2
>>> b = float(a)
>>> print(b)
2.0
>>> x = 4.5
>>> y = int(x)
>>> print(y)
4
```

a는 정수(int)다. 실수를 뜻하는 float를 명시하여 소괄호로 a를 감싼 후 이를 b에 대입하였고, b는 실수 2.0이 되었다. x는 실수(float)다. 정수를 뜻하는 int를 명시하여 소괄호로 x를 감싼 후 이를 y에 대입하였고, y는 정수 4가 되었다.

결과적으로 b는 a와 같지만, y는 x와 달라졌음을 눈여겨보자. 이 차이는 실수인 x의 소수점 아래 정보를 포기하면서 정수로 변환(y)할 때 발생했다. 중요한 문제다. 만약 어떠한 이유로 a가 소실된다면, b의 정보만으로도 a의 값인 2를 복구해낼 수 있다. 그러나 어떠한 이유로 x가 소실된다면, y의 정보만으로는 원래의 x값인 4.5를 복구해낼 수 없다. 이처럼 **변수의 형 변환은 돌이킬 수 없는 정보의 소실을 발생시킬 수 있다.** 유의하자. 다음은 자주 사용되는 형 변환 사례다.

자주 사용되는 형 변환 사례

예시	결과	설명
n = 30 print(str(n)+"번째 접속하셨습니다.")	30번째 접속하셨습니다.	문자열과 함께 화면에 출력하기 위해 숫자를 문자열로 변환했다. 변환하지 않고 숫자와 문자를 더하면 TypeError가 발생한다.
x = "150" y = "200" print(int(x)+int(y))	350	문자열인 숫자를 연산에 사용하기 위해서 정수나 실수로 변환했다.
names = ['갑', '을', '을', '갑', '병'] print(set(names))	{'을', '갑', '병'}	한 번 이상 등장한 정보를 정리할 때 집합형을 이용하여 중복 요소를 제거했다.

이 외에도 리스트를 튜플로 변환하거나, 튜플을 리스트로 변환하거나, 딕셔너리를 리스트로 변환하는 등 여러 가지 형 변환이 가능하다. 하지만 이러한 형 변환 가능 여부를 암기하려 애쓰지 말자. 중요한 것은 암기가 아니라, 가능한지 불가능한지 직접 실행해보고 확인하는 능력을 갖추는 것이다.

 위 설명처럼 변환 후의 형태를 명시해서 강제로 변수의 형태를 바꾸기도 하지만, 때로는 필요에 따라 자동으로 형 변환이 일어나기도 한다. 이러한 형 변환은 다음과 같이 정보의 손실을 막는 방향으로 진행된다.

```
>>> a = 5
>>> b = 2
>>> a = a/b
>>> print(a)
2.5
>>> type(a)
<class 'float'>
```

키보드 입력

2.5.1 왜 필요한가?

프로그래밍에서 입력이란 다음과 같다.

프로그램이 실행 중인 시점에 주변으로부터 정보를 요구하여 받아들이는 행위

정보의 원천은 프로그램의 이용자인 사람일 수도 있지만, 또 다른 프로그램이나 파일일 수도 있다. 예컨대, Microsoft Excel이나 훈셀과 같은 스프레드시트 프로그램은 사람으로부터 정보를 입력받거나 '불러오기'를 통해 저장된 파일을 받아들인다.

어떠한 프로그램이 이러한 입력을 전혀 받지 않는다고 가정해보자. 그렇다면 그 프로그램은 상호 작용이 가능할까? 불가능하다. 왜냐하면 상호 작용을 위해서는 받아들이고(input) 가공해서(process) 표출하는(output) 절차가 필요하기 때문이다. 그러므로 소통을 하지 않고 정해진 절차만 수행하도록 작성된 프로그램이 아니라면 입력은 반드시 필요하다.

 아무 입력도 받지 않고 정해진 것만을 출력하는 프로그램의 예로는 화면 출력에서 설명했던 전광판이 대표적이다. 그 외에도 원주율의 소수점 아래 자리를 계속해서 구하는 프로그램이나 계속해서 더 큰 소수를 찾는 프로그램 등이 있다. 이러한 프로그램들은 프로그래머로부터 받은 명령만 수행하면 되므로 주변과 상호작용할 이유가 없다.

2.5.2 어떻게 적용할 수 있는가?

가장 기본적인 키보드 입력 명령을 알아보자. 이를 통해 사용자로부터 문자열을 입력받아 저장할 수 있다.

```
정보를저장할변수 = input("프롬프트")
```

위와 같이 input() 명령을 사용하면, 프로그램은 프롬프트에 해당하는 문자열을 화면에 보여준 후, 정보를 입력받아 이를 변수에 저장한다. '프롬프트'는 문자열이므로 큰따옴표 또는 작은따옴표로 감쌀 수 있다. 구체적인 예시를 통해 이해해보자.

```
ID = input("ID를 입력하세요: ")
print(ID+"님 환영합니다.")
```

위 코드를 실행하면 'ID를 입력하세요: '라는 글자를 띄운 상태로 프로그램이 사용자의 입력을 기다린다. 'python'을 입력했다고 가정하면, 다음과 같은 결과가 출력된다.

```
ID를 입력하세요: python
python님 환영합니다.
```

여기서 알아야 할 것은 세 가지다. 첫째, input() 명령 뒤에 따라오는 소괄호 사이의 문자열("ID를 입력하세요: ")은 프롬프트다. 프롬프트를 통해서 입력받을 정보를 정확히 요구하면, 프로그램 사용자가 엉뚱한 값을 입력하지 않도록 유도할 수 있다.

둘째, 할당연산자(=)를 통해서 입력값을 특정 변수(ID)에 저장했다. 저장하지 않은 채 이용하는 방법도 있지만, 코드의 가독성이 떨어지므로 추천하지 않는다.

셋째, **input() 명령을 이용해 입력받은 값은 문자열이다.** 위의 예시를 눈여겨보자. 변수인 ID는 연산자 '+'를 통해 문자열인 '님 환영합니다.'와 연결된 상태로 사용되었다. 이는 ID가 문자열이라는 뜻이다. 따라서 입력받은 ID가 '12345'이더라도 이 프로그램 코드는 아무런 문제없이 작동하여 '12345님 환영합니다.'를 화면에 출력할 것이다.

 본문에 언급했듯이 input() 명령의 결과를 특정 변수에 저장하지 않고 사용하는 것도 가능하다. 다음 코드를 입력하고 실행해보자.

```
print(input("ID를 입력하세요: ")+'님 환영합니다!')
```

명령어가 중첩되어 있을 경우 가장 안에 있는 것부터 바깥 방향으로 실행된다. 따라서 이 코드는 위 설명부의 코드와 똑같이 실행된다.

하지만 이런 코드는 한눈에 알아보기 어렵다. 따라서 추천하지 않는다. 게다가 위와 같은 방식의 코드는 입력받은 값을 변수에 저장하지 않고 사용하므로 다시는 그 값을 사용할 수 없게 된다.

만약 숫자를 입력받아 이를 계산해야 하는 상황이라면 형 변환이 필수적이다. 다음 사례를 보자.

```
1    print("정사각형의 넓이 구하기")
2    a = input("한 변의 길이를 입력하세요: ")
3    a = float(a)
4    s = a*a
5    print("정사각형의 넓이는", str(s)+"입니다.")
```

느닷없이 한 변의 길이를 입력하라 하면 프로그램 사용자가 당황할 것이므로 1행에서 먼저 프로그램의 목적을 알려주고, 2행에서는 한 변의 길이를 입력받아 a라는 변수에 저장하였다.

input() 명령을 통해 입력받은 값은 문자열(str)이다. 따라서 3행에서는 a 변수를 계산에 사용하기 전에 실수(float)로 형 변환하였다. 4행에서는 이 변수를 제곱하여 정사각형의 넓이 s를 구했다. 그리고 5행에서는 결과를 문자열과 이어 붙여 출력하기 위하여 다시 문자열로 형 변환하였다.

 위 코드를 줄여서 다음과 같이 바꿀 수 있다.

```
print("정사각형의 넓이 구하기")
a = float(input("한 변의 길이를 입력하세요: "))
print("정사각형의 넓이는", str(a*a)+"입니다.")
```

input()을 통해 입력받은 값을 변수에 대입하기 전에 실수로 형 변환하였다. 그리고 굳이 '정사각형넓이'라는 변수를 사용하지 않고 변수 '한 변의 길이'를 제곱한 후 곧장 문자열로 형 변환하여 화면에 출력하고 있다.

2.5.3 실습

사용자에게 출력(print)하는 명령은 이미 익혔으니 사용자로부터 입력(input)받는 명령을 숙달하여 더 재미있는 프로그램을 만들어보자.

 앞으로 제시될 모든 문제에서 **굵은 글씨**는 사용자 입력이다.

다음과 같이 프로그램 사용자로부터 밑변과 높이를 입력받아 삼각형의 넓이를 구하는 프로그램을 작성하라.

```
삼각형의 넓이 구하기
밑변 : 5
높이 : 2
삼각형의 넓이는 5.0입니다.
```

예시 답안

```
# 출력: 삼각형의 넓이(s)
# 입력: 삼각형의 밑변(b)과 높이(h)
print("삼각형의 넓이 구하기")
b = float(input("밑변: "))
h = float(input("높이: "))
s = str((b*h)/2)
print("삼각형의 넓이는 "+s+"입니다.")
```

학습 포인트

① 변수 s에 값을 저장하는 단계에서 문자열로 형 변환을 수행했다.

② float(input())과 같이 명령을 중첩할 수 있다. 이 경우에는 안에 있는 명령부터 실행된다.

유제 2-8   놀리기.py

학생 1과 학생 2의 이름을 다음과 같은 형태로 입력받아 '철수♥영희' 꼴로 화면에 출력하라. 학생들의 이름은 세 글자로 입력받되 출력할 때에는 성(姓)을 제외한다. 성은 한 글자라고 가정한다.

```
학생 1의 이름: 김철수
학생 2의 이름: 박영희
철수♥영희
```

조건문

2.6.1 왜 필요한가?

인간에게 큰 스트레스를 주는 작업이 여럿 있다. 그중에서도 프로그램이 대신할 만한 작업이 두 가지 있는데, 바로 **판단과 반복이다**. 인간은 당연히 이 두 작업을 프로그램에게 미루고자 애썼고, 성공했다. 조건문과 반복문이 그 결과물이다. 이 둘을 합쳐 제어문이라고 한다.

먼저, 조건문에 대해 알아보자. 조건문은 인간 대신 프로그램이 판단을 내릴 수 있도록 한다. 정해진 구조에 따라 **조건문을 활용하면 판단 결과가 참(True)인 경우와 거짓(False)인 경우로 나누어 다른 작동하도록 명령할 수 있다.** 일종의 분기점인 셈이다.

포털사이트의 로그인부터 주식 투자 프로그램의 종목 검색 기능과 FPS 게임의 헤드 샷 판정까지 조건문이 사용되지 않는 곳을 찾기가 어려울 정도다.

2.6.2 유형과 실습

조건문(또는 if문)은 구체적인 조건 및 그 조건의 진위(bool)와 함께 구성된다. 조건문의 가장 기본적인 구조는 다음 페이지의 그림과 같다.

만약 조건이 참이라면, 명령1과 명령2가 수행된 후 명령3이 수행된다. 반면 이 조건이 거짓이라면, 명령1과 명령2는 무시되고 명령3이 곧장 실행된다. 즉, **명령1과 명령2는 하나의 블록(block)이다.**

유형 1: if문

```
if 조건:
    명령1
    명령2
명령3
```

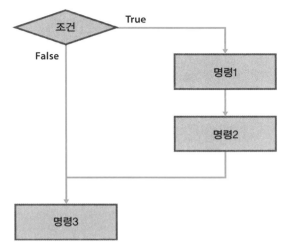

유형 1 - 조건문 진행 순서도

인터프리터가 이를 하나의 블록으로 구분할 수 있는 것은 두 요소가 있기 때문이다. 두 요소
란 'if 조건' 다음에 온 콜론(:)과, 명령1 및 명령2 앞에 공통적으로 입력된 **공백 문자(space) 4
개**를 말한다.

명령1과 명령2 앞에 입력된 공백 문자를 **들여쓰기(indentation)**라고 한다. 에디터나 셸에서 콜론
을 입력한 후 줄바꿈을 하면, IDLE이 알아서 들여쓰기를 시작한다. 에디터에서는 공백 문자 4
개가 자동으로 입력된다. 만약 이를 공백 5개나 탭(tab) 하나로 바꾸더라도 코드 전체적으로 일
관성이 유지된다면 문제없이 실행된다. 그러나 탭과 공백 문자를 섞어 사용하거나 개수가 불일
치하면 다음과 같은 에러 메시지를 보게 된다.

에러 메시지

SyntaxError: inconsistent use of tabs and spaces in indentation

구문 오류: 들여쓰기에서의
일관성 없는 공백과 탭의 사용

파이썬에서 들여쓰기는 코드 블록을 구분하는 기준이므로 인터프리터가 민감하게 반응할 수밖에
없다.

이번에는 조건에 대해 알아보자. 조건이란, 진위를 판별할 수 있는 자료형이나 문장을 말한다. 즉, 참(True) 또는 거짓(False)이라는 결론을 내릴 수 있어야 한다는 뜻이다.

변수의 진위는 이미 앞에서 살펴보았으니 이번에는 조건을 나타내는 문장의 진위를 알아보자. 이러한 문장은 보통의 명령과 다르다. 인터프리터에게 무언가를 수행시키는 명령과 달리, 조건은 판별의 대상일 뿐이다. 그 자체로 무언가를 수행하지는 않는다.

조건을 만들 때 사용되는 연산자로는 비교연산자, 논리연산자, 멤버십연산자, 식별연산자가 있다.

비교연산자

비교연산자	뜻	예시	예시의 진위
>	크다(초과)	5 > 3	True
>=	크거나 같다(이상)	3 >= 5	False
<	작다(미만)	7 < 10	True
<=	작거나 같다(이하)	10 <= 1	False
==	같다	1 == 1	True
!=	같지 않다	5 != 3	True

비교연산자는 다음과 같이 사용할 수 있다. 다음 코드는 입력받은 두 정수 a와 b의 크기를 비교하고, 그 결과를 화면에 출력한다.

```
a = int(input("a: "))
b = int(input("b: "))
if a > b:
    print('a가 b보다 크다')
if a == b:
    print('a와 b가 같다')
```

```
if a < b:
    print('a가 b보다 작다')
```

논리연산자

논리연산자	뜻	예시	예시의 진위
and	둘 다 참이어야 참 (논리곱)	`5 > 3 and 10 >1`	True
or	둘 중 하나만 참이면 참 (논리합)	`2 > 3 or 3 == 3`	True
not	진위 반전	`not True`	False

논리연산자는 다음과 같이 사용할 수 있다. 다음 코드는 입력받은 정수 n이 자연수인 홀수 (1, 3, 5, 7, ...)일 경우에만 화면에 ok를 출력한다.

```
n = int(input("n: "))
if n > 0 and n % 2 == 1:
    print('ok')
```

멤버십연산자

멤버십연산자	뜻	예시	예시의 진위
in	포함	`'a' in 'abc'`	True
not in	불포함	`99 not in [99,100]`	False

멤버십연산자는 다음과 같이 사용할 수 있다. 다음 코드는 입력받은 이름에 '윤'이라는 글자가 포함되어 있고, '팬'이라는 글자가 포함되어 있지 않으면 '좋은 이름'을 화면에 출력한다.

```
name = input("이름: ")
if '윤' in name and '팬' not in name:
    print('좋은 이름')
```

식별연산자(is, is not)는 레벨 3에서 설명하기로 한다.

A와 B가 True 또는 False일 때 논리연산자를 적용한 결과는 다음과 같다.

A	B	not A	A or B	A and B
False	False	True	False	False
False	True	True	True	False
True	False	False	True	False
True	True	False	True	True

간혹 이 표를 외우려는 사람이 있다. 이해하면 그럴 필요가 없다. 앞에서 배웠던 부울(bool) 자료형을 떠올려보자. 정수형일 때, 0은 False고 0이 아니면 True였다. 편의상 True를 1로 생각하자. **or은 논리합, and는 논리곱이다.**

예를 들어 A가 False(0)고 B가 True(1)일 때, 논리합(or)의 결과는 0+1=1이므로 True이며 논리곱(and)의 결과는 0×1=0이므로 False다.

 연산자의 종류가 너무 많아 어떻게 해야 할지 모르겠다!

연산자가 많아서 겪게 되는 어려움은 두 가지다. 첫째는 적절한 연산자를 떠올리지 못해 필요한 상황에 적용하지 못하는 것이다. 입문자들은 주로 산술연산자의 **(제곱), //(몫), %(나머지), 그리고 멤버십연산자인 in과 not in을 쉽게 떠올리지 못하는 경향이 있다.

둘째는 연산자의 적용 순서를 헷갈리는 것이다. 수학에서처럼 소괄호를 이용하면 연산자의 우선순위와 상관없이 먼저 적용할 연산자를 결정할 수 있으므로, 이는 쉽게 해결할 수 있다. 소괄호를 사용하지 않았을 때는 산술연산자, 비교연산자, 멤버십연산자, 논리연산자 순으로 적용된다. 이것은 자연스러운 순서이므로 조건문을 억지로 꼬지 않는 이상 누구든지 조건문을 보면 바로 알 수 있다. 따라서 순서를 억지로 외울 필요는 없다.

 딕셔너리 자료형을 향해 멤버십연산자를 사용하면 특정 키가 포함되어 있는지 아닌지를 알 수 있다.

```
>>> a = {'이름':'아이작 뉴턴', '특기':'역학'}
>>> '이름' in a
True
>>> '나이' in a
False
```

ID와 PW를 입력받아 로그인한 모든 사람에게 '어서 오십시오.'라는 문장을 출력하되, ID가 'admin'이고 PW가 '1234'인 경우에는 '환영합니다, 관리자님!'이라는 문구를 그보다 **먼저 출력**하는 프로그램을 작성하라.

ID가 admin, 패스워드가 1234인 경우

ID를 입력하세요: **admin**
PW를 입력하세요: **1234**
환영합니다, 관리자님!
어서 오십시오.

admin과 1234가 입력되지 않은 경우

ID를 입력하세요: **abcd**
PW를 입력하세요: **1234**
어서 오십시오.

예시 답안

```
# 출력 : '어서 오십시오.'를 출력
# 만약 관리자라면 '환영합니다, 관리자님!'을 그 전에 먼저 출력
# 입력 : ID와 PW
ID = input('ID를 입력하세요: ')
PW = input('PW를 입력하세요: ')
if ID == 'admin' and PW == '1234':
    print('환영합니다, 관리자님!')
print('어서 오십시오.')
```

학습 포인트

① =은 할당연산자이며, '같다'는 ==로 나타낸다.

② 로그인은 ID와 PW가 모두 맞을 때만 가능하다. 동시에 모두를 충족시키는 경우에만 True인 조건을 만들기 위해서는 논리연산자 and가 필요하다.

③ 소문자 id는 예약어이므로 변수명으로 사용할 수 없다. id_ 또는 ID 등을 사용하자.

④ if문의 블록 바깥으로 벗어나서 명령을 입력하면, 조건의 진위와 무관하게 실행된다.

NOTE 다음과 같이 조건을 소괄호로 감싸는 것도 가능하다.

```
if(ID == 'admin' and PW == '1234'):
    print('환영합니다, 관리자님!')
```

NOTE 패스워드를 위 예제처럼 단순하게 만드는 것은 대문을 열어놓고 외출하는 것과 다를 바 없다. 비밀번호 1234가 얼마나 빨리 무너지는지 레벨 5의 패스워드 크래킹에서 알 수 있을 것이다.

모니터를 생산하는 백운전자는 출고한 모니터의 일곱 자리 일련번호를 다음과 같이 리스트에 모아서 관리하고 있다.

```
serial_numbers = [1111555, 2223322, 2521249, 8504037]
```

지금까지 출고된 모니터는 위와 같이 네 대뿐이라고 가정하자. 고객대응 부서에서는 A/S를 접수하기 전에 접수된 모니터가 정상 제품인지 아닌지 확인하고자 한다. 다음과 같이 해당 부서 직원으로부터 모니터의 일곱 자리 일련번호를 입력받아, 출고된 모니터의 일련번호와 같으면 '정상'이라고 출력하고, 같지 않으면 '비정상'이라고 출력하는 프로그램을 작성하라.

모니터 일련번호가 맞는 경우

모니터 일련번호: **1111555**
정상

모니터 일련번호가 아닌 경우

모니터 일련번호: **4531843**
비정상

유형 2: if-else문

```
if 조건:
    명령1
    명령2
else:
    명령3
    명령4
명령5
```

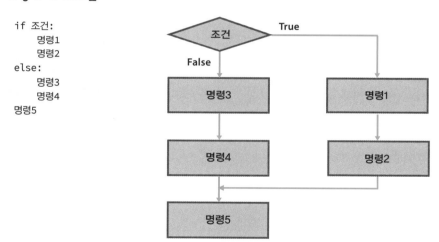

유형 2 – 조건문 진행 순서도

조건문의 두 번째 유형을 살펴보자. if-else로 구성되는 이번 유형은 만약 조건이 참이라면 명령1과 명령2를 수행하고, 그렇지 않다면 명령3과 명령4를 수행하는 구조다. 조건이 충족되지 않으면 '무조건' else 아래의 블록을 수행하므로 **else에는 조건이 따라붙지 않음을 유의하자.** 명령5는 조건문의 참/거짓 여부와 무관하게 수행될 것이다.

ID와 PW를 입력받아 로그인한 사람의 ID가 'admin'이고 PW가 '1234'인 경우 '환영합니다, 관리자님!'이라는 문구를 출력하고, 그렇지 않다면 '등록되지 않은 사용자입니다.'를 출력하는 프로그램을 작성하라.

ID가 admin, 패스워드가 1234인 경우

```
ID를 입력하세요: admin
PW를 입력하세요: 1234
환영합니다, 관리자님!
```

admin과 1234가 입력되지 않은 경우

```
ID를 입력하세요: abcd
PW를 입력하세요: 1234
등록되지 않은 사용자입니다.
```

예시 답안

```python
# 출력: '환영합니다, 관리자님!' 또는 '등록되지 않은 사용자입니다.'
# 입력: ID와 PW
ID = input('ID를 입력하세요: ')
PW = input('PW를 입력하세요: ')
if ID == 'admin' and PW == '1234':
    print('환영합니다, 관리자님!')
else:
    print('등록되지 않은 사용자입니다.')
```

학습 포인트

위 if-else 구조를 통해 모든 경우의 수가 중복되지 않게 빠짐없이 다루어지고 있음을 눈여겨보자. 어떤 ID와 패스워드를 입력받든 프로그램은 위 조건문 구조로 대응할 수 있다.

 예전에는 '등록되지 않은 ID입니다.' 또는 'PW가 틀렸습니다.'라고 알려주는 웹사이트가 많았다. 그러나 최근에는 'ID 또는 PW가 틀렸습니다.'라고 알려주는 경우가 많다. 왜 그런 걸까?

나쁜 목적을 지닌 사람이 웹사이트에 불법적인 접근을 시도하고 있다고 가정하자. 만약 웹사이트가 'PW가 틀렸습니다.'라고 답하면 '아, ID는 맞았는데 PW가 틀렸구나?'하고 정보를 얻게 된다. 반면 'ID 또는 PW가 틀렸습니다.'라는 메시지를 출력하면 침입을 시도하는 사람은 ID가 틀렸는지 PW가 틀렸는지 알 수 없다. 즉, 침입을 더 어렵게 만든 것이다.

모니터를 제조하는 백운전자는 출고한 모니터의 일곱 자리 일련번호를 다음과 같이 관리하고 있다.

```
serial_numbers = [1111555, 2223322, 2521249, 8504037]
```

고객대응 부서에서는 A/S를 위해 접수된 모니터가 정상 제품인지 아닌지 확인하고자 한다. 해당 부서 직원이 모니터의 일곱 자리 일련번호를 입력했을 때, 이것이 출고된 모니터의 일련번호라면 '정상'이라고 출력하고, 일련번호가 아니라면 '비정상'이라고 출력하는 프로그램을 작성하라.

모니터 일련번호가 맞는 경우	모니터 일련번호가 아닌 경우
모니터 일련번호: **1111555** 정상	모니터 일련번호: **4531843** 비정상

유형 3: if-elif문

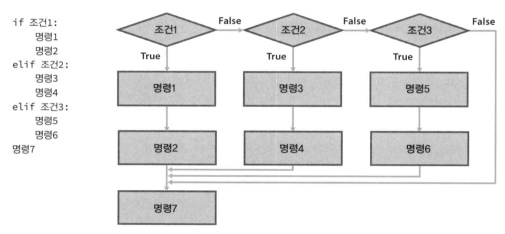

유형 3 – 조건문 진행 순서도

조건문의 세 번째 유형을 살펴보자. if-elif로 구성되는 이번 유형은 다음 절차에 따라 수행된다.

만약 조건1이 참이라면 조건1에 속한 명령을 수행하고, 그렇지 않다면 다음 조건2를 살펴 참이라면 조건2에 속한 명령을 수행하고, 그렇지 않다면 다음 조건3을 또 살펴 참이라면 조건3에 속한 명령을 수행하고, ... 마지막 조건을 살펴 참이라면 마지막 조건에 속한 명령을 수행한다. 즉, if나 else는 한 번씩만 사용되지만 elif의 개수에는 제한이 없다.

if-elif 구조는 if-else 구조와는 달리 '어떤 것에도 해당하지 않는 경우'가 있을 수 있다. 따라서 모든 경우의 수에 대해 빠짐없이 대응하기에는 적합하지 않다. 하지만 if-elif 구조가 그 자체로 잘못되었거나 쓸모없는 것은 아니다. 예를 들어, 게임회사가 100시간 이상 또는 10시간 이상 게임을 플레이한 사람들을 분류하여 아이템을 지급하고, 나머지 인원에게는 지급하지 않으려는 경우 이 구조는 유용하게 사용될 수 있다.

elif는 'else + if'를 줄인 말이다. if는 '만약', else는 '나머지'라는 뜻이다. 따라서 elif는 '(먼저 제시된 조건을 충족하지 못한) 나머지 경우 중에서 특정 조건을 충족한다면'이라는 뜻으로 해석할 수 있다.

예제 2-11 **성적처리.py**

효문대학교의 갑 교수는 성적을 짜게 주기로 유명하다. B 오는 날 C를 뿌리려고 결심한 그는 다음과 같이 절대평가 기준을 결정했다.

   98점 이상이면 A
   95점 이상이면 B
   90점 이상이면 C

조교인 당신은 위 채점 기준에 따라 다음과 같이 점수(숫자)를 입력받아 등급(영문)으로 변환하여 출력하고자 한다. 이를 위한 코드를 작성하라.

사례 1

점수를 입력하세요: **99**
A

사례 2

점수를 입력하세요: **97**
B

사례 3

점수를 입력하세요: **93**
C

예시 답안

```python
# 출력: 학점(영문 형태의 등급)
# 입력: 0이상 100이하의 시험점수
score = int(input('점수를 입력하세요: '))
if score >= 98:
    print('A')
elif score >= 95:
    print('B')
elif score >= 90:
    print('C')
```

다음과 같이 코드를 작성한 사람도 있을 것이다.

```python
if score >= 98:
    print('A')
elif 95 <= score < 98:
    print('B')
elif 90 <= score < 95:
    print('C')
```

이렇게 작성해도 정상적으로 작동하긴 한다. 하지만 이는 조건문을 제대로 이해하지 못한 것이다. 예시 답안의 코드를 잘 살펴보자. 98점 이상의 점수는 이미 if에서 처리되어 첫 번째 elif에 도달하지 못한다. 그러므로 첫 번째 elif에서 score가 98점 미만인지 다시 확인하는 학습 포인트의 코드는 비효율적이다. 같은 논리로, 95점 이상의 점수는 첫 번째 elif에서 처리되어 두 번째 elif에 도달하지 못한다. 그러므로 두 번째 elif에서 score가 95점 미만인지 다시 확인하는 학습 포인트의 코드는 비효율적이다.

유제 2-11 **웹소설플랫폼.py**

승진을 거듭한 당신은 드디어 새로운 웹 소설 플랫폼의 책임자가 되었다. 인기 또한 부익부빈익빈 현상이 발생한다는 사실을 알고 있는 당신은 가혹한 결정을 내리게 되었다. 부하 직원에게 다음과 같이 조회수에 따라 색깔로 리그를 나누고 상위 리그부터 페이지 상단에 노출하라고 지시한 것이다.

조회수 100만 이상: Violet

조회수 10만 이상: Blue

조회수 1만 이상: Black

갑작스러운 지시를 받고 야근을 하게 생긴 부하 직원을 위해서, 다음과 같이 조회수를 입력받아 그 조회수에 해당하는 리그를 출력하는 코드를 만들어주자.

사례 1

점수를 입력하세요: **1000001**
Violet

사례 2

수를 입력하세요: **100003**
Blue

사례 3

점수를 입력하세요: **10010**
Black

유형 4: if-elif-else문

```
if 조건1:
    명령1
    명령2
elif 조건2:
    명령3
    명령4
else:
    명령5
    명령6
명령7
```

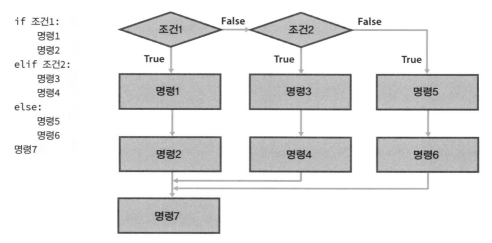

유형 4 – 조건문 진행 순서도

조건문의 네 번째 유형을 살펴보자. if-elif-else로 구성되는 이번 유형은 다음 절차에 따라 수행된다.

만약 조건1이 참이라면 조건1에 속한 명령을 수행하고, 그렇지 않다면 다음 조건2를 살펴 참이라면 조건2에 속한 명령을 수행하고, … 마지막 조건을 살펴 참이라면 마지막 조건에 속한 명령을 수행하고, 어떤 조건도 참이 아니라면 else에 속한 명령을 수행하고 종료된다. if나 else는 한 번씩만 사용되지만, elif의 개수에는 제한이 없다. **else가 있으므로 이 구조는 모든 경우의 수에 대해 빠짐없이 대응할 수 있다.**

예제 2-12 **성적처리2.py**

효문대학교의 A 교수도 성적을 짜게 주기로 유명하다. B 오는 날 C를 뿌리려고 결심한 그는 다음과 같이 절대평가 기준을 결정했다.

98점 이상이면 A
95점 이상이면 B
90점 이상이면 C
나머지는 F

조교인 당신은 위 채점 기준에 따라 입력받은 점수(숫자)를 등급(영문)으로 변환하여 출력하고자 한다. 이를 위한 코드를 작성하라.

```
# 출력: 학점(영문 형태의 등급)
# 입력: 0 이상 100 이하의 시험 점수
score = int(input('점수를 입력하세요: '))
if score >= 98:
    print('A')
elif score >= 95:
    print('B')
elif score >= 90:
    print('C')
else:
    print('F')
```

학습 포인트

이 문제가 예제 2-11과 다른 점은 F 학점을 부여하기 위한 조건을 제시했다는 것이다. 이에 맞춰 코드 마지막에 else를 추가하여 나머지 학생들을 F로 분류했다. 이것으로 **아무 학점도 받지 못하는 학생이 사라졌음에 주목하자.** 예제 2-11의 코드는 90점 미만의 점수를 입력했을 때 아무런 반응도 보이지 않지만, 위 코드는 F라는 결론을 내놓는다. 위와 같이 **논리적 빈틈을 제때 메우는 습관은 매우 중요하다.** 그렇지 않으면 에러 메시지도 없이 비정상으로 작동하는 프로그램을 자주 보게 될 것이다.

> **NOTE**
>
> 논리적 빈틈이 없게 단단한 코드를 짜고 싶지만, 마땅히 처리할 작업이 없다면 어떻게 해야 할까? 예를 들어, 예제 2-12에서 90점 미만의 점수를 받은 학생의 학점을 전부 F로 주는 게 맞는지 재시험을 치르는 게 맞는지 결정하지 못했다고 가정하자. 그래서 코드를 다음과 같이 고치면 에러가 발생한다.
>
> ```
> ...(생략)...
> else:
>     # printf('F')
> ```
>
> 에러 내용은 unexpected EOF while parsing이다. 인터프리터가 구문을 해석하는 도중 예상치 못하게 파일이 끝나버렸다는 뜻이다. 즉, else 뒤에 콜론(:)이 온 후 들여쓰기된 블록이 없어서 발생한 에러다.
>
> 해결 방법이 없을까? 아예 else: 까지 주석 처리하는 것도 괜찮지만, 다음과 같은 방법도 있다.
>
> ```
> else:
>     pass
> ```
>
> 즉, 위 상황처럼 **콜론 다음에 딱히 들여쓰기할 블록이 없을 때는 pass를 이용한다.** 이는 조건문뿐만 아니라 들여쓰기 블록이 필요한 모든 곳에서 유용하게 사용된다.

승진을 거듭한 당신은 드디어 새로운 웹 소설 플랫폼의 책임자가 되었다. 마치 돈처럼 인기 또한 부익부빈익빈 현상이 발생한다는 사실을 알고 있는 당신은 눈물을 머금고 가혹한 결정을 내리게 되었다. 부하 직원에게 다음과 같이 조회수에 따라 색깔로 리그를 나누고 상위 리그부터 페이지 상단에 노출하라고 지시한 것이다.

조회수 100만 이상: Violet

조회수 10만 이상: Blue

조회수 1만 이상: Black

조회수 0 이상: Red

갑작스러운 지시를 받고 야근을 하게 생긴 부하 직원을 위해 조회수에 따른 리그를 출력하는 코드를 만들어주자.

> **NOTE** 예제 2-12와 유제 2-12의 자료 분류처럼 겹치지도 않고 빠져나갈 구석도 없는 형태를 **MECE(Mutually Exclusive, Collectively Exhaustive)**라고 한다. 이 표현은 세계적인 컨설팅 기업 맥킨지앤드컴퍼니(Mckinsey & Company)로부터 퍼져나갔는데, 사실 이미 수학 시간에 배운 사고방식이다. '경우의 수' 단원을 떠올려보자. 경우의 수를 셀 때는 **중복되지 않게 빠짐없이** 세야 한다는 사실을 배웠을 것이다. 조건문 구조를 통해 여러 상황에 빠짐없이 대응하는 것은 else를 추가함으로써 쉽게 달성할 수 있다. 하지만 중복을 피하는 것은 프로그래머가 노력을 기울여야 할 부분이다.

> **NOTE** 성적 처리 등 단순한 계산이나 분류는 Microsoft Excel이나 흔셀 등 스프레드시트 프로그램을 통해서도 가능하다. 아니, 스프레드시트를 통하는 쪽이 더 빠르고 깔끔하다. 기본적으로 모든 정보가 표 형태로 정리될 수 있도록 만들어졌기 때문이다.
>
> 문제는 스프레드시트 또한 사용하기 쉬운 프로그램이 아니라는 것이다. 많은 사람이 스프레드시트를 배울 때 어려움을 느낀다. sum(합산)이나 average(평균), if(조건) 등이 사용되는 스프레드시트는 사실상 프로그래밍 언어를 쉽게 사용할 수 있도록 한 단계 낮춰놓은 것이나 다름없다. 기존에 이를 능숙하게 다루던 사람이라면 프로그래밍도 쉽게 익히고 있을 것이다. 반대로, 프로그래밍에 먼저 능숙해진다면 스프레드시트 활용도 어렵지 않을 것이다.

반복문

2.7.1 왜 필요한가?

조건문에서 설명했듯이, 반복은 인간이 매우 싫어하는 작업 중 하나다. 따라서 반복되는 작업을 어떻게든 남에게 미루고 싶었다. 그러면 그만큼의 시간과 에너지를 아껴 다른 곳에 사용할 수 있기 때문이다. 그리고 반복문은 이를 가능하게 만들었다. 인간은 반복문을 통해 같은 작업의 단순 반복을 피하고, 지성을 더 유의미한 일에 사용할 수 있게 되었다. 조건문과 마찬가지로 반복문 또한 사용되지 않는 곳을 찾기가 더 어렵다. 공장에서 똑같은 제품을 계속 만들어내는 기계나 화폐가 들어올 때까지 기다렸다가 물건을 내어주는 자판기부터 전원을 끌 때까지 여러 화면을 번갈아 반복하여 보여주는 광고판까지 폭넓게 사용되고 있다.

2.7.2 어떻게 사용할 수 있는가?

반복문에는 크게 두 가지 종류가 있다. for와 while이다. 둘 다 유용하게 사용되므로 모두 익혀야 한다. 적용하기에 좋은 상황은 각각 다르지만, 무한 반복을 제외하면 두 종류의 반복문 모두 서로의 역할을 대체할 수 있다. 그래서 각종 시험에서는 for문을 제시한 뒤 이를 while문으로 바꾸거나 그 반대로 바꾸는 문제가 심심찮게 출제되곤 한다. 여기서도 for문과 while문의 문법을 먼저 익힌 후, 각 예제와 유제의 코드를 두 가지 방법으로 작성할 것이다.

 코딩 영어   for와 while은 여러 뜻이 있지만, 파이썬에서는 둘 다 '~인 동안'이라는 뜻으로 사용된다.

우선, for문 사용법을 알아보자.

```
for 변수 in 순회가능변수:
    명령1
    명령2
    ...
```

순회 가능(iterable)하다는 것이 무엇인지 아직 알지 못하므로 이해하기 어려울 것이다. 사례를 통해 이해해보자.

```
for i in 'abc':
    print(i)
```

이 코드의 실행 결과는 다음과 같다.

```
a
b
c
```

이는 변수 i가 문자열 'abc'를 첫 글자(인덱스 0에 해당하는 글자)부터 하나씩 가리키며 오른쪽으로 나아가면서 print(i)를 수행한 결과다. **즉, 변수 i는 for문 아래 블록을 한 차례 수행할 때마다 값이 바뀐다.** 첫 번째 반복에서는 a, 두 번째 반복에서는 b, 세 번째 반복에서는 c가 되는 것이다.

그리고 **순회 대상으로서 변수가 가리킬 값을 지닐 수 있는 대상을 '순회 가능 변수'라고 한다.** 모든 변수가 순회 가능한 것이 아니기 때문에 이런 이름이 붙었다. 예컨대, 정수 12345는 순회 불가능하지만 문자열 "12345"는 순회 가능하다.

순회 가능 자료형을 외워야 하는가?

그럴 필요 없다. 순회 가능 자료형으로는 문자열(str), 리스트(list), 튜플(tuple), 집합(set), 딕셔너리(dict) 등이 있는데, 문자열을 제외하면 대부분 요소가 나열되는 형태다. 기억이 나지 않는다면, 다음과 같이 명령을 실행해서 에러가 나는지 확인하자.

```
>>> a = 12345
>>> for i in a:
        print(i)
...
TypeError: 'int' object is not iterable
```
변수 타입과 관련된 오류: 정수형(int)은
순회 불가능하다(not iterable).

한편, 위에서 예시로 든 다음 코드의 실행 과정을 자세하게 뜯어보면 다음과 같다.

```
for i in 'abc':
    print(i)
```

① for문으로 진입하며 반복이 시작된다.

② i를 'a'로 갱신한다. 즉, i가 문자열의 0번째 인덱스를 가리킨다.

③ print(i)를 실행한다. 즉, 화면에 a가 출력된다.

반복문 블록이 끝났음을 확인한다.

④ i를 'b'로 갱신한다. 즉, i가 문자열의 1번째 인덱스를 가리킨다.

⑤ print(i)를 실행한다. 즉, 화면에 b가 출력된다.

반복문 블록이 끝났음을 확인한다.

⑥ i를 'c'로 갱신한다. 즉, i가 문자열의 2번째 인덱스를 가리킨다.

⑦ print(i)를 실행한다. 즉, 화면에 c가 출력된다.

반복문 블록이 끝났음을 확인한다.

⑧ i가 가질 다음 값이 없음을 확인한다(=문자열의 끝에 도달했음을 확인한다).

⑨ for문이 종료되며 반복이 끝난다.

위 'abc'의 자리에 꼭 문자열만 올 수 있는 것은 아니다. 순회 가능한 모든 종류의 자료형을 사용할 수 있다.

그런데 정수 0부터 999999까지를 화면에 출력해야 하는 상황이라고 가정해보자. 리스트를 사용한다면, 코드는 다음과 같은 꼴이 되어야 할 것이다.

```
a = [0, 1, 2, 3, 4, 5, 6, 7, 8, 9, ... , 999999]
for i in a:
    print(i)
```

또는

```
for i in [0, 1, 2, 3, 4, 5, 6, 7, 8, 9, ... , 999999]:
    print(i)
```

0부터 999999까지를 화면에 출력하기 위해서 코드에 0부터 999999를 직접 적어야 한다면, 이것을 반복문이라 부를 수 있을까? 정녕 이런 무식한 방법밖에 없을까?

당연히 그렇지 않다. for문의 구조를 다시 떠올려보자. 지금 필요한 것은 순회 대상으로 삼을 변수다. 예를 들어, 0부터 99까지의 숫자를 화면에 출력하려면 0부터 99까지의 숫자를 담은 '순회 가능한 변수'가 필요하다. 그런데 이것이 없어서 변수를 직접 입력해야 하는 번거로움에 직면한 것이다. 그렇다면, 순회 가능한 변수를 대신 만들어주는 명령어가 있다면 참 편하지 않을까?

당연히 있다. 바로 range()다.

 'range'는 '범위'를 의미한다.

range() 명령은 다음과 같은 방법으로 사용할 수 있다.

```
range(시작점, 끝점, 변화량)
```

'시작점 이상 끝점 미만' 또는 '시작점 이하 끝점 초과'의 범위에서, 시작점으로부터 일정한 크기로 변화하는 수열을 range형 변수로 만든다. 예를 들어,

```
range(0, 100, 1)
```

위 코드는 다음을 나타낸다.

```
0, 1, 2, ..., 99
```

만약 변화량이 1이라면 다음과 같이 이를 생략할 수 있다.

```
range(0, 100)
```

변화량이 1인 동시에 시작점이 0이라면, 다음과 같이 둘 다 생략할 수 있다.

```
range(100)
```

range() 명령을 통해서 만들 수 있는 range형 변수는 리스트와 비슷한 형태다. 그러나 다른 자료형과 달리, range형 변수를 그 자체로 활용하기는 어렵다. 주로 for문과 결합하여 사용한다. range형 변수를 눈으로 직접 보고 싶다면, 다음과 같이 리스트로 형 변환하여 확인해 보자.

```
>>> a = range(10)
>>> a
range(0, 10)
>>> a = list(a)
>>> a
[0, 1, 2, 3, 4, 5, 6, 7, 8, 9]
```

다음은 range() 명령을 통해 만든 여러 가지 수열을 리스트로 형 변환하여 화면에 출력한 결과다. 여러 가지 명령어가 중첩되면 가장 안쪽에 있는 것부터 실행된다는 사실을 떠올리자.

range() 명령을 이용한 수열 만들기

예시	결과

>>> list(range(0, 5, 1))
또는
>>> list(range(0, 5))
또는
>>> list(range(5))
	[0, 1, 2, 3, 4]

>>> list(range(5, 0, -1))	[5, 4, 3, 2, 1]
>>> list(range(4, 12, 3))	[4, 7, 10]
>>> list(range(1, 10, 2))	[1, 3, 5, 7, 9]
>>> list(range(0, -4, -1))	[0, -1, -2, -3]
>>> list(range(999, 1002))	[999, 1000, 1001]
>>> list(range(10000, -3, -5000))	[10000, 5000, 0]

끝점은 수열에 포함되지 않는다. range() 명령의 이러한 특성은 for문과 결합하여 다음과 같이 인덱싱에 유용하게 사용된다.

```python
people = ['갑을병', '정무기', '경신임', '계자축']
for i in range(4):
    print(str(i+1)+'번째 손님 :', people[i])
```

i는 0부터 3까지의 정숫값을 차례로 가진다. 따라서 위 코드의 실행 결과는 다음과 같다.

```
1번째 손님: 갑을병
2번째 손님: 정무기
3번째 손님: 경신임
4번째 손님: 계자축
```

다음으로 while문의 사용법을 알아보자. whlie문의 구조는 다음과 같다.

```python
while 반복조건:
    명령1
    명령2
    ...
```

반복조건이 참(True)일 경우에만 while문에 속한 명령 블록이 수행된다. 블록을 한 차례 수행하고 나면 다시 반복 조건을 검사하여 만약 거짓(False)일 경우 반복이 종료되고, 그렇지 않다면 다시 명령 블록이 수행된다.

여러모로 for문보다는 이해하기 쉬운 구조다. 그래도 사례를 통해서 정확히 이해해보자. 다음은 while문을 이용해 3부터 1까지의 카운트다운을 화면에 출력하는 코드다.

```python
i = 3
while i:
    print(i)
    i = i-1
```

이 코드는 자료형의 진위를 반복 조건으로 사용한다. 만약 자료형의 진위가 기억나지 않는다면, 조건문으로 돌아가 잠깐 복습하자. 이 코드의 실행 절차를 상세히 뜯어보면 다음과 같다.

① i가 3으로 설정된 후 while문으로 진입하며 반복 조건을 확인한다. i는 정수 3이므로 True다(정수 0(False)이 아니므로). while문에 속한 명령 블록이 수행된다.

② print(i)가 실행된다. 즉, 화면에 3이 출력된다.

③ i에서 1을 빼서 다시 i에 할당한다. 따라서 i는 2로 변한다.

④ 반복 조건을 재확인한다. i는 2이므로 True다. 따라서 while문에 속한 블록이 다시 시작
된다.

⑤ print(i)가 실행된다. 즉, 화면에 2가 출력된다.

⑥ i에서 1을 빼서 다시 i에 할당한다. 따라서 i는 1로 변한다.

⑦ 반복 조건을 재확인한다. i는 1이므로 True다. 따라서 while문에 속한 블록이 다시 시작
된다.

⑧ print(i)가 실행된다. 즉, 화면에 1이 출력된다.

⑨ i에서 1을 빼서 다시 i에 할당한다. 따라서 i는 0으로 변한다.

⑩ 반복 조건을 재확인한다. i는 0이므로 False다. 따라서 반복이 종료되고, while문에서 완
전히 벗어난다.

물론, 반복 조건을 i가 아니라 i != 0이라고 작성해도 코드는 똑같이 작동할 것이다. 또는 i > 0이라
작성할 수도 있을 것이다. 취향에 따라 선택하자.

다만, 한 가지 알아둘 것이 있다. while i: 꼴은 정수뿐만 아니라 리스트 등 다른 형태의 변수에서도
활용 가능하다는 장점이 있다. 남은 요소가 없을 때 자료형의 진위가 False로 바뀜으로써 반복이 종료되
는 이 방식은 여러 곳에서 활용된다.

다음과 같이 while문의 반복 조건을 소괄호로 감싸는 것도 가능하다.

```
while(i<10):
```

2.7.3 실습

지금까지 for와 while의 기본적인 사용법을 알아보았다. 이제부터는 예제와 유제를 두 가지
방법으로 풀어보자.

예제 2-13   구구단.py

다음과 같이 사용자가 입력한 단을 보여주는 구구단 출력 프로그램을 작성하라.

```
몇 단?: 8
8 x 1 = 8
8 x 2 = 16
```

```
...
8 x 9 = 72
```

예시 답안

```
# 출력 : 구구단 중 한 단          n = int(input("몇 단?: "))
# 입력 : 단 수                    i = 1
n = int(input("몇 단?: "))        while i < 10:
for i in range(1, 10):               print(n, "x", i, "=", n*i)
    print(n, "x", i, "=", n*i)       i = i+1
```

학습 포인트

우측 코드에 있는 while문의 i가 for문의 i 역할을 하고 있음을 볼 수 있다. 우측 코드에 있는 while문의 i가 for문의 i 역할을 하고 있다. 위 문제처럼 **반복 횟수가 정해져 있다면, for문으로 구현하는 것이 더 깔끔하게 표현된다.**

유제 2-13   **카운트다운.py**

다음과 같이 숫자 하나를 입력받아 0까지 카운트다운을 수행하는 프로그램을 작성하라.

```
몇부터?: 3
3
2
1
0
```

예제 2-14   **숫자역순출력.py**

다음과 같이 숫자의 개수와 함께 여러 가지 숫자를 입력받아, 각 숫자를 입력받은 순서의 반대로 출력하자.

```
몇 개?: 3
숫자 1: 19
숫자 2: 18
숫자 3: 23
23
18
19
```

```
# 출력 : 숫자. 입력받은 것과 역순으로
# 입력 : 숫자의 개수와 여러 가지 숫자

n = int(input("몇 개?: "))
numbers = []
for i in range(1, n+1):
    x = input("숫자 "+str(i)+": ")
    numbers = numbers+[x]
for i in range(n-1, -1, -1):
    print(numbers[i])
```

```
n = int(input("몇 개?: "))
numbers = []
i = 1
while i <= n:
    x = input("숫자 "+str(i)+": ")
    numbers = numbers+[x]
    i = i+1
i = n-1
while i >= 0:
    print(numbers[i])
    i = i - 1
```

학습 포인트

① 몇 개가 될지 모르는 정보를 역순으로 출력하기 위해서는 모든 정보를 한꺼번에 저장하는 변수가 필요함을 떠올려야 한다. 위 답안에서는 numbers 리스트가 그 역할을 맡았다.

② 리스트에 정보를 추가하기 위하여 리스트 덧셈을 이용하려면, 입력받은 정보를 리스트에 담긴 형태로 바꿔주어야 한다. 리스트와 정수 사이에 + 연산자를 사용할 수 없기 때문이다. 그래서 numbers = numbers+[x]라는 명령을 사용했다.

③ 숫자를 numbers 리스트에 저장한 후, i를 감소시키며 이를 리스트의 인덱스로 활용하였다. 변수 i를 인덱스로 사용하는 이 방법은 앞으로도 자주 사용될 것이다.

유제 2-14 **평균나이.py**

다음과 같이 학생의 숫자와 각 학생의 나이를 입력받아 평균치를 출력하는 프로그램을 작성하라.

```
몇 명?: 3
학생 1: 19
학생 2: 18
학생 3: 23
평균: 20.0
```

예제 2-14가 너무 어렵다!

문제가 어렵다고 생각했겠지만, 정작 예시 답안을 보면 문법을 모르는 코드는 하나도 없었을 것이다. 즉 예제 2-14를 풀지 못했다면, 그 원인은 문법을 몰라서가 아니다. 문제 해결에 필요한 논리를 세우지 못한 것이다. 자신이 다음 두 유형 중 하나에 속하지 않는지 스스로 살펴보자.

① 문제를 보자마자 코딩을 시작한 탓에 해결 방법을 떠올리지 못함

코딩은 프로그래밍의 일부에 불과하다. 코딩을 시작하기 전에 문제 해결 방법이 이미 확립되어 있어야 한다. 해결 방법을 떠올리기 어려울 때는 코딩이 아니라 내 손으로 푼다고 생각해보자. 만약 친구가 숫자를 몇 개 불러주고, 나는 그걸 거꾸로 말해야 하는 상황으로 바꿔보는 것이다. 펜으로 종이에 숫자를 순서대로 적고 거꾸로 말하면 되지 않을까? 아니면, 아예 숫자를 거꾸로 적고 순서대로 말하는 방법도 괜찮지 않을까? 이처럼 여러 방법이 떠오를 것이다. 이 중에서 코드로 옮기기 편한 것을 골라 사용하면 된다.

② 해결 방법은 떠올렸으나 이를 코드로 옮기지 못함

종이를 대신할 변수로 리스트를, 숫자 추가를 대신하는 행위로 리스트 이어 붙이기를, 거꾸로 읽는 행위를 대신하는 것으로 변수 i의 감소를 이용한 인덱싱을 떠올리지 못했을 수 있다. 이는 문법에만 치중하여 프로그래밍을 공부할 때 벌어지는 일이다. 연산자나 구문, 변수들이 어떤 상황에서 필요하며 인간의 어떤 욕구를 충족시키는지 숙고하자.

어떤 경우에도 기죽지 말자. 여러 문제를 풀며 프로그래밍 연습을 반복하면 실력은 자연스럽게 개선될 것이다.

while문을 이용해 for문의 i와 같은 역할을 수행하는 변수를 만들어 쓸 때, 다음과 같은 꼴이 자주 등장한다.

```
i = i + 1
```

또는

```
i = i - 1
```

프로그래밍을 하다 보면, 이처럼 특정 변수를 가공하여 그 변수에 다시 대입하는 경우가 많다. 이를 줄여서 쓸 수 있도록 파이썬은 여러 가지 **복합할당연산자(compound assignment operators)**를 지원한다.

```
i += 2     # i = i + 2
i -= 3     # i = i - 3
i *= 7     # i = i * 7
i **= 2    # i = i ** 2    (제곱)
i /= 9     # i = i / 9
i //= 3    # i = i // 3    (몫)
i %= 2     # i = i % 2     (나머지)
```

2.8 제어문 심화

2.8.1 제어문, 왜 심도 있게 이해해야 하는가?

지금까지 for와 while을 이용하여 **반복 구조**를 만들거나, if를 이용하여 **선택 구조**를 만들어보았다. 이처럼 프로그램에 흐름을 부여하고 제어하는 조건문과 반복문을 합쳐 제어문이라 한다. 제어문이 없었다면 프로그램은 정해진 명령을 수행한 후 종료하는 **순차 구조**로밖에 구성될 수 없었을 것이다.

제어문은 프로그래밍 언어 학습 전체에서 가장 중요한 부분이다. 조건문의 도입부에서 잠깐 언급했듯이 판단과 반복은 인간이 큰 피로를 느끼도록 만드는 작업이다. 그리고 프로그램이 인간보다 훨씬 더 잘할 수 있는 작업이기도 하다. 따라서 제어문을 자유롭게 다루는 것은 프로그래밍의 기본이자 핵심이다.

2.8.2 어떻게 해야 더 잘 이해할 수 있는가?

제어문을 잘 이해한다는 표현은 두 가지 의미를 내포한다.

① 직면한 문제를 해결할 제어문을 설계하여 코드로 구현할 수 있다.
② 무한 루프, break와 continue, 중첩 반복문과 중첩 조건문 등의 문법적 요소를 익혀 숙지한 상태다.

①은 컴퓨팅 사고의 함양과 직결된다. 제어문 설계에 능숙해지는 방법은 오로지 연습뿐이다. 일상생활에서 마주치는 세탁기, 냉장고, 청소기, 자판기, 엘리베이터 등의 장치를 보며 어떤 형식으로 제어문이 구성되어 있을지 생각해보는 것도 큰 도움이 된다.

지금부터 알아볼 것은 ②다. 개괄적으로 설명하자면 다음과 같다.

- **무한 루프(infinite loop)**: 반복 조건을 항상 참으로 두어 반복문에 속한 코드 블록을 무한 반복한다.
- **break**: 반복 조건과 상관없이 반복문을 중단시킨다.
- **continue**: 해당 반복문의 블록을 더 수행하지 않고 반복문의 시작 부분으로 올라간 후, for문의 변수를 진행하거나 while문의 반복 조건 진위를 재판별한다.
- **중첩 반복문(또는 다중 반복문)**: 반복문 블록 안에 또 다른 반복문이 들어 있다.
- **중첩 조건문(또는 중첩 조건문)**: 조건문 블록 안에 또 다른 조건문이 들어 있다. elif와는 다르다.

이제 사례를 통해 구체적인 사용법을 알아보자. 무한 루프는 다음과 같이 구성할 수 있다.

```
while True:
    명령1
    명령2
    ...
```

반복 조건이 항상 참(True)이므로 이 반복문은 끝나지 않는다. True 또는 1이나 99, 3>2 등 항상 참일 수밖에 없는 자료형이나 문장을 반복 조건 자리에 두면 무한 루프가 생성된다. 만약, 다음과 같이 코드를 만들어 실행한다면 계속해서 커지는 숫자가 멈추지 않고 화면에 출력될 것이다.

```
i = 1
while True:
    print(i)
    i += 1
```

 무한 루프 중 Ctrl+C를 누르면 KeyboardInterrupt가 발생하며 반복이 중단된다. 또한, 프로그램이 작동 중이더라도 IDLE 창을 종료할 수 있다.

 'break'는 '깨다', 'continue'는 '지속하다', 'interrupt'는 '저지하다'를 의미한다.

무한 루프를 유용하게 사용하기 위해서는 break를 알아야 한다. break는 반복문에 속한 블록에서 사용된다. **for문의 변수가 순회 대상 변수의 끝에 도달하지 못했거나, while문의 조건이 아직 참이더라도 해당 반복문을 완전히 중단시킨다.** 다음 코드를 실행해보자.

```
i = 1
while True:
    print(i)
    i += 1
    break
```

while True:에 의해 프로그램이 무한히 반복되어야 할 것 같지만, 위 코드가 실행되면 '1' 하나가 화면에 출력된 후 바로 끝난다. i += 1을 수행한 후 break를 만나 while문이 종료되기 때문이다.

물론, 전혀 유용해 보이지 않을 것이다. 하지만 무한 루프 안에서 break가 if와 함께 사용되면 활용도가 급격히 상승한다.

사례를 통해 알아보자. 다음은 입력된 수익을 누적하여 자산상태를 출력하는 프로그램이다. 말은 복잡하지만, 사용자가 반복적으로 입력하는 숫자를 계속 더하고, 그때마다 결과를 화면에 출력하는 단순한 프로그램일 뿐이다.

```
asset = 0
while 1:
    income = input("이번 달 수익(종료하려면 x를 입력): ")     # income: 소득
    if income == 'x':
        break
    asset = asset+int(income)
    print("현재 자산: ", asset)
```

위 코드에서 제시했듯이 숫자 대신 알파벳 x가 입력되면 프로그램이 종료된다. 즉, 프로그램은 x가 입력될 때까지 대기하며 정해진 기능을 반복 수행해야 한다.

위 프로그램의 핵심은 계속 실행되다가 사용자가 원하는 때 종료된다는 점이다. 즉, **무한 루프에 조건이 추가된 break를 적용함으로써 프로그래머는 반복문의 종료 결정권을 사용자에게 넘길 수 있다.**

이번에는 continue에 대해 알아보자. continue 또한 break와 마찬가지로 반복문 블록에서 사용된다. 인터프리터가 continue를 만나면 해당 반복문 블록을 더 수행하지 않고 반복문의 시작 부분으로 올라간다. 그리고 for문의 변수를 진행시키거나 while문의 반복 조건을 다시 판단한다.

이것을 위 자산 합계 프로그램에 적용해보자. 만약, 사용자가 음수를 입력했을 때 프로그램이 이를 무시하도록 만들고 싶다면 다음과 같이 코드를 일부 변형하면 된다.

```
asset = 0
while 1:
    income = input("이번 달 수익(종료하려면 x를 입력): ")
    if income == 'x':
        break
    if int(income) < 0:
        continue
    asset = asset+int(income)
    print("현재 자산: ", asset)
```

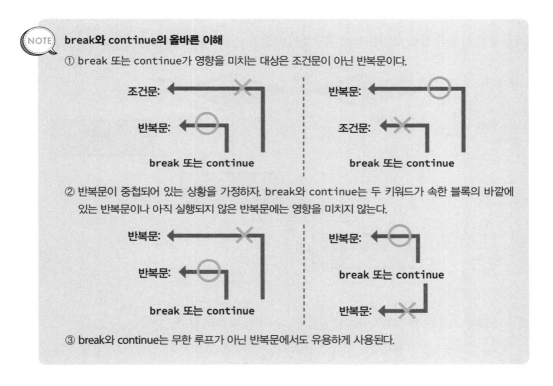

continue와 break는 for문에서도 사용할 수 있다. 다음 코드는 50 이하의 홀수를 화면에 출력한다.

```
for i in range(100):
    if i == 50:
        break
    if i % 2 == 0:
        continue    # i가 짝수라면, 여기서 다시 for가 있는 곳으로 올라간다.
    print(i)        # 따라서 이 print는 i가 짝수라면 수행되지 못한다.
```

다음으로는 반복문 중첩을 알아보자. 다음 코드는 구구단 전체를 화면에 출력하는 프로그램이다.

```
for i in range(1,10):
    for j in range(1,10):
        print(i, 'x', j, '=', i*j)
```

이처럼 반복문 안에 또 다른 반복문이 오는 것을 두고 반복문이 중첩되었다고 말한다. for와 for 또는 while과 while을 중첩할 수도 있고, while과 for를 중첩할 수도 있으며, 세 번이고 네 번이고 중첩할 수도 있다.

반복문만 중첩할 수 있는 것은 아니다. 조건문도 중첩할 수 있다. if-elif와는 다르다. 조건문의 중첩은 다음과 같이 조건문 내에 조건문이 포함되는 경우를 말한다.

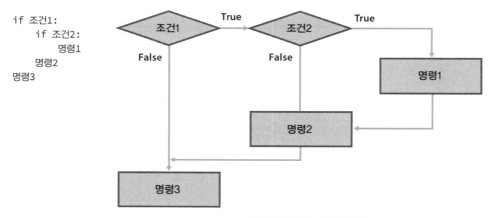

중첩된 조건문의 진행 순서도

if-elif-elif와 조건문 중첩의 차이를 그림으로 나타내면 다음과 같다.

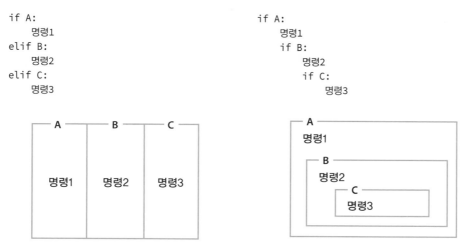

if-elif와 if 중첩의 차이

무한 반복과 제어문 중첩, break와 continue 등을 사용할 수 있게 되면 만들 수 있는 프로그램이 급격히 늘어난다. 생각을 코드로 자유롭게 옮길 수 있을 때까지 연습하자.

예제 2-15 흉내쟁이.py

다음과 같이 입력된 문장을 똑같이 따라 하는 프로그램을 만들어보자. 단, '떽'이라는 문자열을 입력받으면 따라 하길 멈추고 '메롱!'을 출력한 뒤 프로그램을 종료하도록 한다.

```
야!
야!
따라하지마!
따라하지마!
따라하지말라고!
따라하지말라고!
떽
메롱!
```

예시 답안

```python
# 출력 = 입력
# 종료 조건: '떽'
while True:
    sentence = input()      # sentence: 문장
    if sentence == '떽':
        print("메롱!")
        break
    print(sentence)
```

학습 포인트

① input() 명령에 아무것도 포함하지 않으면 프롬프트를 표시하지 않은 채 입력을 받는다.

② 조건이 충족되었을 때, 특정 작업을 수행한 후 반복문을 종료할 수 있다.

유제 2-15 메아리귀신.py

경기 남부에 있는 한 폐가에 사람의 말끝을 잡는 귀신이 살고 있다. 사람이 무언가 말을 하면, 다음 예시처럼 마지막 한 음절을 따라 하면서 마치 되물어보듯 음정을 높인다. 그런데 마지막 음절이 '요'로 끝나면 '히-히히히!' 웃으며 그 사람의 영혼을 끌고 가버린다고 한다. 귀신은 끈질겨서 영혼을 끌고 갈 때까지 쉽게 포기하지 않는다. 편의상 이를 귀신의 규칙이라 하자.

오늘은 많이 힘들었어
어?
자넨 요즘 잘 지내나?
나?
졸리고 배고파.
파?
집에 전화는 해 보셨어요?
하-히히히!

퇴마사 성록은 귀신을 복제함으로써 폐가의 귀기를 분산시키기 위해 입력받은 문장의 마지막 음절을 분석하여 귀신의 규칙에 따라 반응하는 프로그램을 만들고자 한다. 성록을 도와 프로그램을 만들어보자. 프로그램의 조건은 다음과 같다.

1. 사용자는 한 음절 이상을 포함한 문자열을 입력한다. 한글은 한 글자가 한 음절이다.
2. 입력받는 문장의 끝은 마침표(.) 또는 물음표(?)이거나 한글 한 글자일 수도 있다.
3. 프로그램은 '히-히히히!'가 출력되기 전까지 끝나지 않고 무한히 반복된다.

예제 2-16 **관할주소.py**

(주)초당시스템에서 단기 아르바이트를 하게 된 아영은 전산실로 배속되었다.

"파이썬 할 줄 안다고 했죠?"

"네, 조금은요."

전산실 직원은 준비해둔 종이 뭉치를 그녀 앞에 내려놓았다. 열 장 정도 되는 서류였고, 모두 사람이 손으로 직접 쓴 것이었다.

"이걸 리스트 하나에 다 입력해야 해요."

아영이 서류를 들춰보니, 그것은 모두 주소를 손으로 기록한 것이었다.

> ...
> 수원시 장안구 천천동
> 서울시 도봉구 쌍문동
> 부산시 동래구 온천동
> 서울시 양천구 목동
> 대구시 수성구 황금동
> 전주시 덕진구 호성동
> ...

'무슨 서류인지는 모르겠지만 도로명주소가 아닌 걸로 봐선 오래된 서류 같네. 치는 데 한참은 걸리겠어.'

전산실 직원은 아영이 서류를 뒤적거리는 사이에 코드를 띄워 그녀에게 보여주었다.

"우리 관할 아니니까 not_mine 리스트에 있는 것들은 넣으시면 안 되고요."

not_mine=['용인시', '둔산동', '번동', '장안구', '온천동', '구로구', '군포시']

"네, 알겠어요."

잠시 고민하던 아영은 while문과 input() 명령을 조합하여 프로그램을 작성했고, 이 프로그램을 실행해 주소를 입력했다. 코드가 다음과 같다고 할 때, 빈 칸에 적절한 코드를 채워보자.

```
# 출력: 없음
# 입력: 주소
not_mine = ['용인시', '둔산동', '번동', '장안구', '온천동', '구로구', '군포시']
address_list = []

while True:
    address = input('주소: ')
    check = False
    for i in not_mine:              # not_mine 리스트에 있는것들 중 하나라도
        if i in address:           # 입력받은 값에 포함되어 있으면
            check = True           # check 변수를 False에서 True로 바꾼다.

    ┌─────────────────┐           # check변수가 True이면
    │                 │           # 그 주소는 리스트에 더하지 않고 다시 반복을 시작한다.
    └─────────────────┘
    address_list += [address]     # check 변수가 False이면 그 주소는 리스트에 더한다.
```

예시 답안

```
if check:
    continue
```

학습 포인트

파이썬 프로그램은 필요에 따라 출력이 없는 상태로 사용할 수도 있다.

 아영은 위 프로그램을 실행해 주소를 모두 입력한 뒤, Ctrl+C를 눌러 무한 루프를 중단시킬 것이다. 그러면 다음과 같이 address_list를 확인할 수 있다.

```
KeyboardInterrupt
>>> address_list
['서울시 도봉구 쌍문동', '서울시 도봉구 창동', '서울시 양천구 목동', '서울시 강남구 대치동',
 '대구시 수성구 황금동', ...]
```

이처럼 에디터 창에서 작성하여 실행한 코드가 실행 중인 셸을 직접 조작해서 변수 안에 든 정보를 확인할 수 있다. 유용한 기능이다.

어느 날 초등학생인 동생이 수학문제집을 내밀며 말했다.

"오빠! 이거 너무 어려워!"

"뭔데? 학교 숙제야?"

"응. 내일까지 풀어 오래."

동생으로부터 문제집을 받아든 승도는 문제를 확인하고 짜증이 났다.

'100보다 작으면서 2의 배수도 아니고 3의 배수도 아니지만 7의 배수인 자연수를 모두 적어보세요.'

딱 보니 풀 방법은 보였다. 100/7=14.2857...이므로 100 미만의 자연수 중에서 7의 배수는 14개뿐이다. 그중에 2의 배수인 짝수가 절반일 테니 남는 숫자는 7개. 그중에서 3의 배수인 것을 제외하면 되는 문제였다. 하지만 이미 대학생이 된 승도는 그런 번거로운 일을 하고 싶지 않았다. 그는 학교에서 배운 파이썬으로 이 문제를 풀기로 결심했다. 승도는 어떻게 코드를 작성해야 할까?

예제 2-13에서 다음과 같이 사용자가 입력한 단을 보여주는 구구단 출력 프로그램을 만들었다. 출력하고자 하는 단을 입력받아 해당 단을 출력하는 행위를 반복하도록 코드를 수정하라. 단, x가 입력되면 반복을 종료하도록 한다.

```
몇 단?: 8
8 x 1 = 8
8 x 2 = 16
...
8 x 9 = 72
몇 단?: 6
6 x 1 = 6
6 x 2 = 12
...
```

예시 답안

```
# 출력: 구구단 중 한 단
# 입력: 단 수(반복)
while True:
    n = input("몇 단?: ")
    if n == 'x':
        break
    else:
        n = int(n)
        for i in range(1, 10):
            print(n, 'x', i, '=', n*i)
```

이 코드에서 else는 사실 불필요하다. 왜냐하면 입력받은 값이 알파벳 'x'일 경우 반복문이 종료되며 break 밑에 있는 명령들은 모두 무시되기 때문이다. 이처럼 논리 구조상 else가 불필요한 상황이 있다. else를 놔두면 코드의 논리 구조가 명확하게 보이겠지만, else를 지우면 코드가 더 간결해질 것이다. 취향에 따라 선택하자.

유제 2-17 　구구구단.py

미국에 사는 H씨는 명석한 두뇌를 가진 딸이 구구단이 아닌 구구구단을 외우도록 만들 계획을 세웠다. 하지만 천성이 게으른 그는 1x1x1=1부터 9x9x9=729를 일일이 입력하기 싫었고, 큰아들에게 이를 떠넘겼다. 큰아들은 이를 다시 큰딸에게 떠넘겼고, 큰딸은 이것을 파이썬으로 출력하기 위해 프로그래밍 책을 꺼냈다. 큰딸이 어떻게 코드를 작성해야 구구구단을 화면에 모두 출력할 수 있을까?

함수

함수는 프로그램 제어에 필수적인 요소가 아니다. 제어문 덩어리를 묶어 정리하여 코드를 간결하게 만들어줄 뿐이기 때문이다. 하지만 그렇다고 해서 함수가 중요하지 않은 것은 결코 아니다. 코드가 간결해지면 프로그래머는 시간과 정신력을 아껴 다른 일을 할 수 있기 때문이다. 간결성의 중요함을 이해하기 위해 다음 사례를 보자.

> 2018년 06월 16일의 일기 중 일부 (193자)
>
> (A)해가 지평선보다 높이 떠오른 시간이 되어 (B)의식이 없이 누워서 눈을 감은 채 있던 나는 눈을 뜨고 자리에서 일어났다. (C)자연 상태의 재료를 인간이 섭취할 수 있도록 가공한 것을 먹은 뒤, (D)다섯 명이 한 팀이 되어 높이 매달린 그물 바구니에 공을 많이 집어넣는 것으로 승부를 겨루는 신체 활동을 하러, (E)신체를 환경으로부터 보호해주는 장소에서 나섰다.

길고 복잡한 위 일기를 간추리면 다음과 같이 표현할 수 있다.

> 2018년 06월 16일의 일기 중 일부 (40자)
>
> (A)아침이 되어 (B)잠에서 깬 나는 (C)아침밥을 먹고 (D)농구를 하러 (E)집에서 나섰다.

이처럼 의미를 미리 약속하고 이에 따라 표현을 짧게 만들면 정보 전달의 효율이 극단적으로 상승한다. 함수는 이러한 원리를 프로그래밍에 적용하여 간결한 코드를 작성할 수 있도록 돕는다.

 앞에서 설명했던 **함수 구조(IPO)**는 프로그램을 이해하기 위해 사용했던 모델이고, 지금부터 설명할 **함수(function)**는 파이썬 코드 내에서 직접 사용되는 구문을 의미하므로 혼동하지 않도록 유의하자.

함수가 코드를 얼마나 깔끔하게 만들 수 있는지 사례를 통해 알아보자. 다음은 방 청소 과정을 프로그램 코드의 형태로 나타낸 것이다. (편의를 위해 방 안에는 책상과 책 한 권밖에 없다고 가정한다.)

```
미세먼지 = 예보확인(스마트폰)
if 미세먼지:
    방문열기()
else:
    창문열기()

임시제거(책)
진공청소기(책상)
걸레질(책상)
진공청소기(바닥)
걸레질(바닥)
원위치(책)
```

```
[약속]새 함수 환기():
    미세먼지 = 예보확인(스마트폰)
    if 미세먼지:
        방문열기()
    else:
        창문열기()

[약속]새 함수 책상청소():
    진공청소기(책상)
    걸레질(책상)

[약속]새 함수 바닥청소():
    진공청소기(바닥)
    걸레질(바닥)

[약속]새 함수 방청소():
    환기()
    임시제거(책)
    책상청소()
    바닥청소()
    원위치(책)

[명령]방청소()
```

왼쪽 코드는 지금까지의 코딩 방식을 따랐고, 오른쪽 코드는 함수를 이용했다. 오른쪽 코드가 훨씬 더 길어 보이는데 간결하다니? 아마 이해가 되지 않을 것이다.

하지만 코드를 더 자세히 살펴보자. 왼쪽 코드는 다짜고짜 방 청소를 길게 명령하고 있다. 그러나 오른쪽 코드는 방 청소 과정을 약속하는 과정이 길지만, 정작 명령은 방청소 함수를 실행하라는 것 하나뿐이다. 위 두 개의 코드를 그림으로 나타내면 다음과 같다.

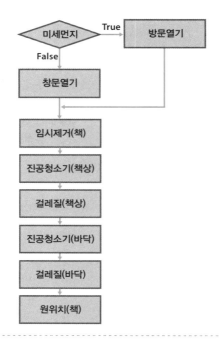

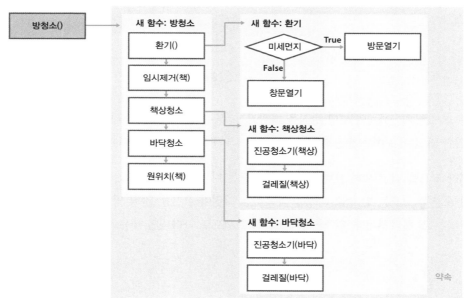

함수를 이용한 명령 간소화

아래쪽 그림(오른쪽 코드)을 살펴보자. 약속된 방청소( ) 함수를 살펴보니 환기부터 책 원위치까지의 과정이 깔끔하게 정리되었다. 이처럼 함수를 이용해 코드를 만들면 이해하기 쉽게 정리되는 효과가 있다.

3일이 지나 다시 방 청소를 해야 한다고 가정하자. 첫 청소 때 함수를 정의하지 않았다면, 방 청소 과정을 완전히 다시 명령해야 한다. 반면, 첫 청소 때 함수를 정의했다면(약속해두었다면) 방청소() 함수를 한 번만 사용하면 된다. 이처럼 미리 정의해둔 함수를 사용하는 행위를 **함수 호출(function call)**이라 부른다.

함수를 정의하지 않은 경우: 명령 전체 반복

```
미세먼지=예보확인(스마트폰)

if 미세먼지:
    방문열기()
else:
    창문열기()

임시제거(책)
진공청소기(책상)
걸레질(책상)
진공청소기(바닥)
걸레질(바닥)
원위치(책)
```

함수를 정의한 경우: 함수 호출

```
방청소()
```

게다가 한 번 만들어둔 함수는 언제든지 **재사용**할 수 있다. 또한, 그 안에서 구체적으로 어떤 일이 벌어지는지 알 필요가 없도록 **은닉화**하는 효과도 있다.

 반복되는 행위를 약속하는 것은 일상생활에서도 흔히 볼 수 있는 일이다. 예를 들어, 학기 초에 친해져서 PC방에 함께 다니는 친구가 있다고 가정하자. "야, 학교 끝나고 PC방 갈래?"라고 묻던 친구는 며칠이 지나면 "PC방?"이라고 묻다가, 그마저도 귀찮아지면 "?" 표정과 턱짓으로 의사를 전달한다.

2.9.2 어떻게 만들고 사용할 수 있는가?

함수 이름을 지을 때 지켜야 할 규칙은 변수 이름을 지을 때 지켜야 할 규칙과 같다. 따라서 숫자로 이름을 시작하지 않는 등 몇 가지의 제약을 제외하면, 함수 이름은 변수 이름처럼 자유롭게 지을 수 있다. 당연히 한글로 짓는 것도 가능하다.

함수를 약속하는 방법은 다음과 같다. 함수가 무언가를 받아들여 가공한 뒤 내보낸다는 사실을 기억하며 다음 문법 규칙을 보자.

```
def 함수이름(입력정보를전달받을변수):
    가공절차
    return 출력정보를담은변수
```

이렇게 만든 함수는 다음과 같은 방법으로 호출(사용)할 수 있다.

```
출력정보를저장할변수 = 함수이름(입력정보)
```

잘 살펴보면, 이는 마치 수학에서 표현하는 y = f(x) 꼴과 닮았다. 함수의 정의와 사용 방법을 이해하기 어렵다면 다음의 사례를 보자. 다음 세 가지 표현은 모두 같다.

수학에서의 함수 정의와 파이썬 함수의 정의

초등학교 수학	중학교 수학	파이썬
	$y = f(x)$ $f(x) = x+3$	`>>> def f(x):` `        return x+3`

위 함수에 입력값(x)으로 2를 대입한 결과는 다음 표와 같다.

수학에서의 함수 사용과 파이썬 함수의 사용

초등학교 수학	중학교 수학	파이썬

	$y = f(2)$
	$f(2) = 2+3 = 5$
		`>>> y = f(2)`
		`>>> print(y)`
		`5`

이와 같이 파이썬의 함수는 수학의 함수와 굉장히 닮았다. 하지만 완벽히 일치하진 않는다. 그 차이를 알아보기 전에, 파이썬에서 사용되는 함수에 관한 세부사항을 먼저 정리하자. 위에서 알아본 함수의 정의와 사용 방법을 한곳에 모아서 보면 다음과 같다.

```
def 함수이름(입력정보를전달받을변수):              # 함수 정의(약속)
    입력정보 가공절차
    return 출력정보를담은변수

출력정보를저장할변수 = 함수이름(입력정보)          # 함수 호출(사용)
```

함수를 호출하기 전에 정의하고 있음을 눈여겨보자. 이 순서는 무척 중요하다. 인터프리터는 위에서부터 코드를 읽어 내려오며 함수 정의를 파악한 후 함수 호출을 만났을 때 정의(약속)에 따라 명령을 수행한다. 따라서 정의되지 않은 함수를 호출하려고 하면 오류가 발생한다.

 'def'는 'define'을 줄인 것으로 '정의하다'라는 뜻이며, 'return'은 '반환하다'라는 뜻이다. 함수가 결과물을 내보낼 때는 자신을 호출한 상대에게 값을 되돌려준다.

다음으로는 용어를 알아보자. 함수 호출 시 '입력정보'의 위치에는 **함수에 넘겨줄 정보**를 지정한다. 이처럼 함수를 호출하며 함수에 넘겨주는 값을 **인수(argument)**라고 부른다. 그리고 **인수를 받아들이는 공간**은 정의된 함수의 '입력정보를전달받을변수'다. 이는 **파라미터(parameter) 또는 매개변수**라고 부른다. return 뒤에 오는 '출력정보를담은변수'는 **반환 값(return value)**이라고 칭한다. **리턴 값**이라고 부르는 경우도 많다.

정리하자면 이렇다. 파라미터란 함수에 전달된 입력 정보를 담는 공간을 뜻하는 말이다. 그리고 인수는 그 안에 담기는 정보다.

 파라미터를 형식 인수(formal argument)라고 표현하기도 한다. 이 경우 인수는 실인수(actual argument)라 칭한다.

새로운 용어가 많이 등장해 혼란스러울 것이다. 사례를 통해 이를 다시 정리해보자. 다음은 예제 2-12에 함수를 사용한 것이다.

```
1    # 출력: 학점(영문 형태의 등급)
2    # 입력: 0 이상 100 이하의 시험 점수
3
4    # 약속(함수 정의)
5    def get_score():
6        score = int(input('점수를 입력하세요: '))
7        return score
8
```

```
 9    def grading(score):
10        if score >= 98:
11            return 'A'
12        elif score >= 95:
13            return 'B'
14        elif score >= 90:
15            return 'C'
16        else:
17            return 'F'
18
19    # 명령(함수 호출)
20    score = get_score()         # 프로그램 전체의 input
21    grade = grading(score)      # 프로그램 전체의 process
22    print(grade)                # 프로그램 전체의 output
```

실행 순서에 따라 이 코드를 이해해보자. 인터프리터는 코드의 맨 윗줄부터 한 줄씩 읽어 들이기 시작한다. 함수 정의부를 만났을 때, 인터프리터는 함수의 존재를 확인하고 사용할 준비를 해두지만, 겉으로는 아무것도 하지 않는 것처럼 보인다.

20행에 도달한 인터프리터는 마침내 get_score()라는 함수 호출 명령을 받게 된다. 이 명령을 이행하기 위해 인터프리터는 기억해뒀던 get_score() 함수를 호출한다. **이 함수는 정의할 때 파라미터가 없었다. 따라서 호출 시 인수도 없어야 한다.** 즉, 이 함수는 아무것도 건네받지 않은 채 실행된다.

get_score() 함수의 역할은 사용자로부터 문자열 형태의 점수를 입력받아 score라는 이름의 정수형 변수로 변환하여 저장하는 것뿐이다. 이 변수의 내용물은 7번째 줄의 return 명령에 의해 호출했던 곳으로 곧장 반환된다. 이것이 바로 get_score() 함수의 출력 정보다. 반환 값은 함수를 호출한 20행의 할당연산자(=)에 의해 좌변의 변수 score에 저장된다.

인터프리터는 바로 다음 줄인 21행의 명령을 실행한다. 이번에는 grading() 함수가 호출된다. 이 함수는 21행에서 인수로 주어진 score에 담긴 정보를, 9행에서 같은 이름으로 전달받는다. 그리고 if-elif-else문에 따라 알파벳 A, B, C, F 중 하나를 반환한다. 이 값은 21행의 좌변에 있는 변수 grade에 할당된다.

마지막으로, print() 명령이 grade를 출력함으로써 프로그램은 종료된다. 이 과정을 코드 위에 나타내면 다음과 같다.

```
1    # 출력: 학점(영문 형태의 등급)
2    # 입력: 0이상 100이하의 시험점수
3
4    # 약속(함수 정의)
5    def get_score():
6        score = int(input('점수를 입력하세요: '))
7        return score
8
9    def grading(score):
10       if score >= 98:
11           return 'A'
12       elif score >= 95:
13           return 'B'
14       elif score >= 90:
15           return 'C'
16       else:
17           return 'F'
18
19   # 명령(함수 호출)
20   score = get_score()            # 프로그램 전체의 input
21   grade = grading(score)         # 프로그램 전체의 process
22   print(grade)                   # 프로그램 전체의 output
```

FAQ **코드에서 함수 정의부는 꼭 맨 위에 와야 하는가?**

그런 것은 아니다. 인터프리터가 알아들을 수 있도록 함수 호출보다 함수 정의가 먼저 오기만 하면 된다. 따라서 다음과 같이 코드를 변경해도 된다.

```
def get_score():
    score = int(input('점수를 입력하세요: '))
    return score

score = get_score()

def grading(score):
    if score >= 98:
        return 'A'
    elif score >= 95:
        return 'B'
    elif score >= 90:
        return 'C'
    else:
        return 'F'

grade = grading(score)
print(grade)
```

하지만 위와 같이 코드를 바꿀 이유가 있을까? 없다. 아무것도 얻지 못한 채 가독성만 떨어뜨리는 꼴이기 때문이다.

다음은 직사각형의 가로 길이와 세로 길이를 입력받아 넓이를 출력하는 프로그램의 일부다. 빈 칸에 올 코드를 추측하라.

```
# 출력: 직사각형 넓이
# 입력: 직사각형 가로, 세로

a = int(input('가로 길이 : '))
b = int(input('세로 길이 : '))
s = str(rectangle(a, b))
print('넓이는', s+'입니다')
```

예시 답안

```
def rectangle(x, y):
    return x*y
```

학습 포인트

① 이 답안에서 파라미터인 x와 y의 이름은 무엇으로 해도 상관없다. 함수 호출부의 변수 이름과 동일하게 a와 b로 해도 괜찮고, 한글로 '가로'와 '세로'라고 해도 된다.
② 반면 rectangle()이라는 함수의 이름은 바꿀 수 없다. 왜냐하면 문제에 주어진 함수 호출부에서 이를 이미 rectangle()이라고 사용하고 있기 때문이다.

삼각형의 넓이를 구하는 함수 triangle()이 코드 안에 이미 정의되어 있다. 이를 이용하여 삼각형의 밑변과 높이를 입력받아 넓이를 출력하는 프로그램을 작성하려고 한다. 다음 코드의 빈 칸에 들어갈 명령은 무엇인가?

```
# 출력 : 삼각형 넓이
# 입력 : 삼각형의 밑변과 높이
def triangle(b, h):
    return 0.5*b*h

x = int(input('밑변: '))
y = int(input('높이: '))

print('넓이는', str(s)+'입니다')
```

예제 2-18과 유제 2-18에서 함수를 호출하며 인수를 건네주거나 함수가 반환한 값을 건네받을 때는 값을 복사해서 전달한다. 변수를 그 자체로 건네주는 것이 아니라는 뜻이다. 이 사실을 굳이 따로 설명하는 이유는 다음과 같이 코드를 작성했을 때 간혹 착각하는 사람들이 있기 때문이다.

```
1   def triangle(b, h):
2       return 0.5*b*h
3
4   x = int(input('밑변: '))
5   y = int(input('높이: '))
6   s = triangle(x, y)
7   print('넓이는', str(s)+'입니다')
```

파라미터인 1행의 b, h는 인수로서 전달된 6행의 b, h와는 다른 존재다. 파라미터와 인수의 이름이 같고 안에 든 내용물마저 같다고 해서 그 둘이 같은 것은 아니다. 하드디스크에 저장된 '경복궁.jpg'와 USB 플래시 드라이브 안에 저장된 '경복궁.jpg'가 완전히 같은 사진이더라도 별도의 파일인 것과 마찬가지다. 그래서 다음 코드의 실행 결과로 출력되는 값은 999가 아니라 10이다.

```
1   def func1(a):
2       a = 999
3
4   a = 10
5   func1(a)
6   print(a)
```

이처럼 **인수를 복사해서 전달하는 함수 호출 방식**을 **call by value**(값에 의한 호출)라고 칭한다. **인수를 복사하지 않고 그 자체로 전달**할 수도 있는데, 이러한 방식은 **call by reference**(참조에 의한 호출)라고 부른다. 예컨대, 다음 코드의 실행 결과는 999다.

```
1   def func2(b):
2       b[0] = 999
3
4   b = [10]
5   func2(b)
6   print(b[0])
```

리스트와 딕셔너리 등은 call by reference가 적용되는 반면, 정수와 실수, 문자열, 튜플 등은 call by value가 적용된다. 구체적인 이유는 레벨 3에서 알아볼 것이다.

값에 의한 호출이니 참조에 의한 호출이니, 너무 어렵다!

비유를 통해 이해해보자.

❶ 철수는 등굣길에 영희를 만나 다음과 같은 사실을 알려주었다.
"이번 정보 시험, 함수 단원에서 다 나온대!"
학교에 도착한 영희는 다른 친구를 통해 이번 정보 시험에 함수 단원이 포함되지 않음을 알게 되었다.

❷ 철수는 등굣길에 영희를 만나 정보 노트를 빌려주었다. 그 노트에는 이번 시험 범위가 변수부터 함수까지라고 적혀 있었다. 그런데 다른 학생을 통해 이번 시험 범위가 함수 전까지라는 사실을 알게 된 영희는 철수의 노트에 적혀 있던 시험 범위를 고쳐주었다.

❶에서의 철수의 정보 전달은 call by value(값에 의한 호출), ❷에서의 정보 전달은 call by reference(참조에 의한 호출)에 비유할 수 있다. ❶의 철수는 함수 단원이 이번 시험에 포함되지 않는다는 사실을 알 수 없다. 왜냐하면 영희의 머릿속과 철수의 머릿속은 별개이므로 영희 머릿속의 정보가 바뀌더라도 철수 머릿속의 정보는 그대로이기 때문이다. 반면, ❷의 철수는 함수 단원이 이번 시험에 포함되지 않는다는 사실을 알게 될 것이다. 왜냐하면 영희에게 빌려줬던 노트를 돌려받아 확인할 때 바뀐 정보를 알 수 있기 때문이다.

지금까지 함수의 정의 방법과 호출 방법, 파라미터와 인수 등 함수와 관련된 각종 용어, 그리고 함수 호출 시 인수 전달 방법을 알아보았다. 지금부터는 입출력 값의 존재 여부에 따른 함수 유형을 확인해보자.

유형 1: input과 output이 모두 존재하는 함수

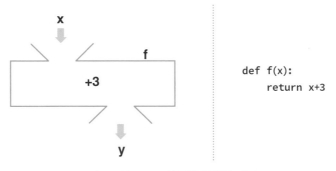

```
def f(x):
    return x+3
```

input과 output이 모두 존재하는 함수

수학에서 사용되는 함수의 개념을 차용한 가장 일반적인 형태의 함수다. 파라미터가 있고, 반환 값도 있다. 수학에서는 함수를 x와 y의 대응 규칙으로 설명하므로 유형 1 이외의 형태가 등장하지 않는다. 하지만 프로그래밍 언어에서는 그렇지 않다.

유형 2: input은 있으나 output이 없는 함수

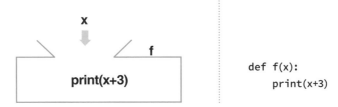

input은 있으나 output이 없는 함수

이 유형은 함수 정의 시 return이 등장하지 않는다. 외부 정보를 받아들여 정해진 명령을 수행한다. 함수 작동이 끝나면 함수를 호출했던 곳으로 되돌아가 다음 행의 명령을 수행한다.

 유형 2의 함수 f(x)는 다음과 같이 작성할 수도 있다.

```
def f(x):
    print(x+3)
    return
```

이 경우 리턴 대상이 없으므로 함수가 자연스럽게 종료된다. 즉, 위 코드의 return은 함수의 끝이라는 뜻 외에 기능이 없다.

 유형 2의 예제 함수에서 print(x+3)은 출력이 아닌가?

아니다. 이 질문이 나오는 이유는 프로그램 전체의 함수 구조(IPO 모델)와 코드 내에서 사용된 함수를 혼동했기 때문이다. IPO 모델의 시각에서 print()는 출력이 맞다. 화면에 정보를 출력하기 때문이다. 그러나 유형 2의 함수에서 print()는 함수 f의 절차(process)일 뿐이다. **함수의 출력은 반환 값이다.** 즉, 함수 정의부에 return이 없거나 반환하는 값 없이 단독으로 return 키워드만 사용되었다면, 그 함수는 출력이 없는 것이다.

다음은 직사각형의 가로 길이와 세로 길이를 입력받아 넓이를 화면에 출력하는 프로그램이다. 빈칸에 올 코드를 추측하라.

```
# 출력 : 직사각형 넓이
# 입력 : 직사각형 가로, 세로
```

```
a = int(input('가로 길이 : '))
b = int(input('/ : '))
rectangle(a, b)
```

예시 답안

```
def rectangle(x, y):
    print(x*y)
```

학습 포인트

① 주어진 코드를 살펴보면 화면 출력 명령이 따로 없다. 따라서 프로그램의 목적을 달성하기 위해서는 함수 정의부에서 화면 출력을 수행해야 한다.

② 주어진 코드에서 rectangle( ) 함수를 호출할 때, 정보를 반환받을 변수를 지정해주지 않았다. 예컨대, s = rectangle(a, b) 꼴로 호출하지 않았다는 뜻이다. 따라서 함수 정의부에 return은 사용하지 않는다.

유제 2-19　　**함수호출2.py**

삼각형의 넓이를 구하는 함수가 코드 안에 이미 정의되어 있다. 이를 이용하여 삼각형의 밑변과 높이를 입력받아 넓이를 화면에 출력하는 프로그램을 작성하려 한다. 다음 코드의 빈 칸에 올 명령은 무엇인가?

```
# 출력 : 삼각형 넓이
# 입력 : 삼각형의 밑변과 높이
def triangle(b, h):
    print(0.5*b*h)

x = int(input('밑변 : '))
y = int(input('높이 : '))
```

유형 3: input은 없고 output만 있는 함수

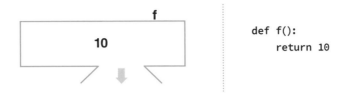

```
def f():
    return 10
```

input은 없고 output만 있는 함수

이 유형은 함수 정의 시 파라미터를 명시하지 않는다. 따라서 외부 환경과 무관하게 같은 명령을 수행하고 같은 값을 반환한다.

파라미터가 없는 함수를 정의하거나 호출할 때에도 소괄호는 열고 닫아야 한다. 그래야 그것이 변수가 아닌 함수임을 알아볼 수 있기 때문이다.

 극소수의 예외를 제외하면 return 명령 다음에 어떤 명령이 따라오더라도 무시된다. 즉, 다음 코드의 함수 f2()는 유형 3의 예시 함수 f()와 동일하다.

```
def f2():
    return 10
    print('이 문장들은 출력되지 못한다')
    print('return을 만나는 순간 함수가 종료되기 때문이다.')
```

예제 2-20 **함수정의3.py**

제약회사인 ㈜루비는 옥상에 광고판을 설치하여 시간에 따라 다른 문구를 내보내려고 한다. 사장의 취향만 반영된 문구는 다음과 같다. 이 광고판이 시간에 따라 올바른 문구를 출력할 수 있도록 아래 코드의 빈 칸을 완성하라.

　　낮(8시 ~ 17시): 그대의 근로는 태양보다도 밝다.

　　밤(나머지 시간): 아름다운 서울의 야경, 당신은 하나의 별이다.

```
# 출력 : 시간대에 맞는 문구
# 입력 : 시각




time = int(input('현재시각(0~24): '))
if 8 <= time <= 17:
    phrase = day()
```

```
    else:
        phrase = night()
    print(phrase)
```

예시 답안

```
def day():
    return '그대의 근로는 태양보다도 밝다.'
def night():
    return '아름다운 서울의 야경, 당신은 하나의 별이다.'
```

학습 포인트

① 주어진 코드를 살펴보면 문제에서 요구한 문구가 없다. 즉, 빈칸에는 낮과 밤에 사용될 문구가 포함되어야 한다.

② 주어진 코드에서 day()와 night()이라는 생소한 함수가 호출되고 있으므로 이를 정의해야 한다.

③ 함수 호출 시 인수를 넘겨주지는 않지만, 좌변에 반환 값을 저장할 변수(phrase)를 명시하고 있으므로 새로 정의될 함수에는 return이 있어야 한다.

이 모든 단서를 종합하면 예시 답안과 같은 함수 정의가 필요함을 알 수 있다.

유제 2-20 **함수호출3.py**

다음은 사용자로부터 이름을 입력받아 처리하는 프로그램의 일부다.

```
...(생략)...
name = get_name()
...(생략)...
```

위에서 사용된 get_name() 함수를 정의하라.

유형 4: input도 없고 output도 없는 함수

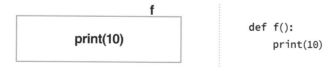

input도 없고 output도 없는 함수

이 유형은 함수 정의 시 파라미터를 명시하지 않고 return문도 사용되지 않는다. 외부 환경과 무관하게 정해진 작업을 수행하되 어떠한 값도 반환하지 않는다.

제약회사인 (주)루비는 옥상에 광고판을 설치하여 시간에 따라 다른 문구를 내보내려고 한다.
사장의 취향만 반영된 문구는 다음과 같다. 이 광고판이 시간에 따라 올바른 문구를 출력할 수
있도록 아래 코드의 빈 칸을 완성하라.

　　낮(8시 ～ 17시): 그대의 근로는 태양보다도 밝다.

　　밤(나머지 시간): 아름다운 서울의 야경, 당신은 하나의 별이다.

```
# 출력 : 시간대에 맞는 문구
# 입력 : 시각
```

```
time = int(input('현재시각(0~24) : '))
if 8 <= time <= 17:
    day()
else:
    night()
```

예시 답안

```
def day():
    print('그대의 근로는 태양보다도 밝다.')
def night():
    print('아름다운 서울의 야경, 당신은 하나의 별이다.')
```

학습 포인트

주어진 코드를 살펴보면 문제에서 출력을 요구하는 문구도 없고 출력문도 없음을 알 수 있다. 입
력받은 시각에 따라 다른 함수가 호출되도록 코드가 구성되어 있으므로 호출된 각 함수에서 지
정된 문구를 출력하도록 만들어야 한다. 이 모든 단서를 종합하면 예시 답안과 같은 함수 정의가
필요함을 알 수 있다.

다음은 사용자로부터 이름을 입력받아 거꾸로 출력하는 프로그램이다. 빈 칸에 필요한 함수의
정의는 무엇일까? 단, 이름은 세 글자로만 입력된다고 가정한다.

```
reverse()
```

NOTE 반환 값이 없는 함수를 이용하면서 실수로 다음과 같이 반환받을 변수를 지정했더라도 에러가 발생하지는 않는다.

```
>>> def f():
        pass
>>> a = f()
>>> print(a)
None
```

지금까지 네 가지 유형의 사용자 정의 함수를 알아보았다. **함수의 이름을 어떻게 결정하든 그 함수를 사용할 때에는 이름 뒤에 소괄호 ()가 붙는 것을 눈여겨보자.** 앞으로는 코드를 읽다가 소괄호가 붙는 이름을 만나면 '아, 이건 함수구나!'라고 파악할 수 있을 것이다.

NOTE 다음과 같이 함수 안에 함수를 중첩하여 정의할 수도 있다.

```
def 함수1():
    def 함수2():
        pass
```

이는 한 함수 안에서 코드를 정리하고 싶을 때 유용하다.

에러 메시지

함수를 호출할 때 인수의 개수가 파라미터의 개수와 같지 않으면 다음과 같이 오류가 발생한다.

```
TypeError: ex_function() takes 1 positional argument but 2 were given
```

타입과 관련된 오류: ex_function()은 한 개의 인수만 받아야 하는데, 두 개가 주어졌다.

2.9.3 사용자 정의 함수와 내장함수

이제 첫 번째 거짓말을 끝낼 때가 왔다. 이미 눈치를 챈 사람도 있겠지만, print()는 단순한 명령어가 아니다. 함수 호출이다.

거짓말 (1/3)	참말 (1/3)
"print()는 출력 명령이다."	"print()는 함수 호출이다."

명령이라는 단어는 어디까지나 이해를 돕기 위해 잠시 사용했던 것일 뿐이다. 물론, 컴퓨터에 내리는 명령이라는 뜻에서 완전히 틀린 표현은 아니다. 그러나 앞으로는 **함수 호출**이라는 적합한 단어를 사용할 것이다.

print('안녕하세요')에서 '안녕하세요'라는 문자열은 print() 함수에 전달하는 인수다. 그리고 print() 함수는 어떠한 값도 반환하지 않는다.

input()도 함수 호출이다. name = input('이름: ')에서 프롬프트로 사용되는 '이름: '은 input() 함수에 전달하는 인수다. 그리고 좌변에 있는 변수 name은 input() 함수의 반환 값, 즉 호출 결과를 받는 변수다.

for문과 함께 사용했던 range()도 시작점과 끝점 및 구간 길이를 인수로 전달받아 순회 가능한 자료형을 반환하는 함수다. 이외에도 명령어 뒤에 소괄호가 붙어있다면, 그것은 모두 함수다.

이처럼 **파이썬에서 기본적으로 제공하는 함수들이 여럿 있다.** 이를 **내장함수**(built-in function)라고 부른다. 프로그래밍에 자주 사용되는 유용한 함수들을 미리 정의하여 파이썬에 포함시킨 것이다.

하지만 내장함수가 모든 파이썬 이용자를 만족시킬 수는 없다. 따라서 파이썬은 프로그래머가 함수를 스스로 정의하여 사용할 수 있도록 문법 구조를 마련했고, 그것이 바로 **def**로 시작되는 함수 정의문이다. 이처럼 직접 정의해서 사용하는 함수를 **사용자 정의 함수**(user-defined function)라고 부른다. 여기서 사용자란 프로그램의 사용자가 아닌 파이썬 사용자를 뜻한다.

a = int(input("숫자: "))처럼 중첩된 명령어가 안에 있는 것부터 실행되었던 것도 int()와 input()이 함수인 것과 관련이 있다. 수학 시간에 합성함수 문제를 풀 때 다음과 같이 안에서 밖으로 풀었던 것을 떠올려보자.

f(x) = 2x, g(x) = x+3일 때,
(f ∘ g)(x) = f(g(x)) = f(x+3) = 2(x+3) = 2x+6

지금까지 다루지 않았던 내장함수 중에서 유용한 것들을 소개하면서 설명을 마무리하기로 한다. 늘 그랬듯이 억지로 외울 필요는 없다. 이러한 것이 있다는 사실 정도만 봐둔 후 필요할 때 찾아서 이용하자. 일부는 여기서 설명하고, 일부는 문제를 풀어나가며 설명할 것이다.

내장함수	설명	예

abs(숫자)	인수로 주어진 숫자의 **절댓값**을 구한다.	```>>> a = -3.3```
		```>>> abs(a)```
		```3.3```

len()	주어진 인수의 **길이**를 구한다. 문자열이면 글자 수, 리스트처럼 요소를 가지면 요소의 개수를 구한다.	```>>> morning = '아침에 눈을 떠보니'```
		```>>> len(morning)```
		```10```
		```>>> miracle = ['기적은', '이미', '내게 다가와', '있었다.']```
		```>>> len(miracle)```
		```4```

enumerate (순회가능변수)	순회 가능한 변수의 인덱스와 내용물을 튜플의 형태로 순서에 따라 반환한다.	```>>> a = ['갑', '을', '병']```
		```>>> for (i, 내용) in enumerate(a):```
		``` print(i, 내용)```
		```0 갑```
		```1 을```
		```2 병```

eval(문자열)	문자열 자체를 파이썬 코드로 인식하여 실행한다.	```>>> a = "print(5**2)"```
		```>>> eval(a)```
		```25```

pow(a, b)	a의 b제곱을 반환한다. a**b와 같다.	```>>> 2**5```
		```32```
		```>>> pow(2, 5)```
		```32```

ord(문자), chr(숫자)	문자 한 글자와 숫자를 유니코드 표준에 따라 상호 변환하는 함수다. ord()는 문자 한 글자를 숫자로, chr()은 숫자를 문자 한 글자로 변환한다.	```>>> ord('아')```
		```50500```
		```>>> chr(50500)```
		```'아'```

round(숫자, 소수점아래 자릿수)	첫 번째 인수로 주어진 숫자를 두 번째 인수로 주어진 소수점 아래 자릿수만큼 남도록 반올림한다. 두 번째 인수를 생략하면 반올림하여 자연수를 만든다.	```>>> round(4.123456789, 3)```
		```4.123```
		```>>> round(4.123456789)```
		```4```

표에 있는 내장함수들 중에는 생소한 영어 표현이 있을 수도 있다. 영어의 뜻을 알고 나면 함수를 이해하는 데 도움이 될 것이다.

- abs는 'absolute value'의 약어로 '절댓값'을 의미한다.
- len는 'length'의 약어로 '길이'를 의미한다.
- enumerate는 '열거하다'를 의미한다.
- eval은 'evaluate'의 약어로 '(효과 등을) 평가하다'를 의미한다.
- pow는 'power'의 약어로 영어에서는 a**b를 'a raised to the power of b'라고 읽는다.
- ord는 'ordinal'의 약어로 '순서'를 의미한다. 첫째, 둘째 등의 서수를 영어로 ordinal number라 한다.
- chr는 'character'의 약어로 '문자 한 글자'를 의미한다. (문자열은 string)

 컴퓨터는 숫자만 다룰 수 있다. 그래서 컴퓨터로 문자를 처리하려면 이를 숫자에 연결지어야 한다. 예컨대 "우리 모두 문자 '아'를 50500으로 약속하자! 이 약속의 이름은 '유니코드'라고 하자!"라고 합의한 뒤, '아'라는 글자를 처리할 때에는 '유니코드(50500)' 같은 식으로 다뤄야 한다는 뜻이다. 약속에 따라 문자를 숫자로 변환하는 것을 **인코딩(encoding)**이라 하고, 반대 방향의 변환을 **디코딩(decoding)**이라 한다.

컴퓨터 보급 초기에는 여러 표준이 난립했다. 그래서 자료를 다른 컴퓨터로 옮기면, 형태가 깨져서 제대로 보이지 않는 일이 흔했다. 유니코드가 등장하며 이 문제는 차차 해소되고 있다.

 영화 '독전'에서 접선 장소를 주고받는 용도로 사용된 아스키 코드도 문자를 숫자에 대응시킨 약속 중 하나다. 모르는 사람이 볼 때는 숫자 나열로밖에 보이지 않으니, 이 특성을 이용해서 암호문처럼 사용한 것이다. 그런데 아스키 코드는 너무 유명해서 암호문으로 사용하기에는 좋지 않다. 유니코드 또한 알려진 체계이므로 암호문으로 사용하기에는 부적합하다.

암호화되지 않은 평문을 암호화하는 단순한 방법 중 하나는, 숫자로 변환한 문장을 x라고 할 때 적당한 숫자 a를 곱하고 b를 더하여 ax+b 꼴로 가공하여 전달하는 것이다. 암호문을 전달받는 상대와 미리 a, b 값을 상의한 상태여야 함은 물론이다. 이때 a와 b를 **암호화 키**라고 한다. 한편, 상대방은 전달받은 암호문에서 b를 빼고 a로 나눠 원래의 문장을 구할 수 있다. 이 과정을 복호화라고 하며, 복호화 과정에서 사용된 a와 b를 **복호화 키**라고 한다. 이 사례처럼 암호화 키와 복호화 키가 똑같은 암호화/복호화 체계를 **대칭 키 암호 시스템**이라 한다.

클래스

2.10.1 왜 필요한가?

클래스(class)가 왜 필요한지 이해하려면 **객체 지향 프로그래밍(Object-Oriented Programming, OOP)**에 대해서 어느 정도 이해해야 한다. 클래스는 OOP와 별개의 존재지만, OOP가 등장하는 과정에서 모습을 드러낸 문법이기 때문이다. 그런 이유로 지금부터 OOP에 대한 이야기를 잠깐 풀어낼 것이다. 옛날이야기라 생각하고 편하게 읽어보자.

현재 우리는 함수 구조, 즉 IPO 모델에 따른 프로그래밍을 다루고 있다. 무언가를 받아들여 (input) 처리한(process) 끝에 결론(output)을 내는 프로그램을 만들며, 컴퓨팅 사고를 키우는 중이다. 목표를 확인하고 상황을 분석한 뒤 절차를 수립하여 문제를 해결하는 사고방식에 슬슬 적응하고 있을 것이다.

그런데 뭔가 이상한 점이 있다. 우리는 일상생활에서 많은 프로그램을 사용한다. 그런데 그 프로그램들이 무언가를 받아들여 결론을 내기 위해서만 작동했던가? 특정 결과를 내기 위해서만 사용자 입력을 요구했던가? 그렇지 않다. 이해를 돕기 위해 임의의 대전 격투 게임 화면을 가정한다.

간단한 대전 게임

이와 같은 대전 게임을 한 번쯤은 본 적이 있을 것이다. 이 게임의 제작자가 되었다고 생각해보자. IPO 모델에 따라 이 프로그램을 만든다면 어떤 설계가 필요할까? 즉, 이 게임의 입력(Input), 처리(Process), 출력(Output)은 각각 무엇일까? 얼핏 생각하기에 사용자가 누른 키를 입력으로, 캐릭터의 동작과 에너지 감소를 처리 절차로, 화면 출력을 출력으로 보면 될 것 같다. 하지만 그래도 뭔가 어색할 것이다. 왜냐하면 IPO 모델은 이런 프로그램을 만들기 위해 마련된 것이 아니기 때문이다. 위 프로그램은 IPO 모델보다 다음과 같은 방식으로 작성했을 때 훨씬 더 자연스럽다.

> 캐릭터의 이름을 나타내는 텍스트가 있다.
> 키보드 입력에 따라 움직이는 캐릭터가 있다.
> 캐릭터가 얻어맞으면 길이가 줄어드는 에너지 게이지가 있다.

이처럼 개체를 자세히 정의하고, 개체 간의 상호작용을 통해 작동하도록 프로그램을 설계·제작하는 방식을 객체 지향 프로그래밍이라고 한다.

이 사례에서처럼 만들고자 하는 프로그램에 따라 IPO 모델을 적용할지 OOP를 적용할지를 결정한다. 목표를 달성하기 위해 주어진 정보를 가공하는 프로그램은 IPO 모델이 적합하고, 여러 개체의 상호작용을 통해 작동하는 프로그램은 OOP가 적합하다.

그래도 구분이 어렵다면 프로그램을 말로 표현해보자. IPO 모델로 작성하기 좋은 프로그램은 '~를(Input) ~하여(Process) ~를(Output) 도출한다'라고 쉽게 표현할 수 있다. 반면, OOP가 적합한 프로그램은 위 대전 게임처럼 '~가 있다'는 표현이 반복될 것이다. 위 설명을 정리하면 다음과 같다.

 둘 중 무엇이 더 우월하다고 말할 수는 없다.

 'Object'는 흔히 객체(客體)로 번역되지만, OOP를 이해하려면 이를 '개체'로 받아들이는 것이 낫다. 그러나 object의 번역을 개체로 바꾸지는 못할 것 같다. 데이터베이스 영역에서 entity라는 단어를 이미 개체로 번역하고 있기 때문이다.

IPO 모델에 따른 프로그램과 객체 지향 프로그램의 비교

이름	주요 적용대상	주요 표현	그림
IPO Model (함수 구조)	목표 달성을 위해 주어진 자원을 가공하는 프로그램	~를 ~방식으로 가공하여 ~를 도출한다.	❷ x : 입력정보 ❸ f : x를 가공하는 절차 ❶ y : 출력정보
OOP(객체 지향 프로그래밍)	여러 개체의 상호작용을 통해 작동하는 프로그램	~를 하는 ~가 있다.	

OOP가 왜 필요한지 이해했으니 대전 게임으로 돌아가 이야기를 계속하자. 캐릭터 A는 다음과 같이 특성과 동작으로 설명된다.

특성
- 검정색이다.
- 머리가 동그랗다.
...

동작
- 좌우로 이동할 수 있다.
- 팔이나 다리를 뻗어 공격할 수 있다.
- 상대의 공격에 닿으면 맞아서 아파한다.
...

그런데 여기서 문제가 발생한다. 특성은 변수(variable)로, 동작은 함수(function)로 표현할 수 있긴 하지만, 하나의 존재가 특성과 동작을 동시에 갖도록 표현할 문법이 없기 때문이다. 결론적으로, OOP를 위해 변수와 함수를 동시에 담아낼 수 있는 새로운 존재를 표현할 문법이 필요하게 된 것이다.

이를 해결해주는 문법적 요소가 **클래스(class)**다. 클래스는 변수와 함수를 모두 지닌다. 이를 통해 프로그래머들은 본격적으로 OOP를 적용할 수 있게 되었다.

> 클래스 밖의 변수 및 함수와 구분하기 위해 클래스에 포함된 변수와 함수는 다음과 같이 다른 이름으로 부른다.
>
> 클래스에 포함된 변수: 필드(**field**) 또는 멤버 변수(**member variable**)
> 클래스에 포함된 함수: 메서드(**method**) 또는 멤버 함수(**member function**)

대전 게임에서 눈에 보이는 객체는 다음과 같다.

캐릭터 A의 이름

캐릭터 A의 에너지 게이지

캐릭터 A

캐릭터 B의 이름

캐릭터 B의 에너지 게이지

캐릭터 B

무언가 반복되고 있음이 느껴진다면, 옳다. 위 객체는 다음과 같이 구성되어 있다.

클래스와 인스턴스

클래스(class)	인스턴스(instance)
이름	캐릭터 A의 이름, 캐릭터 B의 이름
에너지 게이지	캐릭터 A의 에너지 게이지, 캐릭터 B의 에너지 게이지
캐릭터	캐릭터 A, 캐릭터 B

위 표에 나타냈듯이 어떠한 클래스를 이용해 만들어진 객체를 **인스턴스**라고 한다. 인스턴스라는 이 단어는 특정 클래스와의 관계 속에서 사용되는 표현이다. 예컨대, '캐릭터 A는 캐릭터 클래스의 인스턴스다'라고 말하는 것이 보통이며 '캐릭터 A는 인스턴스다'라고 말하는 것은 다소 부자연스럽다. '캐릭터 A는 객체다'라고 표현하는 것이 보통이다.

지금까지 객체의 상호작용을 통해 프로그램을 만드는 패러다임인 객체 지향 프로그래밍을 구경했다. 하지만 이는 클래스가 무엇인지 설명하기 위함일 뿐이고, 우리는 앞으로도 IPO 모델에 따라 프로그램을 만들 것이다. 그러나 특성과 동작으로 구성된 클래스의 문법을 일부 이해하고 사용함으로써 보다 효율적으로 프로그램을 만들 수 있게 될 것이다.

2.10.2 사용법과 실습

이 책은 입문자를 위한 것이므로 OOP를 다루지 않는다. OOP의 설명에 따라붙는 다형성, 캡슐화, 상속 등의 개념을 클래스의 구체적 문법과 함께 예제와 유제까지 곁들이면, 이 책은 교재가 아닌 둔기가 될 것이다. 따라서 파이썬이 기본적으로 제공하는 클래스를 능숙하게 사용하도록 안내하는 데 집중할 예정이므로, 프로그램 개발자를 꿈꾸는 독자라면 향후 객체지향 프로그래밍을 본격적으로 다루는 자료의 도움을 받길 바란다.

이제는 두 번째 거짓말을 밝힐 때다. 사실 지금까지 설명했던 정수, 실수, 문자열, 리스트, 튜플, 집합, 딕셔너리 등의 자료형을 담았던 공간은 모두 변수가 아닌 각 클래스의 인스턴스였다.

거짓말 (2/3)	참말 (2/3)
"정수형 변수"	"정수형 클래스의 인스턴스"

이는 파이썬 내장함수인 type()과 isinstance()를 통해서도 확인할 수 있다. type()은 자료형을 반환하는 함수다. 그리고 isinstance()는 어떠한 객체가 특정 클래스의 인스턴스인지 확인한 뒤 맞으면 True, 아니면 False를 반환하는 함수다.

```
>>> 저자 = '거짓말쟁이'
>>> type(저자)
<class 'str'>
>>> isinstance(저자, str)
True
```

위에서 <variable 'str'>이 아닌 **<class 'str'>**이라는 값이 반환되었음을 눈여겨보자. 결국, 문자열(str) '클래스'의 인스턴스라는 사실은 분명하다. 그렇다면 문자열은 어떤 필드와 메서드를 가지고 있을까? 파이썬 내장함수 dir()을 이용하면 인스턴스가 가지고 있는 필드와 메서드를 확인할 수 있다.

```
>>> dir(저자)
['__add__', '__class__', ...(생략)... 'upper', 'zfill']
```

대략 70여 개의 이름이 쏟아져 나올 것이다. 언더스코어(_)가 붙은 것들은 직접 사용할 일이 없으므로 이들을 제외하더라도 수십 개가 남는다. 이와 마찬가지로, 정수, 실수, 딕셔너리, 튜플, 집합 등 다른 클래스도 각각 수많은 필드와 메서드를 가지고 있다. 따라서 모든 것을 파악하는 것은 무모한 행동이다.

이 책은 자주 사용되는 것만을 중점적으로 소개하려 한다. 따라서 이를 무리해서 외우지 말고, 프로그래밍을 하다가 기억이 나지 않으면 앞으로 되돌아와 설명을 참고하거나 인터넷을 검색하기 바란다. 일부는 이곳에서 설명하고, 일부는 문제를 풀어나가며 차츰 설명할 것이다.

본격적으로 설명을 시작하기 전에 기본적인 구조와 사용법을 살펴보자.

> 객체
> - 필드
> - 메서드()

한 객체에 여러 개의 필드(멤버 변수)와 여러 개의 메서드(멤버 함수)가 있을 수도 있지만, 단순화하여 표현하였다.

어떤 객체의 필드나 메서드를 이용하기 위해서는 그 객체의 이름 뒤에 마침표(.)를 찍고 필드나 메서드의 이름을 적으면 된다. 메서드는 함수이므로 사용할 때 소괄호를 잊지 않도록 한다.

```
>>> print(객체.필드)
필드에담긴정보
>>> 반환값을저장할객체 = 객체.메서드(인수)        #함수 유형 1: 입력 값과 출력 값이 있음
또는
>>> 객체.메서드(인수)                          #함수 유형 2: 출력 값이 없음
또는
>>> 반환값을저장할객체 = 객체.메서드()          #함수 유형 3: 입력 값이 없음
또는
>>> 객체.메서드()                             #함수 유형 4: 입력 값도 출력 값도 없음
```

필드와 메서드는 각각 변수와 함수의 특징을 똑같이 가진다. 따라서 할당연산자(=)를 통해 필드의 내용을 바꿀 수도 있고, 인수와 함께 또는 인수 없이 메서드를 호출하여 반환 값을 받거나 받지 않을 수 있다.

다만, 보통의 변수 및 함수와 다른 한 가지 차이점이 있다. 필드와 메서드는 객체라는 단위로 묶여 있는 하나의 존재이므로 메서드가 필드에 자유롭게 접근할 수 있다는 것이다. **만약 어떤 객체가 자신의 필드에 있는 정보만으로도 충분히 제 기능을 수행할 수 있다면, 파라미터를 통해 인수를 요구하지 않는다.** 반면, 객체 밖에 있는 정보가 필요하다면 인수를 전달받는다.

파이썬 기본 자료형은 대부분 필드와 이름이 분리되어 있지 않다. 예컨대, 정수형 객체 'a'가 있을 때 a.필드명 = 10처럼 입력할 필요 없이 a = 10으로 사용할 수 있다.

 변수라는 호칭 자체가 틀린 것은 아니다. 이는 마지막 거짓말과 관련되어 있으며, 레벨 3에서 설명할 것이다.

정수(int)와 실수(float), 복소수(complex)의 필드와 메서드

입문 단계에서 정수와 실수, 복소수 클래스의 메서드는 자주 사용되지 않는다. 따라서 복소수 클래스에 대해서만 간단히 설명하고 넘어가기로 한다.

앞에서 설명하지 않았으므로 복소수 자료형은 처음 접할 것이다. 이는 수학 시간에 배운 복소수를 표기하기 위해 사용된다. 만약 수학 과목에서 복소수를 배우기 전이거나 기억이 안 난다면, 다음에 나오는 **NOTE**와 **FAQ**만 읽고 넘어가도 좋다.

고등학교 수학 시간에 제곱하여 –1이 되는 수를 i로 표기하며, 이를 허수 단위라고 배웠다. 그리고 a+bi(a, b는 실수)꼴의 수를 복소수(complex number)라 함을 공부했다. 파이썬에서는 허수 단위를 j로 표기한다.

```
>>> c = 3+5j
>>> type(c)
<class 'complex'>
```

복소수가 가진 메서드와 필드는 conjugate(), imag, real이다. conjugate()는 켤레복소수를 반환하는 메서드다. 그리고 imag은 허수부를, real은 실수부를 구분하여 저장하는 필드다.

```
>>> c
(3+5j)
>>> c.conjugate()
(3-5j)
>>> c.imag
5.0
>>> c.real
3.0
```

conjugate() 메서드를 보자. 이 메서드는 인수를 요구하지 않는다. 켤레복소수를 구할 때 필요한 정보는 그 객체의 필드에 저장된 실수와 허수뿐인데, 같은 객체 안에 있는 필드는 인수로 전달받을 필요가 없기 때문이다.

셀에서든 에디터에서든 인스턴스의 이름을 쓴 뒤 마침표(.)를 찍고 Tab키를 누르면 자동 완성 기능을 사용할 수 있다. 그 인스턴스가 사용할 수 있는 필드와 메서드를 IDLE이 알려준다는 뜻이다. 또한, 메서드 이름 뒤에서 소괄호를 열면 그 메서드에 정의된 파라미터 정보나 사용법을 IDLE이 알려준다. 굳이 인터넷 검색이 필요하지 않을 정도로 안내가 잘 되어 있다. 따라서 각 인스턴스가 가진 필드나 메서드의 기능이나 이름, 또는 사용법을 억지로 외울 이유가 없다.

```
>>> a=3+2j
>>> type(a)
<class 'complex'>
>>> a.
      conjugate
      imag
      real
```

```
>>> a=3+2j
>>> type(a)
<class 'complex'>
>>> a.conjugate(
              complex.conjugate() -> complex
```

지금 당장 영어 실력이 부족하더라도 실망하진 말자. 조금 번거롭지만 인터넷을 검색하면 된다. 파이썬은 국내 이용자가 많아서 한국어 페이지만 검색해도 입문자가 필요한 정보는 다 찾을 수 있다.

내가 만든 함수도 설명을 볼 수 있도록 만들고 싶다!

다음과 같이, 문자열(" 또는 ')이나 여러 줄 주석(''' 또는 """)을 사용하여 함수 선언부(def) 바로 아래에 설명을 추가하면 된다. 이처럼 함수 선언부 바로 아래 붙은 설명문을 **docstring**이라 부른다. #으로 시작하는 주석(빨간색)은 이러한 기능을 수행하지 못한다.

```
>>> def 예제함수():
        """예제함수에 대한 함수설명"""
        return
```

들여쓰기를 Tab이 아닌 공백 네 개로 통일하는 것과 같은 이유로, 되도록 큰따옴표 세 개(""")를 사용하길 권한다. 그러면 다음과 같이 함수를 사용할 때 설명이 표시된다.

```
>>> def 예제함수():
            """예제함수에 대한 함수설명"""
            return

>>> 예제함수(
              ()
              예제함수에 대한 함수설명
```

문자열 메서드

기본 자료형은 대개 필드를 따로 구분하지 않으므로 필드에 관한 설명은 불필요하다. 따라서 입문자가 눈여겨봐야 할 설명은 기본 자료형의 메서드다. 자주 사용되는 문자열 메서드 중 문법 학습 단계에서 알아보고 갈 것들은 다음 쪽의 표와 같다.

문자열 객체의 메서드는 필드의 값을 직접 변형하지 않는다. 이해가 되지 않는다면 다음 사례를 보자.

```
>>> a = "hello"
>>> a.upper()
'HELLO'
>>> a
'hello'
```

A라는 이름을 가진 문자열 인스턴스의 upper() 메서드를 사용한 결과 HELLO라는 대문자 문자열이 반환되었다. 하지만 인스턴스 A의 내용을 보니 여전히 소문자 hello다. 즉, upper() 메서드는 대문자로 변환된 문자열을 반환할 뿐 문자열 그 자체를 바꾸지는 않는 것이다. 따라서 대문자로 변환된 문자열을 계속 사용하고 싶다면 다음과 같이 반환 값을 보존해야 한다.

```
>>> a = "hello"
>>> b = a.upper()
>>> b
'HELLO'
>>> a = a.upper()
>>> a
'HELLO'
```

이름	역할	예시	결과
capitalize	첫 글자 대문자화	'abc'.capitalize()	'Abc'
startswith	첫 글자 판별	'hi'.startswith('h')	True
endswith	마지막 글자 판별	'네!'.endswith('!')	True
isalnum	문자열이 숫자와 알파벳으로만 구성되었는지 판별	'id12'.isalnum()	True
isalpha	문자열이 알파벳으로만 구성되었는지 판별	'id12'.isalpha()	False
join	해당 문자열을 인수로 주어진 문자열 사이에 삽입	','.join('abcd')	'a,b,c,d'
upper	문자열 전체를 대문자로 변환	'coding'.upper()	'CODING'
lower	문자열 전체를 소문자로 변환	'CODING'.lower()	'coding'
rstrip	해당 문자열의 우측에서 인수로 주어진 문자열을 제거	'공백삭제 '.rstrip() 'abcd'.rstrip('d')	'공백삭제' 'abc'
lstrip	해당 문자열의 좌측에서 인수로 주어진 문자열을 제거	' 공백삭제'.lstrip() 'abcd'.lstrip('a')	'공백삭제' 'bcd'
split	해당 문자열을 인수로 주어진 문자열을 기준으로 분할하여 리스트로 변환	'공백 기준'.split() '인수;기준'.split(';')	['공백', '기준'] ['인수', '기준']
replace	해당 문자열 내의 특정 요소를 다른 형태로 변환	'아침 9시'.replace('아침', '저녁')	'저녁 9시'
encode	해당 문자열 전체를 인코딩하여 바이트 코드를 반환	'아침 9시'.encode()	b'\xec\x95\x84\xec\xb9\xa89\xec\x8b\x9c'
zfill	문자열 앞에 0을 채워서 인수로 주어진 자릿수에 맞게 변환	'123'.zfill(5)	'00123'

이처럼 upper() 메서드는 자기가 속한 객체의 필드를 변형하지 않는다. 사실, 문자열 객체의 모든 메서드가 그렇다. 구체적인 이유가 있지만 이는 레벨 3에서 알아볼 것이다.

예제 2-22 **문자열메서드.py**

자신의 첫 작품 전시회를 앞둔 예술가 김홍도 씨는 작품을 걸어둔 주변 벽지가 밋밋하다는 생각이 들었다. 그는 고심 끝에 빔 프로젝터를 이용해서 벽지를 꾸미기로 했다. 전시 주제가 언론이므로 그는 일간지의 사설을 특수문자와 띄어쓰기 없이 인용하기로 결정했다. 기나긴 사설의 띄어쓰기와 특수문자를 일일이 삭제하는 것은 미련한 일이므로, 그는 파이썬을 이용하기로 했다.

예술가 김홍도 씨의 입장이 되어 다음과 같이 입력받은 문자열의 띄어쓰기와 특수문자를 모두 제거하는 프로그램을 작성하라. 단, 특수문자는 작은따옴표(')와 쉼표(,)와 마침표(.)뿐이라고 가정한다.

입력: 가을, 하늘. '공활한데', 높고 구름, 없이.
가을하늘공활한데높고구름없이

예시 답안

```
a = input('입력 : ')
b = a.replace(' ', '')      # 띄어쓰기 삭제
c = b.replace(',', '')      # 반점 삭제
d = c.replace('.', '')      # 온점 삭제
e = d.replace("'", '')      # 작은따옴표 삭제
print(e)
```

학습 포인트

replace() 메서드의 결과물은 문자열로 반환되므로 그 결과물에도 메서드가 존재한다. 따라서 다음과 같이 코드를 작성할 수도 있다.

```
a = input('입력: ')
print(a.replace(' ', '').replace(',', '').replace('.', '').replace("'", ''))
```

유제 2-22   제목으로.py

외국계 영화 배급사에서 근무하는 신윤복 씨는 영화 제목에서 각 단어의 첫 글자만을 대문자로 만드는 작업을 수행 중이다. 단순 작업을 반복하던 그는 다음과 같이 영화 제목을 입력받아 자신이 원하는 형태로 출력해주는 프로그램을 만들고자 한다.

제목입력: **the MOST impressive**
The Most Impressive

이를 위해 신윤복 씨는 내친김에 make_title()이라는 사용자 정의 함수를 만들기로 했다. 이 함수는 제목 하나를 받아들여 각 단어의 첫 글자만 대문자가 되도록 바꾼 뒤 반환하는 함수다. make_title() 함수는 어떻게 정의되어야 하는가? (단, 제목에는 공백이 포함될 수 있으며, 두 개 이상의 단어가 입력될 수 있다.)

리스트 메서드

리스트 메서드는 문자열 메서드만큼이나 자주 사용된다.

여러 가지 리스트 메서드

이름	역할	예시

append	인수로 주어진 요소를 리스트의 끝에 추가한다.	```>>> a = [1, 2]```
		```>>> a.append(3)```
		```>>> a```
		```[1, 2, 3]```
		```>>> a.append([4, 5])```
		```>>> a```
		```[1, 2, 3, [4, 5]]```

extend	인수로 주어진 리스트를 리스트의 끝에 이어 붙인다.
	복합할당연산자 '+='를 이용하는 것과 같다.
		```>>> b = [1, 2]```
		```>>> b.extend([3, 4])```
		```>>> b```
		```[1, 2, 3, 4]```

insert	리스트 내 원하는 위치에 자료를 집어넣는다. 첫 번째 인수로는
	인덱스를, 두 번째 인수로는 넣고자 하는 정보를 쓴다.
		```>>> c = ['갑', '병', '정']```
		```>>> c.insert(1, '을')```
		```>>> c```
		```['갑', '을', '병', '정']```

remove	리스트 내에서 특정 값을 제거한다.	```>>> d = [1, 2, 3, 4]```
		```>>> d.remove(3)```
		```>>> d```
		```[1, 2, 4]```

pop	리스트 내에서 특정 인덱스의 요소를 뽑아낸다. 인덱스를
	지정하지 않으면 마지막 요소가 뽑힌다.
		```>>> e = [1, 2, 3, 4]```
		```>>> e.pop(2)```
		```3```
		```>>> e```
		```[1, 2, 4]```
		```>>> e.pop()```
		```4```
		```>>> e```
		```[1, 2]```

remove()와 pop()의 차이를 눈여겨보자. remove()는 인수로 값을 지정하지만, pop()은 인수로 인덱스를 지정한다. 또한, remove()는 인수로 전달받은 요소를 제거할 뿐 어떠한 결과도 반환하지 않는다. 그러나 pop()은 인수로 전달받은 요소를 제거하는 동시에 그 값을 반환한다. 즉, remove()는 리스트 안의 **특정 값을 삭제하는 데 사용**되고, pop()은 리스트 안의 **특정 순서에 있는 값을 뽑아내는 데 사용**된다.

```
>>> 주머니 = ['A', 'B', 'C']
>>> 뽑은것 = 주머니.pop(1)
>>> 뽑은것
'B'
```

```
>>> 주머니
['A', 'C']
>>> 주머니.remove('A')
>>> 주머니
['C']
```

또한, 리스트 메서드는 문자열 메서드와 달리, 메서드 사용 결과가 필드에 직접적인 영향을 미친다. 즉, 데이터가 변한다.

리스트메서드.py

사용자가 리스트 하나를 자유자재로 이용할 수 있도록 만드는 프로그램을 작성하려 한다. 숫자를 통해 보기를 입력받음으로써 어떻게 실행될 것인지 결정할 것이다. 다음 코드의 빈칸에 들어갈 명령을 작성하라.

```
# 입력: 메뉴번호와 각 메뉴에 따른 추가정보
# 출력: 리스트, 메뉴, 사용 안내
list_for_user = []
while True:
    print()
    print(list_for_user)
    print('1: 추가, 2: 삽입, 3: 수정, 4: 삭제, 5: 종료')
    menu = input('무엇을 할 것입니까? : ')
    if menu == '5':
        break
    elif menu == '1':
        new_one = input('어떤 값을 추가하시겠습니까? : ')
        list_for_user.append(new_one)
    elif menu == '2':
        new_one = input('어떤 값을 삽입하시겠습니까? : ')
        order = input('몇 번째로 삽입하시겠습니까? : ')
        list_for_user.insert(int(order)-1, new_one)
    elif menu == '3':
        order = input('몇 번째 값을 수정하시겠습니까? : ')
        modified_one = input('무엇으로 바꾸시겠습니까? : ')
        ┌─────────────────────────────┐
        │                             │
        │                             │
        └─────────────────────────────┘
    elif menu == '4':
        target = input('어떤 값을 삭제하시겠습니까? : ')
        list_for_user.remove(target)
    else:
        print('다시 입력하세요')
```

예시 답안

```
list_for_user.remove(list_for_user[int(order)-1])
list_for_user.insert(int(order)-1, modified_one)
```

학습 포인트

① 무한 반복과 조건문을 이용한 break를 통해 사용자가 프로그램을 종료하도록 유도할 수 있다.

② 사용자로부터 값이 아닌 인덱스를 입력받더라도 remove() 메서드를 사용할 방법이 있다.

유제 2-23 **로또연습.py**

리스트 안에 1부터 45까지의 자연수를 적어 넣자. 그리고 다음과 같이 사용자로부터 숫자 하나를 입력받아 그 값을 빼낸 뒤, 리스트에 남은 숫자 전체를 출력하는 프로그램을 작성하라.

```
빼려고 하는 공은?: 5
[1, 2, 3, 4, 6, 7, 8, 9, 10, 11, 12, 13, 14, 15, 16, 17, 18, 19, 20, 21, 22, 23,
24, 25, 26, 27, 28, 29, 30, 31, 32, 33, 34, 35, 36, 37, 38, 39, 40, 41, 42, 43,
44, 45]
```

딕셔너리 메서드

딕셔너리 메서드는 리스트 메서드와 마찬가지로, 메서드 사용 결과가 필드에 직접적인 영향을 미친다. 즉, 데이터가 변한다.

여러 가지 딕셔너리 메서드

이름	역할	예시

keys	딕셔너리의 모든 key를 리스트와 유사한 dict_keys 객체로 반환한다.	`>>> a = {'이름': 'Python', '생년': 1991, 'Father': 'Guido van Rossum'}`
		`>>> a.keys()`
		`dict_keys(['이름', '생년', 'Father'])`

values	딕셔너리의 모든 value를 리스트와 유사한 dict_values 객체로 반환한다.	`>>> a = {'이름': 'Python', '생년': 1991, 'Father': 'Guido van Rossum'}`
		`>>> a.values()`
		`dict_values(['Python', 1991, 'Guido van Rossum'])`

items	딕셔너리의 모든 key와 item 쌍을 튜플로 묶어 리스트와 유사한 dict_items 객체로 반환한다.	`>>> a = {'이름': 'Python', '생년': 1991, 'Father': 'Guido van Rossum'}`
		`>>> a.items()`
		`dict_items([('이름', 'Python'), ('생년', 1991), ('Father', 'Guido van Rossum')])`

pop	딕셔너리 내에서 특정 key의 요소를 뽑아낸다.	`>>> a = {'이름': 'Python', '생년': 1991, 'Father': 'Guido van Rossum'}`
		`>>> a.pop('이름')`
		`'Python'`
		`>>> a`
		`{'생년': 1991, 'Father': 'Guido van Rossum'}`

여러 가지 딕셔너리 메서드 (계속)

이름	역할	예시

popitem	딕셔너리 끝에 위치한 마지막 요소를 (key, value) 형태의 튜플로 뽑아낸다.	`>>> a = {'이름': 'Python', '생년': 1991, 'Father':`
		`'Guido van Rossum'}`
		`>>> a.popitem()`
		`('Father', 'Guido van Rossum')`
		`>>> a`
		`{'이름': 'Python', '생년': 1991}`

get	key에 대응하는 value를 찾아 반환한다. 만약 그 key에 대응하는 value가 없으면 None을 반환한다	`>>> a = {'이름': 'Python', '생년': 1991, 'Father':`
		`'Guido van Rossum'}`
		`>>> birth = a.get('생년')`
		`>>> print(birth)`
		`1991`
		`>>> age = a.get('나이')`
		`>>> print(age)`
		`None`

예제 2-24　**딕셔너리메서드.py**

유명 온라인게임 '클라이다'를 운영 중인 외국계 게임사 '디스페아'에 정부로부터 자료 제출 요구가 들어왔다. 대표이사 엘레나 씨는 관련 업무를 분산시켰고, 사원 김 씨는 게임 전체를 총괄하는 속성값을 보관 중인 마스터 딕셔너리의 정보를 정리하는 역할을 맡았다. 김 씨는 마스터 딕셔너리의 키 값과 밸류를 묶은 형태로 뽑아낸 튜플을 보고서에 첨부하고자 한다. 딕셔너리의 이름이 'master'라고 할 때, 셀을 통해 필요한 값을 추출하기 위하여 어떤 명령을 내려야 하는가?

예시 답안

```
>>> master.items()
```

학습 포인트

결과로 반환되는 값은 사실 튜플이 아니라 dict_items 객체다. 그러나 어차피 복사해서 문서 파일에 붙여 넣을 것이니 굳이 튜플로 변환할 필요는 없을 것이다.

유제 2-24　**개인정보.py**

한국에서 웹사이트를 운영 중인 개인정보책임자 페르티나 씨는 최근 수집하는 개인정보를 회원가입 약관에 밝히라는 유관기관의 권고를 받았다. 페르티나 씨는 수집하는 개인정보 전체를 명시해둔 프레임 딕셔너리에서 키 값을 추출하여 이를 웹사이트 약관에 기재하려 한다. 딕셔너리의 이름이 'privacy'라고 할 때, 셀을 통해 필요한 값을 추출하기 위하여 어떤 명령을 내려야 하는가?

지금까지 여러 가지 자료형의 메서드를 알아보았다. 억지로 외우지 말자. **외우는 것보다 중요한 것은 이러한 메서드가 있다는 사실을 아는 것이다.** 그래야 나중에 검색해서 사용할 수 있기 때문이다. 그리고 **그보다도 더 중요한 것은 '찾아보면 이런 것도 있지 않을까?'를 떠올리는 것이다.**

파이썬은 여러 프로그래밍 언어 중에서 아주 강력한 언어로 손꼽힌다. '있지 않을까?' 싶은 것을 검색해보면 어김없이 가지고 있기 때문이다. 심지어 영화 제목을 만들었던 유제 2-22에서 알 수 있듯이 '이런 건 없겠지?' 싶은 기능도 가지고 있을 때가 많다. 내장함수도 그렇고, 메서드도 그렇고, 다음 절에서 배울 모듈 또한 마찬가지다. 이와 같이 필수적인 것들을 미리 갖추고 있는 파이썬의 특성은 **건전지 포함(battery included)**이라는 단어로 표현된다.

건전지 포함(battery included)

건전지가 없으면 작동하지 않는 물건, 예를 들어 LED 랜턴이나 무선 마우스를 구매하는 상황을 생각해보자. 건전지가 포함되어 있지 않으면 우리는 건전지를 따로 구매해서 사용해야 한다. 만약, 물건을 인터넷으로 구매했고 집에서 택배 상자를 막 뜯은 상황인데, 집에 건전지가 없다면 어떨까? 별 수 없이 건전지를 사러 밖으로 나가야 할 것이다. 이런 불상사는 생각보다 자주 발생한다. 그래서 건전지를 처음부터 포함해 파는 경우가 많다. 이런 상품의 겉면에는 '건전지 포함'이라는 표시가 붙는다. 이런 물건을 구매하면 건전지를 따로 살 필요가 없어 편리하다. 파이썬은 이러한 배려를 프로그래밍 언어에 녹여냈다. 그래서 기본적으로 제공되는 기능이 굉장히 강력하다.

2.11 모듈

영단어 'module'은 덩어리를 이룬 부품을 일컫는다. 파이썬에서의 모듈도 크게 다르지 않다.

모듈을 이해하기 위하여 사용자 정의 함수와 클래스를 떠올려보자. 사용자가 프로그램에서 자주 사용하는 명령을 모아 함수로 만듦으로써 코드가 대폭 줄어들었다. 이제 프로그래머들은 함수를 조립하여 코드를 만들 수 있게 되었다. 다음으로 클래스가 등장했고, 코드는 또 한 번 간결화되었다. 프로그래머들은 클래스를 조립하여 코드를 만들기 시작했다.

모듈 또한 이러한 흐름의 연장선에 있다. 한 코드에서 만든 객체나 함수를 다른 파일에서도 이용할 수 있도록 하는 것이 모듈의 핵심이다. 조금 투박하게 표현하자면, 이미 완성된 파이썬 프로그램 파일(.py)을 조립하여 또 다른 프로그램을 만들 수 있다. 이때 사용되는 '이미 완성된 프로그램 파일'을 **모듈(module)**이라 부른다. 즉, 모듈은 코드를 간결화하고 프로그램 개발 기간을 단축한다.

2.11.2 어떻게 사용할 수 있는가?

이해를 심화시키기 위해 함수 단원에서 설명했던 코드를 이어서 설명하기로 한다. 다음은 100점 단위의 점수를 입력받아 이를 A, B, C, F 등급으로 변환하는 프로그램 코드다.

```
1    # 출력: 학점(영문 형태의 등급)
2    # 입력: 0이상 100이하의 시험점수
3
4    # 약속(함수 정의)
5    def get_score():
6        score = int(input('점수를 입력하세요: '))
7        return score
```

```
 8
 9  def grading(score):
10      if score >= 98:
11          return 'A'
12      elif score >= 95:
13          return 'B'
14      elif score >= 90:
15          return 'C'
16      else:
17          return 'F'
18
19  # 명령(함수 호출)
20  score = get_score()          # 프로그램 전체의 input
21  grade = grading(score)       # 프로그램 전체의 process
22  print(grade)                 # 프로그램 전체의 output
```

예를 들어, 이 코드를 '코딩'이라는 폴더 안에 'grade.py'라는 이름으로 저장했다고 가정하자. 그리고 같은 폴더 안에서 '성적처리.py'라는 파일을 만들면서 이 코드의 grading() 함수를 사용하고자 한다. 즉, 다음과 같다.

같은 폴더 안에 있는 모듈(파이썬 파일)

성적처리.py 파일의 코드에서 grade.py 파일의 함수를 이용하려면 어떻게 해야 할까? 가장 쉽게 생각나는 방법은 함수 부분의 코드를 복사해서 붙여 넣는 것이다. 그러나 이 방법은 현명하지 않다. 채점 기준이 추가되어 85점 이상에게 등급 'D'를 부여하기로 결정하여 grade.py 파일의 grading() 함수를 수정했다고 가정하자. 그러면 성적처리.py 파일의 grading() 함수도 직접 수정해야 할 것이다.

그런데 만약 grading() 함수가 너무도 유용한 나머지 이미 200여 개의 파일에 복사해서 사용한 상황이라면 어떨까? 과연 복사해서 붙여 넣은 함수들을 일일이 찾아서 수정할 수 있을까? 상상만 해도 고통스럽다. 이런 고통을 피하기 위해서라도 모듈을 잘 익혀두자.

이와 같은 논리로, A 코드가 B 코드보다 유지보수 측면에서 더 낫다.

A	B

`pi = 3.14`
`r = input('원의 반지름: ')`
`print('원의 둘레:', 2*pi*r)`
`print('원의 넓이:', pi*r*r)`
	`r = input('원의 반지름: ')`
	`print('원의 둘레:', 2*3.14*r)`
	`print('원의 넓이:', 3.14*r*r)`

정확도를 향상시키기 위해 프로그램 전체의 원주율을 3.14에서 3.141592로 바꿔야 하는 상황을 생각해보자. A 코드는 pi 하나의 값만 바꾸면 되지만, B 코드는 코드 내의 모든 3.14를 3.141592로 일일이 바꿔야 한다.

모듈의 가장 기본적인 사용법은 다음과 같다.

```
import 모듈이름        # 모듈이름을 쓸 때는 '.py'를 생략한다.
모듈이름.객체
모듈이름.함수()
```

모듈 사용 문법이 객체 사용 문법과 비슷하게 느껴지는 것은 착각이 아니다. '점을 찍어 그 안에 있는 것을 사용한다'는 공통점이 있기 때문이다. 떠올려보면, 슬라이싱을 공부한 후 for문에서 range()를 사용할 때에도 같은 느낌을 받았을 것이다. 무슨 말인지 잘 모르겠다면, 셀에서 다음 코드와

```
>>> [0, 1, 2, 3, 4, 5, 6, 7, 8, 9][4:10:2]
```

다음 코드의

```
>>> for i in range(4, 10, 2): print(i)
```

결과가 비슷함을 확인해보자.

비슷한 것을 비슷하게 그러나 다른 것을 다르게 사용할 수 있도록 파이썬 문법이 구성된 덕분에, 우리는 문법에 대한 부담을 한결 덜어놓고 프로그래밍을 할 수 있다.

import는 '수입하다'라는 의미다. 코드에서는 '불러오다' 또는 '가져오다'라는 의미로 사용된다.

다음은 grade.py를 모듈로 활용한 '성적처리.py' 파일의 코드다.

```
import grade
print(grade.grading(92))
```

92점에 대한 영문 등급을 얻기 위해 위와 같이 코드를 작성했다. 등급 'C'가 나오면 제대로 된 결과일 것이다. 그런데 한 가지 문제가 발생한다. 이 코드의 실행 결과를 보자.

```
점수를 입력하세요: 100
A
C
```

성적처리.py 코드에서는 호출한 적이 없는데 input() 함수가 호출되어 사용자로부터 입력을 기다린다. 즉, 모듈이 의도와 다르게 작동했다. 일단 100을 입력하자 100점에 대한 결괏값으로 A가 출력되고, 그다음 의도한 결과인 C가 출력되었다.

모듈이 이와 같이 작동한 이유는 무엇일까? 이를 알기 위해서는 import를 이해해야 한다. import는 단순히 모듈을 '가져오는' 역할만을 수행하지 않는다. import는 대상 모듈을 실행한다. 따라서 성적처리.py에서 import grade가 실행되는 순간 grade.py 파일 전체가 실행된다.

이 과정에서 get_score() 함수와 grading() 함수의 정의를 읽어 사용할 수 있게 된다. 그러나 grade.py의 20~22번째 줄에 위치한 함수 호출부도 함께 실행되고 만다. 이로 인해 get_score() 함수가 먼저 호출되어 사용자에게 점수 입력을 요구했던 것이다.

원인을 알았으니 이제는 해결책을 생각해보자. grade.py를 직접 실행했을 때는 함수 호출부가 실행되고, grade.py를 모듈로 읽었을 때는 함수 호출부가 실행되지 않으면 좋을 것 같다. 다음 코드를 활용하면 그렇게 만들 수 있다.

```
if __name__ == "__main__":
    파일을 직접 실행했을 때에만 수행할 코드 블록
```

 언더스코어 두 개가 앞뒤로 붙은 것들은 입문자가 이해하기 어렵다. 다만, 파이썬 파일이 **직접** 실행되었을 때에는 __name__ 객체가 "__main__"이라는 값을 가지며, **모듈로써** import되었을 때에는 그렇지 않다는 사실까지만 알아두자.

위 코드를 적용한 grade.py의 코드는 다음과 같다.

```
1    # 출력: 학점(영문 형태의 등급)
2    # 입력: 0이상 100이하의 시험점수
3
4    # 약속(함수 정의)
```

```
5   def get_score():
6       score = int(input('점수를 입력하세요: '))
7       return score
8
9   def grading(score):
10      if score >= 98:
11          return 'A'
12      elif score >= 95:
13          return 'B'
14      elif score >= 90:
15          return 'C'
16      else:
17          return 'F'
18
19  # 명령(함수 호출)
20  if __name__ == "__main__":
21      score = get_score()          # 프로그램 전체의 input
22      grade = grading(score)       # 프로그램 전체의 process
23      print(grade)                 # 프로그램 전체의 output
```

grade.py를 수정한 후 성적처리.py를 다시 실행한 결과는 다음과 같다.

```
C
```

위 결과를 통해 문제가 해결되었음을 알 수 있다.

에러 메시지

존재하지 않는 모듈을 import하려고 하면 오류가 발생한다.

```
>>> import 세상에존재하지않는모듈
Traceback (most recent call last):
...(생략)...
ModuleNotFoundError: No module named '세상에존재하지않는모듈'
```

다음으로는 import를 조금 더 현명하게 사용할 방법을 알아보자. 방금 소개한 방법은 사용되지 않는 함수인 get_score()가 함께 import되어 비효율적이다. 물론 큰 문제가 아닌 것처럼 느껴질 수도 있다. 그러나 만약 파일 한 개 안에 수백 개의 객체와 함수가 있는데 그중에서 두어 개만 활용하고 싶다면 어떨까? 굳이 수백 개의 함수를 모두 다 import해야 할까? 그렇지 않다. 다음 코드를 이용하면 원하는 것만 import할 수 있다.

```
from 모듈이름 import 객체1, 객체2, 함수1, 함수2, ...
```

이를 적용하여 등급처리.py 파일을 작성하면 다음과 같다.

```
from grade import grading
print(grading(92))
```

이 방법을 이용하면 함수를 이용할 때마다 모듈 이름과 마침표(.)를 일일이 붙이지 않아도 된다는 장점이 있다.

만약 모듈 내의 모든 함수를 이처럼 이름만으로 불러 쓰고 싶다면 다음과 같이 import할 수 있으나, 사용하지 않을 것을 권장한다. 에러가 발생했을 때 찾기가 매우 어려워지기 때문이다.

```
from 모듈이름 import *
```

 NOTE 위에서 사용된 애스터리스크(*)는 곱셈이 아니라 '모든 것'이라는 뜻이다. 즉, 특정 모듈 내에 있는 모든 것을 import하라는 명령이다. *는 파이썬뿐만 아니라 많은 곳에서 '모든 것'이라는 뜻으로 자주 사용된다.

예제 2-25 **모듈사용.py**

다음 파일은 모두 한 폴더 안에 있다.

[예제 2-25] 모듈사용.py   **속마음.py**

```
# 여기에 코드 작성
```

```
def hello():
    print('퇴근하고 싶은 아침입니다.')
```

[예제 2-25] 모듈사용.py 내에서 속마음.py 안에 있는 hello() 함수를 실행하고자 한다. 추가해야 할 코드를 작성하라.

예시 답안

```
import 속마음
속마음.hello()
```

또는

```
from 속마음 import hello
hello()
```

학습 포인트

두 번째 방법처럼 함수를 콕 찍어 import할 때, 함수의 이름 뒤에 소괄호를 붙이지 않도록 유의한다. 소괄호를 붙이면 구문 에러가 발생한다(invalid syntax).

NOTE import 대상이 되는 모듈이나 함수 또는 객체의 이름을 바꿔서 사용하고 싶으면 다음과 같이 as 키워드를 이용해 별명을 지어 사용할 수 있다.

```
from 모듈 import 함수나객체의긴이름 as 별명
import 너무길어서쓰기힘든모듈이름 as 별명
```

지금까지 직접 만든 객체와 함수를 다른 파일에서 사용하기 위해 기존의 파일을 모듈로 사용하는 방법을 알아보았다. 함수에 비유하자면 사용자 정의 함수를 만드는 방법을 배운 셈이다.

그런데 함수에는 사용자 정의 함수뿐만 아니라 내장함수도 있었던 것을 기억할 것이다. 이처럼 모듈에도 내장 모듈(built-in module)이 있다. 유용한 것들을 미리 정의해두었던 내장함수와 마찬가지로, 모듈 또한 유용한 함수와 객체들을 용도에 따라 모아서 기본 내장하고 있다.

하지만 내장함수가 그러했듯이 내장 모듈 또한 종류가 매우 많아 다 알기가 어렵다. 따라서 이 책은 내장 모듈 일부만을 소개하기로 한다. 일부는 이곳에서 설명하고, 일부는 문제를 풀어나가며 차츰 설명할 것이다. **내장 모듈은 작성하는 파일과 한 폴더 안에 있지 않아도 된다.**

모듈	설명	주요 함수	예
winsound	소리 발생과 관련된 기능을 포함하고 있다.	**Beep(진동수, 시간(ms))** 진동수에 해당하는 음을 지정한 시간 동안 울리도록 한다.	`>>> from winsound import Beep` `>>> Beep(440, 1000)` #'라'음을 1초 동안 울린다.

random	난수 발생 등 컴퓨터가 임의의 결정을 내려야 할 때 사용한다.	**randint(a, b)** a 이상 b **이하**의 구간에서 임의의 정수를 반환한다. b가 포함된다는 사실을 유의하자.	`>>> from random import randint`
			`>>> print(randint(1,10))`
			`6`

		random() 0~1.0 사이에서 임의의 실수를 반환한다. 임의의 확률을 발생시킬 때 주로 사용되며, 곱셈을 통해 구간을 확장시켜 사용할 때도 많다.	`>>> from random import random`
			`>>> print(random())`
			`0.6388189683137288`

		shuffle(리스트) 인수로 주어진 리스트를 뒤섞는다.	`>>> from random import shuffle`
			`>>> alist = [1, 2, 3, 4, 5, 6, 7]`
			`>>> shuffle(alist)`
			`>>> print(alist)`
			`[5, 3, 6, 2, 7, 1, 4]`

		choice(리스트) 인수로 주어진 리스트에서 임의의 숫자 하나를 선택한다. 단순한 선택일 뿐 리스트로부터 뽑아내 제거하는 것은 아니다.	`>>> from random import choice`
			`>>> blist = [1, 2, 55, 90, 106, 3, 72]`
			`>>> choice(blist)`
			`106`

time	일정 시간 대기나 시간 측정 등 시간과 관련된 기능을 다수 포함하고 있다.	**sleep(대기시간)** 인수로 주어진 시간 동안 아무 동작도 하지 않는다. 인수로 전달하는 대기 시간의 단위는 초(s)다.	`>>> from time import sleep` `>>> sleep(3)`

		time() UTC 1970년 1월 1일 0시 0분 0초에서부터 지금 까지의 경과 시간을 초 단위로 반환한다. 이렇게 표현된 것을 유닉스 시간이라고 한다.	`>>> from time import time`
			`>>> time()`
			`1530528465.4755595`

		ctime() 현재 시각을 보기 좋은 형태로 반환한다.	`>>> from time import ctime`
			`>>> ctime()`
			`'Mon Jul  2 19:48:39 2018'`

1부터 45까지의 숫자 중에서 임의의 정수 6개를 중복 없이 골라 다음과 같이 출력하는 프로그램을 작성하라.

```
[31, 1, 30, 21, 11, 40]
```

예시 답안

```
from random import shuffle
numbers_list = list(range(1,46))
shuffle(numbers_list)
print(numbers_list[:6])
```

학습 포인트

random 모듈의 shuffle() 함수는 리스트를 전달받아 섞는 기능을 수행하므로 반환 값이 없다. 왜냐하면 리스트는 call by reference(참조에 의한 호출)에 의해 인수로 전달되므로 굳이 반환 값을 되돌려줄 필요가 없기 때문이다. 따라서 리스트 '숫자'는 shuffle() 함수에 의해 뒤섞인 상태가 유지되고, 그 상태로 앞에서부터 여섯 개의 숫자가 화면에 출력된다.

유제 2-26　로또_실제처럼.py

예제 2-26의 코드는 뭔가 심심하다. 로또 추첨 방송을 검색하여 시청하자. 여섯 개의 번호에 보너스 번호 하나까지 총 7개의 번호를 추첨하는 것을 볼 수 있다. 숫자 한 개를 추첨할 때마다 긴 장감이 느껴지도록 시간을 지연시키자. 또한, 그때마다 '삐-' 소리가 나도록 만들어보자.

NOTE docstring은 함수뿐만 아니라 모듈에도 사용할 수 있다. 모듈의 docstring은 다음과 같이 파일의 처음에 작성하면 된다. 이는 해당 모듈을 import한 뒤 모듈이름.__doc__ 또는 help(모듈이름)을 사용하면 보인다.

```
"""모듈Docstring"""
if __name__=="__main__":
    print("기능없는프로그램")
```

```
import 모듈이름
print(모듈이름.__doc__)
print("--------------")
help(모듈이름)
```

파일 입출력

2.12.1 왜 필요한가?

파일 입출력은 파일 입력과 파일 출력을 일컫는 말이다. 파일 입력이란, 주변 파일로부터 정보를 받아들이는 것을 말한다. 그리고 파일 출력이란, 파일 형태로 정보를 내보내는 것을 말한다.

지금까지는 input() 함수를 통해 사용자에게서 키보드로 정보를 입력받았고, print() 함수를 통해 화면에 글자를 출력했다. 가볍고 간단한 프로그램이라면 이 정도로도 충분할 것이다. 하지만 전교생의 정보가 담긴 파일에 있는 내용을 파이썬으로 입력받아야 한다면 어떨까? input() 함수를 이용해 이 정보를 손으로 다시 입력하려면 종일이 걸려도 모자라지 않을까?

출력도 마찬가지다. 수많은 소수(prime number)를 찾아 이를 기록하는 프로그램이라면 어떨까? 어차피 파일 형태로 저장할 텐데, 굳이 화면에 출력할 것 없이 바로 저장할 수 있다면 좋지 않을까? 파일 입출력을 이용하면 이러한 작업을 효율적으로 수행할 수 있다.

2.12.2 사용법과 실습

파일 입출력을 본격적으로 시작하기 전에 다음과 같이 준비하자.

① 임의의 폴더를 만들고, 파이썬 에디터에서 빈 코드를 저장하여 파이썬 파일(.py)을 생성한다. 이름은 자유롭게 만들어도 좋다. 이 책은 '파일입출력.py'라는 이름으로 저장했다.
② 메모장을 켜서 다음과 같은 내용을 작성한 후, ①의 파이썬 파일과 같은 폴더에 input.txt라는 이름으로 저장하자. (이는 어디까지나 실습을 위한 것이므로 문법을 이해하고 나면 다른 이름을 이용해도 무방하다.)
③ input.txt를 열어 내용을 다음과 같이 채우자.

번호, 이름, 나이, 소속, 할말
1, 강감찬, 18, 서울시, 일단정지
2, 최무선, 20, 영주시, 터져라
3, 문익점, 22, 산청군, 춥지?

 NOTE 위 input.txt의 내용처럼 쉼표(,)를 이용해 값을 나눠 표시하는 방식을 CSV(Comma Separated Value) 라고 한다. input.txt를 input.csv로 확장자를 변경하면 엑셀(Microsoft Excel)이나 한셀 등 스프레드시트 프로그램에서도 편집할 수 있다. 스프레드시트에서 작성한 문서를 CSV 파일로 저장하는 것도 가능하다. 스프레드시트로 작성한 문서를 파이썬으로 읽어 들이거나, 파이썬에서 만든 정보를 스프레드시트로 옮길 수 있게 되면 정보처리능력이 급격히 상승한다. 이를 돕기 위해 파이썬은 CSV 모듈을 내장하고 있다.

위 준비가 끝나면 다음과 같은 모양이 될 것이다. 만약 확장자가 보이지 않는다면 '보기' 탭에서 '파일 확장명'에 체크가 되어 있는지 확인하는 것을 잊지 말자.

파일 입출력을 실습하기 위한 준비

이 상태에서 '파일입출력.py'를 에디터로 수정할 것이다. input.txt를 만들어두긴 했지만, 파일 입력에 앞서 파일 출력 방법을 먼저 알아보자. 파일 출력을 위한 함수와 메서드는 다음과 같이 사용할 수 있다.

```python
# 쓸 파일 열기
파일객체이름 = open(출력할파일이름, "w")

# 파일에 쓰기(문자열 외의 자료형은 사용 불가)
파일객체이름.write(문자열)

# 파일 객체 닫기
파일객체이름.close()
```

이를 이용해 파일입출력.py에서 output1.txt를 만들어 아무 문자열이나 넣어보자. 파일을 열때 사용되는 함수 open()의 파일 이름 인수는 문자열이며, 두 번째 인수인 "w"는 write(쓰다)의 머리글자다.

```
file = open("output1.txt", "w")
file.write("print()와 write()에는 어떤 차이가 있을까?")
file.close()
```

이 코드를 실행하면 셸 창에 아무것도 뜨지 않을 것이다. 그러나 그것이 정상이다. '파일입출력' 폴더를 보면, 다음과 같이 output1.txt가 생성된 것을 볼 수 있다.

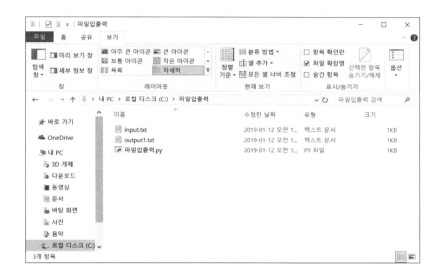

파일을 실행해서 내용을 살펴보자. write() 함수의 인수로 전달한 문자열이 고스란히 들어가 있는 것을 확인할 수 있다.

FAQ **output1.txt 파일은 생겼는데 아무 내용도 없다**

파일 객체의 close() 메서드가 실행되지 않았을 때 이런 문제가 발생한다. open()과 close()는 항상 같이 다녀야 한다. 그러므로 코드를 작성할 때 open() 함수를 호출했다면, close() 메서드 또한 동시에 작성하자.

NOTE with를 이용하면 일일이 파일 객체의 close() 메서드를 작성하지 않아도 된다. 예를 들어, 위 설명부의 코드는 다음과 같은 형태로 작성될 수 있다.

```
with open("output1.txt", "w") as file:
    file.write("print()와 write()에는 어떤 차이가 있을까?")
```

with문이 종료되는 순간 파일 객체는 자동으로 닫힌다.

output1.txt 파일은 open() 함수에 의해 열렸다가 close() 객체에 의해 이미 닫혔다. 이런 상황에서 output1.txt 파일을 다시 열어 내용을 추가할 수는 없을까? 당연히 가능하다. 이를 위해서는 open() 함수의 두 번째 인수로 "w"가 아닌 "a"를 사용해야 한다. 이는 'append'(추가하다)의 머리글자다. 파일입출력.py 파일의 내용을 다음과 같이 코드를 바꿔 실행해보자. 이번에는 with를 이용하기로 한다.

```
with open("output1.txt", "a") as file:
    file.write("write()는 줄바꿈이 되지 않는다는 것이 다르다.")
```

위 코드의 실행 결과는 다음과 같다.

```
📄 output1.txt - 메모장                                    —    □    ×
파일(F)  편집(E)  서식(O)  보기(V)  도움말(H)
print()와 write()에는 어떤 차이가 있을까?write()는 줄바꿈이 되지 않는다는 것이 다르다.
```

위 파일의 내용에도 적었듯이 write() 메서드는 print() 함수와 달리 자동 줄바꿈을 수행하지 않는다. 따라서 줄을 바꾸려면 문자열 안에 특수한 문자를 추가해야 한다. 바로 '\n'이다. 이는 **개행문자** 또는 **줄바꿈 문자**라고 부른다.

'\'키는 키보드에서 백스페이스키 근처에 있다. 글꼴에 따라 역슬래시(\)가 아닌 KRW(₩: 한국의 화폐 단위)가 표시될 수도 있지만, 괜찮다. 둘 중 무엇을 사용하든 동일하게 실행된다. 파일입출력.py 파일의 내용을 다음과 같이 바꿔 다시 실행해보자.

```
file = open("output1.txt", "a")
file.write("\n이렇게 하면\n줄바꿈이\n된다.\n")
file.close()
```

실행 결과는 다음과 같다.

output1.txt - 메모장

파일(F) 편집(E) 서식(O) 보기(V) 도움말(H)

print()와 write()에는 어떤 차이가 있을까?write()는 줄바꿈이 되지 않는다는 것이 다르다.
이렇게 하면
줄바꿈이
된다.

\n처럼 문자열 내에서 사용되어 그 모양 그대로 출력이 되지 않고, 특수한 기능을 수행하는 문자를 **이스케이프 문자(escape character)**라 부른다. 개행문자인 \n 말고도 여러 가지 이스케이프 문자가 있다.

여러 가지 이스케이프 문자

이스케이프 문자	용도
\n	줄바꿈. newline의 머리글자다. 엔터 한 번과 같다.
\t	공간 띄움. tab의 머리글자다. 탭 한 번과 같다.
\\	문자열 내에서 \를 표시할 때 쓰인다. 문자열 내에 포함된 \\는 \ 한 개로 출력된다.
\'	작은따옴표(')로 감싼 문자열 내에서 작은따옴표를 표시할 때 쓰인다. 문자열 내에 포함된 \'는 작은따옴표 한 개로 출력된다.
\"	큰따옴표(")로 감싼 문자열 내에서 큰따옴표를 표시할 때 쓰인다. 문자열 내에 포함된 \"는 큰따옴표 한 개로 출력된다.

얼핏 보기에 \'와 \"는 사용할 일이 없어 보인다. 작은따옴표를 문자열에 표시하고 싶다면 큰따옴표로 감싸면 되고, 큰따옴표를 문자열에 표시하고 싶다면 작은따옴표로 감싸면 되기 때문이다. 그러나 문자열 내에서 작은따옴표와 큰따옴표 모두를 출력해야 하는 상황에서는 위 두 가지 이스케이프 문자가 유용하다.

 'escape'는 '탈출하다'는 의미로, 키보드 좌측 상단에 있는 Esc키 또한 이 단어의 앞 세 글자를 딴 것이다. 이스케이프 문자는 \ 다음에 오는 영문자가 원래의 영문자에서 탈출하여 다른 기능을 하도록 만든다.

파일 출력 함수를 이용해 조퇴사유.txt 파일에 다음과 같은 내용을 작성해보자.

선생님. 피 끓는 청춘은 마음이 아파 집에 갑니다.

예시 답안

```
file = open("조퇴사유.txt", "w")
file.write("선생님. 피 끓는 청춘은 마음이 아파 집에 갑니다.")
file.close()
```

학습 포인트
파일 객체의 이름은 자유롭게 바꿀 수 있다.

파일 출력 함수를 이용해 예제 2-27에서 만든 조퇴사유.txt 파일에 내용을 추가하여 다음과 같은 모양이 되도록 만드는 프로그램을 작성하라.

선생님. 피 끓는 청춘은 마음이 아파 집에 갑니다.
만수무강하시옵소서.

지금까지 파일 출력에 대해 알아보았다. 이제는 파일 입력을 알아보자. 파일 입력 또한 다음과 같이 open() 함수와 close() 메서드가 사용된다. 다만, open() 함수의 두 번째 인수로는 "r"이 사용된다. 이는 read(읽다)의 머리글자다.

```
# 읽을 파일 열기
파일객체이름 = open(읽을파일이름, "r")

# 파일 전체를 하나의 문자열로 읽기
문자열객체이름 = 파일객체이름.read()

# 파일 전체를 하나의 리스트로 읽되 각 행을 문자열 한 개로 인식하기
리스트이름 = 파일객체이름.readlines()

# 파일에서 한 줄을 더 읽어오기
새로읽은한줄 = 파일객체이름.readline()

# 파일 객체 닫기
파일객체이름.close()
```

파일 출력과 달리 파일 입력은 메서드가 많아 보인다. read()와 readline(), readlines() 모두 자주 사용된다. 따라서 셋 모두 알아볼 것이다.

read() 메서드의 이용법부터 알아보자. 파일입출력.py를 다음과 같이 작성하여 실행한 뒤, 코드가 실행된 셸에서 결과를 확인해보았다.

```
file = open("input.txt", "r")
file_in = file.read()
file.close()
```

다음과 같이, read() 메서드는 파일의 전체 내용을 하나의 문자열로 읽어 들여 반환(return)한다. 이 코드에서는 file_in이 그 반환된 문자열을 받아 저장했다.

```
>>> file_in
'번호, 이름, 나이, 소속, 할말\n1, 강감찬, 18, 서울시, 일단정지\n2, 최무선, 20, 영주시, 터져라\n3,
문익점, 22, 산청군, 춥지?'
```

그러나 file_in을 이 형태 그대로 이용하기는 어려워 보인다. 다음과 같이 문자열의 split() 메서드를 활용하여 리스트 형태로 변형하면, 입력받은 정보를 이용하기가 한결 쉬워진다.

```
>>> file_in = file_in.split('\n')
>>> file_in
['번호, 이름, 나이, 소속, 할말', '1, 강감찬, 18, 서울시, 일단정지', '2, 최무선, 20, 영주시,
터져라', '3, 문익점, 22, 산청군, 춥지?']
```

이처럼 파일을 read() 메서드로 읽어 들인 후 줄바꿈을 기준으로 분할하는 경우가 많다 보니, 파이썬은 readlines() 메서드를 제공하고 있다. readlines() 메서드는 파일 전체를 하나의 리스트로 받아들이며, 각 행을 문자열 한 개로 리스트에 포함한다. 파일입출력.py를 다음과 같이 작성하여 실행한 뒤, 코드가 실행된 셀에서 '파일 전체' 리스트를 확인해보았다.

```
file = open("input.txt", "r")
file_in = file.readlines()
file.close()
```

결과를 보자. 리스트의 각 요소 오른쪽 끝에 개행문자(\n)가 붙어 있다는 점을 제외하면, read() 메서드를 사용한 후 문자열을 행 단위로 분할한 것과 같음을 알 수 있다.

```
>>> file_in
['번호, 이름, 나이, 소속, 할말\n', '1, 강감찬, 18, 서울시, 일단정지\n', '2, 최무선, 20, 영주시,
터져라\n', '3, 문익점, 22, 산청군, 춥지?']
```

이번에는 이 file_in 리스트를 input.txt의 형태 그대로 화면에 출력해보자. 어떻게 해야 할까? for문을 이용해서 변수가 리스트 안의 요소를 가리키게 만들고, print() 함수로 그 변수를 출력시키면 될 것이다.

그런데 한 가지 유의할 점이 있다. print() 함수는 자동으로 줄바꿈을 수행하므로 각 행의 마지막에 개행문자가 있을 경우 줄바꿈이 총 두 번 수행된다. 따라서 다음과 같이 rstrip 메서드로 마지막 개행문자를 벗겨내야 목표를 달성할 수 있다.

```
>>> for line in file_in:
        print(line.rstrip('\n'))

번호, 이름, 나이, 소속, 할말
1, 강감찬, 18, 서울시, 못 지나간다
2, 최무선, 20, 영주시, 터져라
3, 문익점, 22, 산청군, 춥지?
```

지금까지 알아본 read()와 readlines() 메서드는 입력받고자 하는 파일 전체를 한 번에 읽어 들인다. 내용 전체를 하나의 문자열로 볼 것이냐 아니면 리스트로 볼 것이냐의 차이만 있을 뿐이다.

반면, readline() 메서드는 그렇지 않다. readline() 메서드는 입력받고자 하는 파일을 한 줄 씩 읽어 들인다. 다음은 readline() 메서드를 이용해 input.txt 파일의 내용을 화면에 그대로

출력하는 코드다.

```python
file = open("input.txt", "r")
while True:
    line = file.readline()      # 파일에서 내용을 한 줄 읽어오기
    if line == '':              # 더 이상 읽어올 내용이 없다면
        break                   # 반복 중단
    print(line.rstrip('\n'))
file.close()
```

readline() 메서드는 더 이상 읽어올 행이 없을 경우 아무것도 없는 문자열을 반환한다. 이는 False에 해당한다. 따라서 이 코드의 네 번째 줄에서 쓰인 if line == '':은 다음과 같이 바꿀 수도 있다.

```python
if not line:
```

예제 2-28   **파일입력.py**

노래경연결과.txt 파일에는 다음과 같은 형태로 참여자의 이름과 점수가 열거되어 있다.

백성훈 88

민화령 97

Michael Lost 19

Paul Verna 96

Guido van Rossum 77

다음과 같이 이들의 평균 점수를 구하는 코드를 작성하라.

참가자 평균점수 : 75.4

예시 답안

```python
contest_result = open("노래경연결과.txt", "r")
score_sum = 0     # 점수 합계
count = 0         # 사람 숫자
while True:
    line = contest_result.readline()
    if not line:
        break
    score_sum += int(line.split()[-1].rstrip('\n'))
    count = count + 1
print("참가자 평균점수 :", score_sum/count)
contest_result.close()
```

① 반복문을 시작하기 전에 점수 합계와 사람 숫자를 0으로 설정하는 부분을 눈여겨보자. 이처럼 **특정 객체의 값을 먼저 설정한 후 반복문에 진입하는 패턴은 자주 활용된다.**

② 파일을 다 읽어서 더 읽을 행이 없다면 line은 아무것도 없는 빈 문자열이 된다. 따라서 break에 의해 반복이 종료되고 결과가 출력된다.

③ line.split()[-1].rstrip('\n')이 조금 어렵게 느껴질 수도 있다. 공백을 기준으로 한 줄을 여러 요소로 나누어 리스트로 만든 후(split), 마지막 요소에서([-1]) 가장 오른쪽 개행문자를 없앰으로써(rstrip('\n')) 점수만을 추출하는 부분이다.

유제 2-28 **파일입력.py**

예제 2-28의 노래경연결과.txt 파일에서 점수를 제거하고 이름만을 남겨, 다음과 같은 형태로 '경연참여자.txt'라는 파일을 만들고자 한다. 이를 위한 코드를 작성하라.

백성훈
민화령
Michael Lost
Paul Verna
Guido van Rossum

유제 해설

유제 2-1　　**문자열출력.py**

예시 답안

```
print("별 하나에 동경과")
print("별 하나에 시와")
print("별 하나에 어머니, 어머니")
```

학습 포인트

print() 명령은 무척 자주 사용되므로 자유자재로 다룰 수 있어야 한다.

유제 2-2　　**숫자출력.py**

예시 답안

```
print("30*5)
print(30*5)
```

학습 포인트

두 번째 print() 명령은 괄호 안의 30*5라는 계산을 마친 후 수행된다.

유제 2-3　　**주석실습.py**

예시 답안

```
# 제작 목적: 실습
print('"이것은 문제를 위한 문제일 뿐이다."')
```

학습 포인트

주석을 통해 프로그램의 목적을 기재할 수 있다.

예시 답안

```
print(greeting, introduction, name+be+" "+friend)
```

학습 포인트

문장과 문장 사이에 오는 공백을 입력하고 싶다면, print() 명령어 내에서 쉼표를 사용할 수도 있지만 직접 공백을 더할 수도 있다.

유제 2-5   슬라이싱.py

예시 답안

```
C = A[:4]+' '+B[:4]+A[5]+' '+A[-5:]
print(C)
```

학습 포인트

① 기존 문자열의 일부를 이용해 새로운 문자열 변수를 만들 수 있다.

② 맨 끝자리를 –1로 보고 역순으로 인덱스를 적용하여 음수 형태로 사용할 수 있다.

유제 2-6   리스트.py

예시 답안

```
a[0] = '0'
a[10] = '-'
print(a[0]+a[1]+a[0]+a[10]+a[1]+a[1]+a[1]+a[1]+a[10]+a[2]+a[2]+a[2]+a[2])
```

학습 포인트

a의 요소만을 이용해야 한다고 제시했을 뿐, a를 변형하면 안 된다는 조건은 붙지 않았다. 따라서 리스트 a를 사용하기 쉽도록 순서를 변경한 후 문자열을 합성하였다.

유제 2-7　**작은사전.py**

예시 답안

```
>>> temp = dic['Pyohtn']
>>> del dic['Pyohtn']
>>> dic['Python'] = temp
```

학습 포인트

① 무언가를 **수정한다는 행위는 두 가지 단계로 구분된다. 첫째는 삭제고, 둘째는 추가다.** 이것이 쉽게 떠오르지 않아 어렵게 느꼈을 수도 있다. 하지만 연필로 필기한 것을 지우개로 지워내고 다시 쓰는 과정을 컴퓨터로 옮긴 것뿐이다.

② 'temp'는 '프로그래밍 언어 중 하나.'라는 문장을 다시 입력하지 않기 위해 사용했다. 물론 직접 입력할 수도 있겠으나 굳이 번거로움을 자처할 이유는 없다.

유제 2-8　**놀리기.py**

예시 답안

```
# 출력: 이름1♥이름2
# 입력: 학생 두 명의 이름(성 포함)
s1 = input("학생 1의 이름: ")
s2 = input("학생 2의 이름: ")
print(s1[1:]+'♥'+s2[1:])
```

또는

```
s1 = input("학생 1의 이름: ")[1:]
s2 = input("학생 2의 이름: ")[1:]
print(s1+'♥'+s2)
```

학습 포인트

키보드 입력과 문자열 슬라이싱을 동시에 묻는 문제다. 입력을 받은 후 슬라이싱을 수행하여 결과를 화면에 출력하는 절차를 코드로 작성해야 한다.

예시 답안

```
# 출력: 정상 또는 비정상
# 입력: 일곱 자리 일련번호
serial_numbers = [1111555, 2223322, 2521249, 8504037]
number = int(input('모니터 일련번호: '))
if number in serial_numbers:
    print('정상')
if number not in serial_numbers:
    print('비정상')
```

학습 포인트

특정 정보가 포함되어 있는지를 확인하기 위해서는 멤버십연산자가 사용된다. serial_numbers 리스트의 요소들이 정수형으로 저장되어 있으므로 일치 여부를 판단하기 위해서는 입력받은 일련번호를 정수형으로 전환해야 한다. 1과 '1'은 다르기 때문이다. 셀에서 다음을 확인해보자.

```
>>> 1 == '1'
False
```

예시 답안

```
# 출력: 정상 또는 비정상
# 입력: 일곱 자리 일련번호
serial_numbers = [1111555, 2223322, 2521249, 8504037]
number = int(input('모니터 일련번호: '))
if number in serial_numbers:
    print('정상')
else:
    print('비정상')
```

학습 포인트

유제 2-9와 완전히 같은 문제다. 하지만 답안은 if를 두 번 사용하는 것이 아니라 if를 사용한 후 else를 덧붙이는 형태로 바뀌었다. 프로그램 코드를 이렇게 바꾸면 인터프리터가 조건문에서 serial_numbers 리스트를 두 번 확인하는 것이 아니라 한 번만 확인해도 되므로 프로그램 효율이 높아진다. 이처럼 한 문제를 해결하는 길은 여러 갈래이며, 방법에 따라 효율에 차이가 발생할 수 있다. 더 나은 방법을 찾기 위해 늘 애쓰자.

웹소설플랫폼.py

```python
# 출력: 리그(색깔)
# 입력: 조회수(숫자)
hits = int(input('조회수를 입력하세요 : '))
if hits >= 1000000:
    print('Violet')
elif hits >= 100000:
    print('Blue')
elif hits >= 10000:
    print('Black')
```

학습 포인트

유제 2-11은 예제 2-11과 동일한 유형의 논리적 문제점을 가지고 있다. 예를 들어, 입력받은 조회수가 1만 미만이라면 프로그램은 아무런 결과도 보여주지 않을 것이다.

유제 2-12 **웹소설플랫폼2.py**

예시 답안

```python
# 출력: 리그(색깔)
# 입력: 조회수(숫자)
hits = int(input('조회수를 입력하세요: '))
if hits >= 1000000:
    print('Violet')
elif hits >= 100000:
    print('Blue')
elif hits >= 10000:
    print('Black')
else:
    print('Red')
```

학습 포인트

논리적 빈틈이 없도록 유제 2-11의 코드에 else가 추가된 형태다.

예시 답안

```
# 출력 : 카운트다운
# 입력 : 시작하는 숫자
n = int(input("몇부터?: "))
for i in range(n, -1, -1):
    print(i)
```

```
n = int(input("몇부터?: "))
i = n
while i >= 0:
    print(i)
    i = i-1
```

학습 포인트

while문으로 풀이한 우측의 코드를 보자. i라는 변수를 하나 덜 사용하는 대신, 다음과 같이 작성할 수도 있을 것이다.

```
n = int(input("몇부터?: "))
while n >= 0:
    print(n)
    n = n-1
```

그러나 이와 같은 코드는 권장하지 않는다. 왜냐하면 사용자로부터 입력받은 원시 데이터가 변형되기 때문이다.

예시 답안

```
# 출력 : 평균 나이
# 입력 : 사람 수, 각 사람의 나이

n = int(input("몇 명?: "))
age_sum = 0
for i in range(1, n+1):
    age = int(input("학생 "+str(i)+": "))
    age_sum = age_sum+age
print("평균: ", age_sum/n)
```

```
n = int(input("몇 명?: "))
age_sum = 0
i = 1
while i <= n:
    age = int(input("학생 "+str(i)+": "))
    age_sum = age_sum+age
    i = i+1
print("평균: ", age_sum/n)
```

학습 포인트

프로그램 사용자로부터 입력받은 값을 리스트에 모두 저장한 후 평균을 구하려고 시도한 사람도 있을 것이다. 틀린 방법은 아니므로 낙담할 필요는 없다. 다만, 자신이 작성한 코드와 예시 답안 사이에 어떤 차이가 있는지 살펴보는 것을 잊지 말자.

예시 답안

```python
# 출력: 특수문자가 아닌, 입력받은 문자열의 마지막 음절, 또는 히-히히 !
# 입력: 문자열.
while True:
    sentence = input()
    if sentence[-1] == '.' or sentence[-1] == '?':    # 마지막 글자가 특수문자인 경우
        if sentence[-2] == '요':
            print('히-히히히!')
            break
        else:
            print(sentence[-2]+'?')
    else:      # 마지막 글자가 특수문자가 아닐 경우
        if sentence[-1] == '요':
            print('히-히히히!')
            break
        else:
            print(sentence[-1]+'?')
```

학습 포인트

① 음수 인덱스를 이용하여 문자열의 마지막부터 접근할 수 있다.

② 반복문뿐만 아니라 조건문도 중첩할 수 있다.

예시 답안

```python
# 출력: 여러 개의 숫자
# 입력: 없음(스스로 이용할 프로그램)
for i in range(1, 100):
    if i % 2 == 0 or i % 3 == 0 or i % 7 != 0:
        continue
    else:
        print(i)
```

학습 포인트

continue를 사용하지 않고 다음과 같이 코드를 작성할 수도 있다.

```python
for i in range(1, 100):
    if i % 2 != 0 and i % 3 != 0 and i % 7 == 0:
        print(i)
```

유제 2-17　구구구단.py

예시 답안

```python
# 출력: □ x □ x □ = □ 꼴의 구구구단 전체
# 입력: 없음(스스로 이용)
for i in range(1, 10):
    for j in range(1, 10):
        for k in range(1, 10):
            print(i, 'x', j, 'x', k, '=', i*j*k)
```

학습 포인트

구구단은 반복문 중첩과 관련된 사례로 사용하기 좋아 여러 교재에서 다루고 시험에도 빈출된다.

유제 2-18　함수호출.py

답안

```python
s = triangle(x, y)
```

학습 포인트

① 좌변의 변수 s는 빈 칸 바로 아랫줄에서 사용되고 있으므로 다른 이름을 쓸 수 없다.

② 우변의 triangle()이라는 함수는 함수 정의에 따른 것이므로 다른 이름을 쓸 수 없다.

③ 인수로 넘겨주는 밑변과 높이도 주어진 코드에서 지정된 변수명이다.

유제 2-19　함수호출2.py

답안

```python
triangle(x, y)
```

학습 포인트

① 정의된 함수를 보면, 넓이를 화면에 출력하는 부분이 이미 구현되어 있다. 따라서 삼각형 넓이 함수를 호출하며 밑변과 높이 두 개의 인수를 넘겨주는 것만으로 프로그램은 완성된다.

② 함수 정의부에 return이 없으므로 함수로부터 반환받을 값이 없다. 따라서 할당연산자는 사용하지 않는다.

유제 2-20 **함수호출3.py**

예시 답안

```python
def get_name():
    abc = input('이름: ')
    return abc
```

학습 포인트

주어진 코드를 살펴보면 함수 호출부 좌변에 반환 값을 할당받을 변수가 지정되어 있으므로 get_name() 함수에 return이 필요함을 알 수 있다. 그리고 return할 정보는 사용자로부터 입력받을 이름이다. 이 모든 사항을 고려하면 예시 답안과 같은 함수 정의가 도출된다.

유제 2-21 **함수호출4.py**

예시 답안

```python
def reverse():
    name = input('이름 : ')
    print(name[-1]+name[-2]+name[-3])
```

학습 포인트

문제에서 주어진 코드를 살펴보면 reverse()라는 함수가 출력된 것 외에 아무 힌트도 얻을 수 없다. 이는 reverse()라는 함수에서 모든 것이 시작되어 모든 것이 끝난다는 뜻이다. 따라서 파라미터도 반환 값도 없는 함수 reverse()를 정의하고 이 안에서 모든 것을 처리하면 된다.

유제 2-22 **제목으로.py**

예시 답안

```python
def make_title(title):
    title = title.split()        # 띄어쓰기를 기준으로 영화 제목의 단어 분할
    new_title = ''
    for each_word in title:
        new_title += each_word[0].upper() + each_word[1:].lower() + ' '
    return new_title[:-1]        # new_title의 마지막에 붙은 공백을 떼어낸 문자열 반환
```

학습 포인트

① split() 메서드를 이용해 띄어쓰기를 기준으로 각 단어를 분할한 뒤, 각 단어의 첫 글자만을 upper() 메서드로 대문자화하고 나머지는 lower() 메서드로 소문자화하였다.

② return new_title[:-1]에서 마지막 한 문자를 제외하는 것은 마지막에 더해진 공백 한 칸을 제거하기 위한 것이다.

③ 사실 make_title()의 역할을 수행해주는 문자열 메서드가 이미 있다. 바로 title()이다. 'no one'.title()의 결과물은 'No One'이다.

예시 답안

```
numbers_list = list(range(1, 46))
number = int(input('빼려고 하는 공은?: '))
numbers_list.remove(number)
print(numbers_list)
```

학습 포인트

1부터 45까지 총 45개의 숫자 중 6개의 숫자를 찍어 맞히면 1등이 당첨되는 로또복권을 모르는 사람은 거의 없을 것이다. 이 문제는 이를 시뮬레이션하기 위한 발판이다. 그런데 위 프로그램은 조금 아쉽다. 45개의 숫자 중 6개의 숫자를 추첨하는 무작위성이 없기 때문이다. 이는 뒤에서 다시 다룰 것이다. 다음 단원인 모듈까지 익히면 로또복권 추첨 시뮬레이션을 완벽히 수행할 수 있다.

예시 답안

```
>>> privacy.keys()
```

학습 포인트

결과로 반환되는 값은 dict_keys 객체다. 그러나 어차피 복사해서 문서 형식으로 붙여 넣을 것이니 굳이 튜플이나 리스트로 변환할 필요는 없을 것이다.

답안

```
print(module1.top_secret)
```

학습 포인트

함수와 마찬가지로 객체 또한 import하여 사용할 수 있다. 뒤에서 자세히 설명하겠지만, 사실 함수도 객체다.

예시 답안

```
from random import choice
from winsound import Beep
from time import sleep
numbers_list = list(range(1, 46))
winning_numbers = []

for n in range(6):
    print(str(n+1)+'번째 숫자를 추첨합니다!')
    sleep(2)
    picked = choice(numbers_list)
    numbers_list.remove(picked)
    winning_numbers.append(picked)
    Beep(1320, 500)
    print(str(winning_numbers[n]))
    print('')
print('마지막, 2등 보너스 번호를 추첨합니다!')
sleep(2)
picked = choice(numbers_list)
numbers_list.remove(picked)
winning_numbers.append(picked)
Beep(1320, 500)
print(str(winning_numbers[6]))
print('')
print('당첨번호는 '+str(winning_numbers[:6])+'입니다.')
print('그리고  2등 보너스 번호는 '+str(winning_numbers[6])+'입니다.')
```

학습 포인트

shuffle() 대신 choice()를 사용하여 코드가 길어졌다. 대기 시간을 추가하고, 효과음을 출력하며, 출력 문구를 일부 바꾼 것만으로도 프로그램의 완성도가 달라진 것을 확인해보자. 하지만 결국 예제 2-26과 다를 바 없는 프로그램이다. 혼자 사용할 프로그램이라면 예제 2-26처럼 만드는 것이 나을 것이다.

예시 답안

```
with open("조퇴사유.txt", "a") as f:
    f.write("\n만수무강하시옵소서.")
```

학습 포인트

① 파일에 내용을 추가하기 위해서는 open 함수의 두 번째 인수로 w가 아닌 a를 사용한다.

② write() 메서드는 print() 함수와 달리 자동 줄 바꿈을 수행하지 않는다.

③ 문자열 내에서 줄 바꿈을 하기 위해서는 개행문자 \n이 필요하다.

예시 답안

```
contest_result = open("노래경연결과.txt", "r")
contest_entry = open("경연참여자.txt", "w")
while True:
    line = contest_result.readline()
    if not line:
        break

    for i in range(len(line)-1, -1, -1):        # 한 줄을 뒤에서부터 읽어
        if line[i] == ' ':                      # 첫 공백을 찾은 뒤
            contest_entry.write(line[:i]+'\n')  # 그 지점 전까지만 출력한다.
            break

contest_entry.close()
contest_result.close()
```

학습 포인트

맨 뒤에서부터 첫 번째로 발견되는 공백의 직전까지를 파일로 출력하는 이유를 모르겠다면, 노래경연결과.txt의 Paul Verna 96의 사례를 생각해보자. 메모장으로 열어 눈으로 볼 때는 보이지 않겠지만, 마지막에 개행문자(\n)가 더해져 있음을 잊어서는 안 된다.

[0]	[1]	[2]	[3]	[4]	[5]	[6]	[7]	[8]	[9]	[10]	[11]	[12]	[13]
P	a	u	l		V	e	r	n	a		9	6	\n

다른 줄과 마찬가지로 점수와 개행문자가 합쳐진 덩어리가 가장 마지막에 있다. 그리고 덩어리들을 구분해주는 기준은 공백이다. 즉, 위에서는 인덱스 10의 공백이 기준점이다. 따라서 경연참여자.txt에는 인덱스 0부터 9까지에 더해 개행문자를 출력하면 된다.

LEVEL
03

세련된 중재자

레벨 2에서는 파이썬을 사용하는 데 꼭 필요한 문법을 다뤘다. 이제 간단한 프로그램 정도는 스스로 만들 수 있을 것이다. 그런데 여기에 지식을 조금만 더 보강하면 프로그래밍에 대한 이해도가 급격히 상승한다. 이를 위해 레벨 3에서는 크게 세 가지를 다룰 것이다. 첫째는 프로그래밍 공부의 진짜 열매인 컴퓨팅 사고력이고, 둘째는 레벨 2에서 다루지 못했던 문법이며, 셋째는 에러 대응 방법이다. 이번 단계를 정복하면서 차오르는 자신감을 느끼게 될 것이라 확신한다.

3.1 컴퓨팅 사고와 알고리즘

3.1.1 컴퓨팅 사고란 무엇인가?

컴퓨팅 사고(computational thinking) 또는 **컴퓨팅 사고력**은 2015 개정 교육과정에서 정보 교과의 교육이 일부 의무화되면서 부각된 단어다. 개념 자체는 학계에서 시작되었으며 의무화 이전부터 있었지만, '프로그래밍 교육이 왜 필요한가?'라는 질문에 대한 대답으로 제시되면서 사용 빈도가 급격히 증가했다. 예컨대, '4차 산업혁명이라는 격랑에 대비하기 위해서는 컴퓨팅 사고력이 필수적이기 때문이다.'라고 대답할 때 쓰이기 시작한 것이다. 문제는 컴퓨팅 사고가 무엇인지를 이해하려면 프로그래밍을 배워야 한다는 점이다. 그래서 프로그래밍을 전혀 알지 못하는 일반인에게는 레벨 1에서 제시했던 다음 설명이 최선이다.

'복잡하고 어려운 문제를 컴퓨터가 해결할 수 있는 형태로 변환하여 해결 방법을 설계한 뒤, 컴퓨터에게 명령하여 답을 찾는 과정'에서 필요한 일련의 생각

하지만 우리는 지금까지 프로그래밍을 익혔고, 컴퓨팅 사고가 무엇인지 논의할 수 있는 단계에 이르렀다. 따라서 지금부터 컴퓨팅 사고에 관한 이야기를 나누고자 한다.

기회가 된다면 아무 프로그래머나 붙잡고 "그거 있잖아요, 프로그래밍 배우고 나면 일상생활에서도 사고방식 달라지는 거!"라고 물어보자. 그러면 대개 고개를 끄덕이며 동의하는 것을 볼 수 있다. 이처럼 컴퓨팅 사고의 실체는 쉽게 확인할 수 있다.

문제는 이를 언어로 정의하기가 쉽지 않다는 것이다. 지넷 윙(Jeannette Wing)은 **컴퓨팅 사고는 컴퓨터과학의 기본 개념을 바탕으로 문제를 해결하고, 시스템을 설계하며, 인간 행동을 이해하도록 한다**[1]고 말했다.

---

[1] Computational thinking involves solving problems, designing systems, and understanding human behavior by drawing on the concepts fundamental to computer science. J. M. Wing, "Computational thinking," 2011 IEEE Symposium on Visual Languages and Human-Centric Computing (VL/HCC), Pittsburgh, PA, 2011, pp. 3-3.

인간 행동의 이해라는 표현이 눈에 띈다. 프로그래밍을 공부하는 데 인간 행동을 이해하게 되다니, 언뜻 보면 이해가 되지 않는다. 그러나 이것은 사실이다. 인식한 **문제를 해결하기 위해 그 문제를 분해하고 추상화하여 알고리즘을 설계한 끝에 프로그램으로 구현하는 과정**에서 인간에 대한 이해가 어떻게 깊어질 수 있는지, 그리고 우리 사고방식이 어떻게 바뀔 수 있는지 생각해보자.

문제 분해

인간은 큰 것을 한꺼번에 다루지 못한다. 그래서 무겁고 큰 물체는 부담스럽다. 큰 물체를 통제하는 방법 중 하나는 대상을 나누는 것이다. 예컨대 흙 한 무더기를 옮길 때 삽을 드는 이유는 그것을 한꺼번에 옮길 수는 없어도 흙 한 삽을 퍼내는 것은 어렵지 않기 때문이다.

문제도 마찬가지다. 인간은 복잡하고 큰 문제를 해결하기 어렵다고 느낀다. 부담스러운 문제를 해결하는 방법 중 한 가지는 그것을 작은 문제로 나누는 것이다. 예컨대 열자리 숫자 두 개를 더할 때 일의 자리부터 한 자리씩 차근차근 계산을 수행하는 이유는 열자리 덧셈을 한꺼번에 할 수는 없어도 한 자리 덧셈을 하는 것은 어렵지 않기 때문이다.

그런데 프로그래밍을 배우면 이러한 문제 분해 능력이 향상된다. 왜일까? 기억을 되짚어보자. 레벨 2의 예제를 풀 때, 우리는 문제를 자연스럽게 분해했다. 예컨대 구구단 출력 프로그램을 풀 때, 머릿속으로 '입력받기→반복문 사용하기→반복문 안에서 출력하기'라는 프로그램의 흐름을 자연스럽게 그려냈다. 살펴보면, 프로그램 흐름의 각 단계가 작은 문제로 구성되어 있다. 즉, 입력받기 문제를 푼 뒤 반복문 사용하기 문제를 풀고, 마지막으로 출력하기 문제를 푼 셈이다.

우리가 이를 자연스럽게 해낼 수 있었던 이유는 무엇일까? 역설적으로, 프로그래밍 언어가 문제 분해 능력을 요구하기 때문이다. 프로그램 코드는 한 줄 한 줄의 명령이 아주 구체적이고 명확해야 한다. 그렇지 않으면 인터프리터가 새빨간 에러 메시지를 띄우기 때문이다. 그래서 **프로그래밍을 하는 사람은 문제 해결 절차를 차근차근 단계적으로 구성할 수밖에 없다.** 결국, 융통성 없이 까다롭게 구는 인터프리터가 사람의 문제 분해 능력을 향상시키는 셈이다.

문제 분해는 삶의 여러 분야에서 유용하게 사용된다. 예컨대, 주장하는 글을 쓸 때 '서론-본론-결론'으로 구조를 나누고, 요리 방법을 알려주는 레시피도 단계를 나누며, 생소한 곳을 찾아갈 때도 지하철역이나 특정 건물을 기준으로 길을 나눈다. 따라서 프로그래밍을 배워 문제 분해 능력을 키우면, 이로 인해 일상 전반의 작업 효율이 상승한다.

추상화(抽象化)

일상생활에서의 언어 습관 때문에 추상화를 오해하는 사람이 많다. 우리는 흔히 '추상적이다'라는 단어를 '구체적이지 않다'라는 뜻으로 사용하기 때문이다. 그래서 이 추상화라는 단어를 '구체적이지 않게 만들다'로 생각하는 경우가 많다. 하지만 이것은 완전히 틀린 해석이다.

이 단어를 바르게 이해하는 가장 좋은 방법은 한자의 뜻을 살펴보는 것이다. 추상(抽象)이라는 한자어는 뽑을 추(抽)와 모양 상(象)으로 구성된다. 즉, 추상화는 모양을 뽑아내는 행위다. 보다 구체적으로 설명하자면, **대상으로부터 특징적인 모양만을 뽑아**내서 다시 표현하는 것이다. 이때 **다시 표현된 형태**를 모델(**model**)이라 부른다. 그런데 모델을 만드는 이 행위를 모델링이라 표현하므로 추상화와 모델링은 사실상 거의 같은 표현이다. 다만 추상화는 특징을 뽑아내는 행위에 초점이 맞춰진 단어고, 모델링은 새로운 모양에 초점이 맞춰진 단어라는 점이 다르다. 쉽게 표현하자면, 추상화(모델링) 결과로 모델이 만들어진다고 볼 수 있다. 사례를 통해 추상화와 모델을 이해해보자. 다음 그림을 보자.

이 그림이 무엇으로 보이는가?

우리는 이것을 보며 자연스럽게 별을 떠올린다. 하지만 우주에 이렇게 생긴 별은 없다. 별들은 모두 구체에 가까운 모습을 지니고 있으므로 더 정확히 그리려면 이렇게 원형(●)으로 그리는 게 맞다. 그걸 알면서도 우리는 별을 위 그림처럼 삐죽삐죽한 모양으로 그린다. 왜냐하면 별 모양은 밤하늘에서 반짝반짝 빛나는 별의 형태를 보고, 그것을 그림으로 추상화하여 나타낸 결과물이기 때문이다. 즉, ★는 별의 모델이라고 할 수 있다.

 이 설명은 추상화의 의미 범위를 좁게 본 것이다. 넓은 범위의 추상화는 자료 분석이나 문제 분해 등 더 넓은 범위를 포함한다.

추상화와 모델이 무엇인지 알았다면, 조금 더 본질적인 질문을 통해 이해를 심화해보자. 추상화는 왜 필요할까? 모델을 만들어야 하기 때문이다. 그렇다면 모델은 왜 만드는 것일까? 이 질문에는 쉽게 답하기 어렵다. 질문이 구체적이지 않기 때문이다. 질문을 구체화하기 위하여 모델링에 대한 논의를 지속해보자.

심심해서 모델링을 하는 것은 아니다. 즉, 인간은 무엇인가를 달성하기 위해서 모델을 만든다. 추상화(抽象畫)를 그린 칸딘스키는 미적 욕구를 충족시키기 위해 순수한 아름다움만을 뽑아냈고, ★ 모양의 모델을 만든 사람은 사람끼리의 소통에서 하늘의 별을 쉽게 표현하기 위해 모델링을 했을 것이다. 즉, **추상화의 목적은 상황에 따라 다르다.**

이번에는 추상화의 결과물을 생각해보자. 의사는 사람의 건강 상태를 진단하기 위하여 혈액을 검사한다. 검사 결과지 안에서 한 인간은 혈당, 적혈구, 중성지방, ALT, 빌리루빈 등의 수치로 추상화된다. 반면, 행정가는 경제정책을 수립할 때 사람을 소득이나 자산 수준으로 추상화한다. 즉, **같은 대상을 추상화하더라도 목적에 따라 다른 형태의 모델이 도출될 수 있다.** 이는 같은 물체를 대상으로 햇볕이 내리쬐더라도 태양의 위치에 따라 그림자 모양이 달라지는 것과 같다.

다시 프로그래밍으로 돌아와서 질문을 구체화해보자. 지금까지 배운 파이썬 프로그래밍을 기준으로 생각할 때, 현실의 문제를 해결하는 과정에서 모델이 왜 필요할까? 가장 큰 이유는 '파이썬이 받아들여 처리할 수 있는 형태로 현실의 정보를 표현하기 위해서'다. 프로그래밍을 통해 현실의 문제를 해결하려면 현실의 상황을 프로그램 안으로 들여와야 하는데, 파이썬이 처리할 수 있는 데이터의 형태는 이미 정해져 있기 때문이다. 이미 레벨 2에서 배운 정수와 실수, 복소수, 문자열, 집합, 리스트, 튜플, 딕셔너리 등의 자료형이 바로 그것이다. 따라서 모델링을 통해 현실의 문제를 파이썬에 적합한 자료형으로 바꿔야 한다. 그렇지 않으면 우리는 그 문제를 해결할 수 없다.

예컨대, 파이썬을 한창 공부 중인 우리는 지금 이미지 파일에서 얼굴을 인식하여 그 사람이 누구인지 구분해내는 프로그램을 만들 수 없다. 인간의 얼굴을 표현하기에 적합한 자료형(=모델)을 모르기 때문이다. 반면 사람의 이름이나 키, 점수, 주소 등은 이미 파이썬에 존재하는 자료형으로 나타낼 수 있다. 따라서 프로그램으로 옮겨 쉽게 해결할 수 있다.

자료형뿐만 아니라 논리 구조도 추상화의 대상이 된다. 예를 들어, 우리는 A, B, C, F로 성적을 처리하길 요구하는 예제 2-12의 문제를 풀기 위해 if-elif-else 구조를 떠올렸다. 이는 한국어로 표현된 성적 처리 기준을 머릿속에서 추상화하여 코드로 옮긴 것이다.

이처럼 프로그래밍을 배우는 과정에서는 현실의 문제를 코드로 옮기는 시도를 반복하게 된다. 이 과정에서 추상화 능력이 향상되는 것은 매우 자연스러운 일이다.

추상화는 삶의 여러 분야에서 유용하게 사용된다. 예컨대, 인체의 밑그림을 그리기 시작할 때는 구와 원기둥 등으로 틀을 잡고, 군사용 로봇을 만들 때는 추상화된 동물의 형상을 참고

하며, 각 기업은 매출 실적을 단순화된 숫자로 추상화해 의사결정에 이용한다. 따라서 프로그래밍을 배워 추상화 능력을 키우면, 이로 인해 일상 전반의 작업 효율이 상승한다.

 문제 분석 단계에서 추상화를 사용하는 다른 목표 중 하나는 상황을 단순하게 표현하여 쉽게 이해할 수 있도록 만드는 것이다.

 대학교 학부 과정에는 자료구조(data structure)라는 수업이 있다. 이 수업은 레벨 2에서 소개한 기본 자료형 외에 더 다양한 것들을 안내해준다. 학생들이 프로그래밍 언어를 통해 사용 가능한 모델의 종류를 증가시킴으로써 더 많은 사물을 추상화하여 프로그램 안으로 들여올 수 있도록 돕는 것이다.

정보를 적합한 형태로 표현하는 일은 알고리즘의 효율성과도 관련된다. 예컨대, 숫자 계산을 주로 하는 프로그램에서 문자열 자료형만을 이용한다고 가정해보자. 계산을 하려면 문자열을 일일이 정수나 실수로 변환해야 할 것이다. 이는 불필요한 작업이며 낭비다.

 트리와 그래프

파이썬 기본 자료형은 아니지만, 중요한 자료구조인 트리와 그래프는 알아두자.

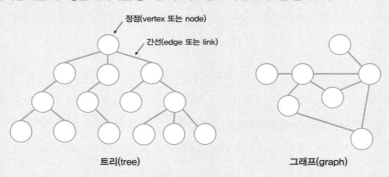

트리(tree)   그래프(graph)

트리는 집단의 조직도나 나눠지는 경우의 수를 나타낼 때 많이 사용된다. 그래프는 지도를 추상화하여 나타낼 때 자주 사용되는데, 가장 대표적인 예로 지하철 노선도가 있다.

두 자료구조 모두 정점과 간선으로 구성된다. 그러나 트리는 그래프와 달리 간선의 개수가 정점의 개수보다 적어서 사이클이 형성될 수 없다. 또한, 트리는 정점의 상하 위치에 따라 위계를 부여할 수 있다. 쉽게 말하자면, 상대적으로 위쪽에 있는 정점을 부모 노드(parent node), 상대적으로 아래쪽에 있는 정점을 자식 노드(child node)로 볼 수 있다. 또한 가장 위에 있는 노드를 뿌리 노드(root node)라고 하며, 가장 아래 있는 노드를 잎 노드(leaf node)라고 한다.

알고리즘(algorithm)

① 알고리즘이란 무엇인가?

알고리즘이란 페르시아 수학자인 알콰리즈미(Al-Khwarizmi)의 이름에서 유래한 단어로, **문제 해결을 위한 논리적 절차**를 뜻한다. 즉, 레벨 2에서 문제를 풀기 위해 코드를 작성하기 직전 단계에서 떠올렸던 구체적인 방법이 모두 알고리즘에 속한다.

프로그래밍을 배우지 않은 상태에서 알고리즘의 정의를 처음 접하면 대개 시큰둥한 표정을 짓는다. 왜냐하면 **논리적 절차**라는 단어의 뜻을 실감하지 못하기 때문이다. 하지만 이제는 어느 정도 감을 잡았을 것이다. 이를 구체적으로 표현하면 다음과 같다.

- 논리적: 인터프리터가 **실행할 수 있을** 정도로 **명령이 명확**하여 오해할 여지가 없다.
- 절차: **0개 이상의 입력**에서 출발하여 **하나 이상의 출력**을 도출하는 과정이 마치 퍼즐 조각처럼 맞아떨어진다.

직접 프로그래밍을 해보고 얻은 이 직감은 매우 정확한 것이다. 알고리즘의 다섯 가지 조건은 다음과 같다.[2, 3]

- 0개 이상의 입력
- 1개 이상의 출력
- 실행 가능
- 명확성
- 유한성

여기서 유한성이란 '유한한 시간 내에 실행되어야 함'을 뜻한다.

 알고리즘은 컴퓨터가 등장하기 전부터 존재했다. 수학 문제를 풀기 위해 외운 공식 또한 알고리즘의 일종으로 볼 수 있다.

---

2 Knuth, Donald Ervin. The art of computer programming: sorting and searching . Vol. 3. Pearson Education, 1997.

3 The Art of Computer Programming: Introduction to Algorithms. (Jun 6, 2014). http://www.informit.com/articles/article.aspx?p=2221792.

② 알고리즘의 표현 방법

친구에게 프로그램의 알고리즘을 전달해야 하는 상황이라고 가정하자. 이를 어떻게 표현해야 효율적일까?

a. 코드

가장 쉽게 떠오르는 알고리즘 표현법은 코드다. 그것이 어떤 알고리즘이든 파이썬 코드로 작성해서 전달하면 된다. 하지만 친구가 파이썬은 모르고 C 언어를 배우는 중이라면 어떻게 해야 할까? 다음 표를 보면 알겠지만, 파이썬과 C 언어에는 꽤 큰 차이가 있다. 다음은 둘 다 '안녕하세요' 다섯 글자를 화면에 출력하기 위한 코드다.

파이썬	C 언어

print("안녕하세요")	```
	#include <stdio.h>
	int main(void)
	{
	    printf("안녕하세요\n");
	    return 0;
	}
	``

사용하는 프로그래밍 언어가 서로 다른 상황에서 알고리즘을 전달하기 위해 가장 좋은 방법은 다음과 같이 적당히 이해할 수 있는 수준에서 가짜 코드를 작성해 전달하는 것이다.

    화면출력: "안녕하세요"

이 코드 한 줄은 인터프리터가 실행할 수 없다. 그러나 적어도 프로그래밍 언어를 하나 이상 알고 있는 사람들은 위 코드를 보고 각자의 언어로 프로그램을 만들 수 있다. 이를 **의사 코드 (pseudo code)**라고 한다.

'pseudo'는 '가짜의'라는 의미로, p는 묵음이다.

의사 코드는 문법이 없는가?
없다. 의사 코드는 그야말로 가짜 코드고, 명령을 실행할 번역기가 없으므로 지켜야 할 문법도 없다. 의사 코드를 작성할 때 중요한 것은 문법이 아니다. 그 코드를 읽을 사람이 지닌 이해 수준을 예측하여 배려하는 것이 핵심이다.

그런데 프로그래밍을 전혀 접한 적이 없는 사람에게 알고리즘을 전달하려면 어떻게 해야 할까?

b. 자연어

자연어, 즉 우리가 사용하는 일상적인 언어로 알고리즘을 전달하는 방법도 있다. 사용이 쉽다는 장점이 있지만, 전달 과정에서 심각한 오해가 발생할 수도 있다. 사람의 말은 불명확하기 때문이다. 예컨대, '삼각김밥을 사오되, 물을 팔면 두 개 사와라.'라는 표현은 물을 두 개 사오라는 것인지, 삼각김밥을 두 개 사오라는 것인지 오해를 불러일으킬 수 있다.

c. 순서도(flowchart)

프로그래밍을 배우지 않은 사람에게 알고리즘을 전달하는 또 다른 방법으로, 순서도가 있다. 즉, 알고리즘을 그림으로 나타내는 것이다. 순서도는 다음과 같은 도형으로 표현된다.

순서도에 사용되는 여러 가지 도형

표시	뜻
	시작 또는 끝
	입력 또는 출력
	진행
	명령 처리
	조건

이미 레벨 2에서 조건문과 함수를 설명할 때 별다른 설명 없이 순서도를 사용했다. 그래도 이해에 큰 어려움을 느끼지 않았을 것이다. 순서도의 형태가 그만큼 직관적이라는 뜻이다.

 경우에 따라 순서도에 더 많은(또는 적은) 도형을 사용하기도 한다.

문제 분해와 추상화, 모델링, 알고리즘에 대한 설명에 앞서 컴퓨팅 사고가 4차 산업혁명을 대비해 필요하다고 언급한 바 있다. 하지만 사실 컴퓨팅 사고는 지금 당장 유용하다. 사물을 추상화하거나 절차를 알고리즘으로 표현하는 능력은 전자기기를 다루거나 프로그래밍할 때만 사용되는 것이 아니다. 간단한 작업을 수행하거나 복잡한 과정을 설계할 때, 친구와 대화할 때, 상대의 주장이나 설명에서 허점을 찾을 때도 컴퓨팅 사고력은 활용될 수 있다.

예를 들어보자. 다음은 저자가 봉사활동을 위해 어린이도서관을 방문했을 때의 상황을 묘사한 것이다. 직원의 설명을 들은 후 저자가 어떤 질문을 했을지 맞혀보자.

> 직원: 다른 도서관에서 봉사활동 해본 적 있으세요?
>
> 저자: 아니요.
>
> (직원이 이용자들로부터 반납된 책을 제자리에 꽂는 방법을 알려주기 시작한다.)
>
> 직원: 여기 보시면 책 모서리에 <u>청구기호라는 게 있는데요, 기본적으로는 이걸 보고 정리하시면 되거든요?</u> 그런데 저희는 신간은 따로 분류를 해요. (청구기호가 아니라 책 표지에 붙어 있는 일련번호를 보여주며) 이게 <u>47</u>로 시작하는 도서는 전부 신간이니까 서가 안쪽에 들어가서 청구기호대로 꽂지 마시고 신간 코너에 꽂으셔야 해요.
>
> 저자: 네.
>
> 직원: 참, 그리고… (만화책을 꺼내 청구기호 바로 위를 보여주며) 여기 보시면 만화책은요, 이렇게 스티커가 하나씩 붙어 있어요. 저희가 애들이 만화책을 하도 많이 봐서 앞에 따로 빼놓거든요. 그래서 <u>만화책은 만화 코너에 따로 꽂아주셔야 해요.</u>
>
> 저자: 알겠습니다. 그런데… [   ]

저자의 물음은 다음과 같았다.

> "신간인 동시에 만화책이면 어느 서고에 꽂아야 하나요?"

다소 개인차가 있을 수 있으므로, 만약 이 질문이 떠오르지 않았더라도 실망할 필요는 없다. 반면 직원의 설명을 읽고 다음과 같이 머릿속이 꼬이는 느낌이 조금이라도 들었다면, 축하한다. 이 책을 완독하는 과정이 조금 더 수월할 것이다.

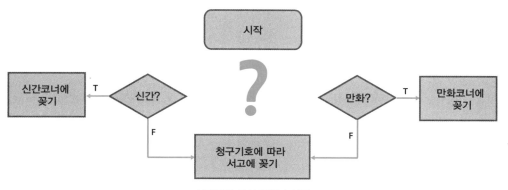

불완전한 도서 정리 순서도

한편, 저자의 질문에 직원은 다음과 같이 답했다.

"그런 경우에는 만화책 코너에 꽂으시면 돼요."

이 한마디로 저자의 머릿속 순서도는 다음과 같이 정리되었다.

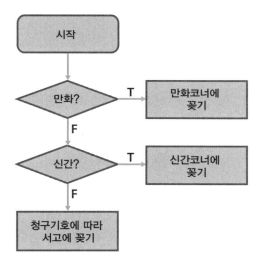

완성된 도서 정리 순서도

이처럼 컴퓨팅 사고가 익숙해지면 사람들의 말이나 정해진 절차를 습관적으로 코드나 순서
도로 옮겨 상상하게 된다. 쉽게 변환되면 그것이 명확하다는 뜻이고, 그렇지 않다면 불명확
하다고 판단할 수 있다. 마치 파이썬 인터프리터가 실행을 거부하고 에러 메시지를 띄우듯 정
보의 명확성을 판단할 수 있게 되는 것이다.

한편, 인간의 언어를 알고리즘으로 옮겨 표현하면 그 논리에 허점이 있는지 없는지 쉽게 드러난다. 이는 상대의 논리를 공격하여 무너뜨릴 때도 유용하지만, 자신의 논리나 계획을 탄탄하게 다질 때 더욱 큰 힘을 발휘한다.

이렇듯 컴퓨팅 사고는 일상생활의 여러 가지를 바꿔 놓는다. 프로그래밍이 능숙해질수록 '긴 것을 여기로 옮겨라'라는 지시를 들었을 때 '긴 것의 기준이 무엇인지' 묻게 될 것이며, '적당히'라는 말을 들으면 의도를 파악할 때까지 질문하게 될 것이다. 말을 할 때는 사실과 주장을 구분하여 전달하게 될 것이고, 무슨 일을 하든 가장 효율적인 방법을 찾게 될 것이다.

3.2 문법 이해 심화

레벨 2에서 배운 문법만으로도 충분하다고 생각하는 사람들이 있을 수 있다. 맞다. 그래서 이번 단원에서는 새로운 문법을 다루지 않는다. 그 대신 지금까지 생각 없이 지나쳤던 것들이나 가볍게 언급하고 지나갔던 내용을 되짚어 살필 것이다.

심화된 문법을 레벨 2에서 분리하여 이곳에 따로 싣는 이유 중 하나는 문법 전체를 되돌아보며 복습 효과가 발생하기를 기대하기 때문이다. 만약 어떤 문법이 기억나지 않는다면 레벨 2로 돌아가 관련된 내용을 다시 읽자.

3.2.1 다차원 도형과 반복문 중첩, 다차원 자료형과 리스트 내포

입력받은 숫자(n)를 이용해 다음과 같이 삼각형을 출력하는 프로그램이 있다고 가정하자. 이 프로그램의 코드에는 대략 몇 개의 반복문이 중첩되어 있을까?

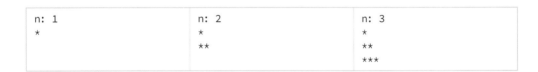

n: 1	n: 2	n: 3
*	*	*
	**	**
		***

정답은 두 개다. 비록 보이지는 않지만, 위 도형은 축이 두 개인 좌표평면 위에 그려졌기 때문이다. 만약 축이 세 개인 좌표공간 위에 도형을 그리려면 반복문이 세 개 중첩될 것이다.

쉽게 표현하자면 이렇다. 2차원 도형을 그리려면 2중첩 반복문이 필요하고, 3차원 도형을 그리려면 3중첩 반복문이 필요하다. 사실, 이는 문법이라기보다 문제 풀이 스킬에 가까운 내용이다. 이것이 꼭 절대적인 법칙은 아니지만 소개하는 이유가 있다. 일단 이렇게 알아두면 그려야 하는 도형을 보고 반복문이 최대 몇 겹까지 중첩될 것인지 감을 잡을 수 있기 때문이다.

이번에는 도형이 아닌 리스트를 살펴보자. 다음과 같이 리스트를 구성하려면 반복문을 몇 번 중첩해야 할까?

```
>>> a
[[1, 2, 3, 4, 5], [6, 7, 8, 9, 10], [11, 12, 13, 14, 15], [16, 17, 18, 19, 20],
[21, 22, 23, 24, 25]]
```

쉽게 답을 떠올리지 못하겠다면 다음과 같이 리스트 a를 보기 좋게 정리해보자. 리스트 안에 리스트가 들어가 있고, 가로 5칸 세로 5칸으로 구성되어 있다.

```
[[1, 2, 3, 4, 5],
 [6, 7, 8, 9, 10],
 [11, 12, 13, 14, 15],
 [16, 17, 18, 19, 20],
 [21, 22, 23, 24, 25]]
```

이처럼 리스트가 두 번 겹쳐진 형태를 '2차원 리스트'라고 부른다. 2차원 도형을 그리기 위해서는 일반적으로 2중첩 반복문이 필요한 것처럼 2차원 리스트를 만들기 위해서도 일반적으로 2중첩 반복문이 사용된다.

NOTE 사실 2중첩 반복문이라는 표현은 잘 사용하지 않으며 '2중 for문', '2중 while문' 같은 표현이 더 많이 사용된다. 입문 단계에서 3중첩 이상의 반복문은 사용할 일이 많지 않다.

다음은 위에서 제시한 리스트 a를 만들어 확인하기 위한 코드다.

```
a = []
count = 0
for i in range(5):
    a.append([])
    for _ in range(5):
```

```
            count += 1
            a[i].append(count)
print(a)
```

그런데 이는 리스트 하나를 만들기 위해 너무 큰 노력을 기울이는 것이다. 파이썬은 **리스트 내포**(list comprehension)를 사용할 수 있도록 지원함으로써 이러한 불편함을 해소하고 있다. 리스트 내포는 반복문 또는 반복문과 조건문을 사용하여 리스트를 정의하는 방법이다.

유형 1: [표현식 for 변수 in 순회가능객체]

표현식에는 변수를 사용할 수도 있고 사용하지 않을 수도 있다. 하나의 표현식에 두 가지 변수를 사용하기 위해 두 개의 for문을 사용하는 것도 가능하다.

```
>>> print([0 for _ in range(10)])
[0, 0, 0, 0, 0, 0, 0, 0, 0, 0]
>>> print([i for i in range(10)])
[0, 1, 2, 3, 4, 5, 6, 7, 8, 9]
>>> print([i*j for i in [1,100] for j in [2,3]])        #변수 j가 먼저 바뀜
[2, 3, 200, 300]
```

가독성이 조금 떨어지긴 하지만, 다음과 같은 방법으로도 2차원 리스트를 만들 수 있다.

```
>>> ij표 = [[(i, j) for j in range(5)] for i in range(5)]        #변수 j가 먼저 바뀜
>>> print(ij표)
[[(0, 0), (0, 1), (0, 2), (0, 3), (0, 4)], [(1, 0), (1, 1), (1, 2), (1, 3), (1, 4)],
[(2, 0), (2, 1), (2, 2), (2, 3), (2, 4)], [(3, 0), (3, 1), (3, 2), (3, 3), (3, 4)],
[(4, 0), (4, 1), (4, 2), (4, 3), (4, 4)]]
```

위 리스트 'ij표'를 보기 좋게 표 형태로 정리하면 다음과 같은 모양이 된다. 리스트의 각 요소가 (i, j) 꼴이며 i가 행을, j가 열을 표현하고 있음을 눈여겨보자.

[	[	(0, 0)	(0, 1)	(0, 2)	(0, 3)	(0, 4)	]
	[	(1, 0)	(1, 1)	(1, 2)	(1, 3)	(1, 4)	]
	[	(2, 0)	(2, 1)	(2, 2)	(2, 3)	(2, 4)	]
	[	(3, 0)	(3, 1)	(3, 2)	(3, 3)	(3, 4)	]
	[	(4, 0)	(4, 1)	(4, 2)	(4, 3)	(4, 4)	]]

수학에서 배웠던 xy 좌표평면이 생각난다면, 맞다. 방향만 다를 뿐 사실상 같은 것이다. 그런데 프로그래밍에서는 '오른쪽-위' 방향으로 나아가는 x축과 y축보다 '아래-오른쪽'으로 나아가는 i축과 j축이 더 많이 사용된다.

유형 2: [표현식 for 변수 in 순회가능객체 if 조건]

리스트 내포를 더 정교하게 이용하기 위하여 반복문에 조건문을 덧붙일 수 있다. 이는 특정 조건을 충족하는 요소만으로 리스트를 채우거나, 다른 리스트에서 특정 조건을 충족하는 요소만 추출해서 새로 리스트를 만들 때 유용하다.

순회 가능 객체와 if 키워드 사이에 콜론(:)이 없음을 유의하자. 표현식과 마찬가지로 조건 또한 반복 변수를 포함하거나 포함하지 않을 수 있다. 사례를 통해 알아보자.

```
>>> 이십미만홀수 = [i for i in range(20) if i % 2 == 1]
>>> 이십미만홀수
[1, 3, 5, 7, 9, 11, 13, 15, 17, 19]
>>> 십미만홀수 = [i for i in 이십미만홀수 if i < 10]
>>> 십미만홀수
[1, 3, 5, 7, 9]
```

예제 3-1 **플레잉카드.py**

조커를 제외하면, 플레잉 카드는 네 가지 문양과 열세 가지 숫자 및 영문자로 구성되어 있다. 이를 리스트 형태로 정의하면 다음과 같다.

```
suit = ['♠', '♣', '♡', '◇']
denomination = ['A', '2', '3', '4', '5', '6', '7', '8', '9', '10', 'J', 'Q', 'K']
```

위 두 개의 리스트를 이용하여 플레잉 카드 52장을 구성하는 '문양 + 숫자 및 글자'의 모든 조합을 다음과 같이 화면에 출력하기 위한 코드를 작성하라.

```
♠A
♠2
♠3
...
◇J
◇Q
◇K
```

```
for i in suit:
    for j in denomination:
        print(i+j)
```

반복문을 중첩시켜 모든 경우의 수를 구할 수 있다.

유제 3-1 **플레잉카드.py**

예제 3-1의 suit 및 denomination 리스트를 활용하여 플레잉 카드 52장을 구성하는 '문양 + 숫자 및 글자'의 모든 조합을 하나의 1차원 리스트에 모아 출력하는 코드를 작성하라.

3.2.2 데이터 교환(data swap)과 튜플의 숨겨진 사용

다음과 같이 객체 a와 b가 정의되어 있다고 가정하자.

```
>>> a = '너무나길어서키보드로는직접입력할수없는문자열'
>>> b = 'ThisStringIsTooLongToTypeFindAnotherWay'
```

a와 b의 값을 서로 교환(swap)하려면 어떤 명령을 내려야 할까? 즉, a가 'ThisStringIsTooLongToTypeFindAnotherWay'라는 값을 갖고, b가 '너무나길어서키보드로는직접입력할수없는문자열'이라는 값을 갖게 하려면 어떻게 명령해야 할까? 책을 잠시 덮고 고민해보자. 그리고 IDLE을 통해 직접 시도해보자. 단, 복사해서 붙여넣는 방법은 사용하지 않도록 한다. 보기보다 쉬운 문제는 아니다.

가장 잘 알려진 데이터 교환 방법은 다음과 같이 임시로 정보를 저장할 객체를 이용하는 것이다. 객체의 이름은 자유롭게 지정해도 괜찮다.

```
>>> 임시 = a
>>> a = b
>>> b = 임시
```

이 과정을 그림으로 나타내면 다음과 같다.

임시 객체를 이용한 정보 교환

예제 3-2 **데이터교환.py**

n개의 데이터가 존재할 때, 이들 중 일부 또는 전부가 정보의 훼손 없이 서로 데이터를 교환하기 위해 필요한 임시 공간의 최소 개수는 몇 개일까? 단, 데이터 교환은 순차적으로 수행한다.

답안

1개

학습 포인트

하나의 임시 공간만으로도 n개의 데이터 모두가 참여하는 교환을 가능하게 할 수 있다. 단, 동시 교환이 아닌 순차적 교환을 전제로 한다.

유제 3-2   **데이터교환.py**

셀을 통해 다음과 같이 a, b, c가 정의되어 있을 때, 데이터를 교환하여 모든 객체가 기존의 값과는 다른 값을 가지도록 명령하라.

```
>>> a = 1
>>> b = 2
>>> c = 3
```

지금까지 가장 기본적인 데이터 교환을 알아보았다. 그런데 두 객체 간 정보 교환은 자주 있는 일이다. 그래서 파이썬은 다음과 같은 문법을 지원한다.

```
>>> a = 1
>>> b = 2
>>> a, b = b, a
>>> a
2
>>> b
1
```

이것이 가능한 이유는 파이썬이 쉼표(,)로 연결된 객체들을 내부적으로 묶어 튜플(tuple)로 만들기 때문이다. 즉 a, b = b, a는 (a, b) = (b, a)로 수행된다. 그리고 파이썬은 이러한 형태로 튜플의 요소 간 데이터 교환이 가능하도록 지원하고 있다.

튜플은 이처럼 숨겨진 형태로 사용되는 경우가 많다. 예컨대, 다음과 같이 함수에서 여러 개의 값을 묶어 반환하는 것도 가능하다.

```
def 합과곱(a,b):
    return a+b, a*b
```

이는 사실상 다음과 같이 작성된 것이나 다름없다.

```
def 합과곱(a, b):
    return (a+b, a*b)
```

위 함수는 다음과 같이 이용할 수 있다.

```
>>> 합, 곱 = 합과곱(3, 5)          # 또는 (합, 곱) = 합과곱(3, 5)
>>> 합
8
>>> 곱
15
```

겉으로 보기에는 두 개가 반환된 것으로 보이지만, 착각해서는 안 된다. 함수가 반환하는 것은 튜플 하나다.

FAQ **이런 게 있으면 미리 좀 알려주지!**

파이썬은 간편한 기능을 많이 지원한다. 그런데 현직 선생님들이 프로그래밍에 입문할 때는 이런 간편한 방법이 없었다. 즉, 파이썬에서는 쉽게 쓸 수 있는 기능들을 일일이 코드로 구현하며 배웠다는 뜻이다. 따라서 '튜플 등을 이용하지 않고 a와 b의 값을 교환하라.' 같은 문제가 출제될 가능성이 충분하다. 이러한 문제는 기본적인 프로그래밍 역량을 묻는 데 상당히 효과적이다. 게다가 당연하게 여기고 있던 기능의 내부 구현을 생각해보도록 만드는 교육적 효과도 있다. 따라서 출제자의 입장에서는 무척 매력적인 문제다. 이 책은 이에 대비할 수 있도록 구성되었다.

예제 3-3   **나눗셈.py**

다음과 같이 사용할 수 있도록 몫과 나머지를 동시에 반환하는 함수 division()을 작성하라.

```
>>> 몫, 나머지 = division(5, 2)
>>> 몫
2
>>> 나머지
1
```

예시 답안

```
def division(a,b):
    return a//b, a % b
```

학습 포인트

이 division() 함수와 완전히 동일한 기능을 수행하는 내장 함수 divmod()가 있다. 다음과 같이 사용할 수 있다.

```
>>> 몫, 나머지 = divmod(5, 2)
```

몫만 구하는 연산자(//)와 나머지만 구하는 연산자(%)를 떠올리지 못했다면, 레벨 1로 돌아가 산술연산자를 다시 살펴보자.

유제 3-3   **이름분할.py**

다음과 같이 한국인의 이름(full name)을 전달받아 성(last name)과 이름(first name)으로 구분하여 반환하는 함수를 작성하라. 단, 성은 한 글자라고 가정한다.

```
>>> 성, 이름 = name_division('최민호')
>>> 성
최
>>> 이름
민호
```

3.2.3 파라미터 이해 심화

다음의 함수 hello()는 성과 이름을 입력받아 인사말을 건넨다.

```
def hello(성, 이름):
    print(성+이름, '님, 좋은 하루 되세요!')
```

지금까지 이 함수는 다음과 같이 사용했다. 즉, 함수를 호출할 때 파라미터의 순서에 따라 인수의 순서를 지켰다.

```
>>> hello('김','유신')
김유신 님, 좋은 하루 되세요!
```

그런데 다음과 같이 사용하면 파라미터의 순서에 구애되지 않을 수 있다.

```
>>> hello(이름='유신', 성='김')
김유신 님, 좋은 하루 되세요!
```

이때 파라미터인 '이름'과 '성'을 각각 **키워드 파라미터(keyword parameter)**라고 한다.

 그럼 지금까지 다뤘던 파라미터가 모두 키워드 파라미터인가?

맞다. 지금까지 다룬 파라미터는 모두 이름이 있었고, 그것들은 모두 키워드 파라미터다. 그렇다면 키워드 파라미터가 아닌 파라미터도 있을까? 있다. 내장 함수인 print()를 생각해보자. print()를 호출할 때 몇 개의 인수를 전달해야 할까? 정해지지 않았다. 즉, print() 같은 함수를 만들 때는 파라미터에 일일이 이름을 붙일 수가 없다. 이처럼 정해지지 않은 개수의 파라미터를 정의할 때 사용되는 파라미터를 **가변 매개변수** 또는 **가변 인자**라 한다. 그러나 이에 대한 자세한 설명은 이 책의 범위를 넘어서므로 설명을 생략한다.

이번에는 기본값을 가지는 파라미터에 대해 알아보자.

```
def call(name, birth, location='서울'):
    print(location+'에 사는', str(birth)+'년 출생', name, '님 입장하세요.')
```

이 함수 call()의 여러 파라미터 중 '거주지'가 기본값(default argument)을 가지고 있는데, 이런 파라미터를 **디폴트 파라미터(default parameter)**라고 한다.

 'default'는 컴퓨터 영역에서 값을 지정하지 않았을 때 기본적으로 가지는 값을 의미한다. 기본값이라고 해석하기도 하지만, 디폴트라고 부르는 경우도 많다. 다른 학문 영역이 그렇듯이 프로그래밍 또한 심화된 영역으로 들어갈수록 번역된 단어보다 영문 그 자체로 사용하는 단어가 늘어난다.

예를 통해 디폴트 파라미터의 역할을 알아보자.

```
>>> call('방정환', 1899)
서울에 사는 1899년 출생 방정환님 입장하세요.
>>> call('방정환', 1899, '한성')
한성에 사는 1899년 출생 방정환님 입장하세요.
```

거주지를 입력하지 않으면 '서울'이라 입력한 것으로 보고, 거주지를 입력하면 그 값을 받아들이는 것을 볼 수 있다.

디폴트 파라미터를 이용해서 함수를 정의할 때 주의할 점이 하나 있다. **기본값이 없는 파라미터가 디폴트 파라미터 뒤에 와서는 안 된다**는 것이다. 예컨대, 다음과 같은 정의는 불가능하다.

```
def call(name, location='서울', birth):
    print(location+'에 사는', str(birth)+'년 출생', name, '님 입장하세요.')
```

이를 시도하면 다음과 같은 오류가 발생한다.

에러 메시지

```
SyntaxError: non-default argument follows default argument
```

 구문 오류: 기본값이 아닌 인수가
디폴트 인수 뒤에 온다.

마지막으로, 인수의 종류에 대해 고민해보자. 우리는 지금까지 정수나 실수, 문자열, 리스트 등의 자료형을 인수로 전달했다. 그리고 그 자료형을 담고 있는 형태는 객체(object)다. 이 사실을 유념하고 다음 결과를 보자.

```
>>> def 임시함수():
        pass
>>> type(임시함수)
<class 'function'>
```

놀랍게도 함수 또한 객체다. 그러면 함수도 함수의 인수로 전달할 수 있을까? 결과부터 말하자면 그렇다. 사례를 통해 알아보자.

```
def do(function, arg1, arg2):
        print(function(arg1, arg2))
do(pow, 3, 3)
```

pow(a, b) 함수는 a**b를 반환한다. 따라서 이 코드의 실행 결과 화면에는 27이 출력된다.

내장 함수 중에서도 함수를 인수로 받는 것들이 있다.

```
map(함수, 순회가능객체)
filter(함수, 순회가능객체)
```

map()은 순회 가능 객체를 넘겨받은 함수에 통과시킨 결과물을 map형 객체로 반환한다. 리스트로 변환하면 내용을 볼 수 있다.

```
>>> def double(x):
        return 2*x
>>> list(map(double, [1, 2, 3]))
[2, 4, 6]
```

NOTE **람다 함수**

단순한 함수를 만들어 인수로 넘겨주려고 할 때는 람다 함수가 무척 유용하게 사용될 수 있다. 람다 함수는 새로운 함수의 종류가 아니고, 이름이 없는 일회용 함수다.

예를 들어, 위 설명의 double() 함수는 구조가 무척 단순하다. 이를 수학시간에 배운 형태로 표현하면 다음과 같다.

```
double(x) = 2*x
```

이를 람다 함수로 표현하면 다음과 같이 된다.

```
lambda x: 2*x
```

따라서 다음과 같은 형태로 사용할 수 있다.

```
>>> list(map(lambda x: 2*x, [1, 2, 3]))
[2, 4, 6]
```

filter()는 순회 가능 객체를 넘겨받은 함수에 통과시켜 True가 반환된 것만 남기고 나머지 요소를 버린다. 리스트로 변환하여 내용을 볼 수 있다.

```
>>> def even(x):
        return x % 2 == 0     # True 또는 False가 반환된다.
>>> list(filter(even, [1, 2, 3, 4, 5, 6]))
[2, 4, 6]
```

람다 함수를 이용하여 다음과 같이 명령할 수도 있다.

```
>>> list(filter(lambda x: x % 2 == 0, [1, 2, 3, 4, 5, 6]))
[2, 4, 6]
```

모듈도 객체다. 임의의 모듈을 import하고, 다음과 같이 확인해보자.

```
>>> import math
>>> type(math)
<class 'module'>
```

3.2.4 불변 자료형과 가변 자료형

불변(immutable) 자료형과 가변(mutable) 자료형을 알기 위해서는 할당(assignment)의 개념을 명확히 이해할 필요가 있다. 지금까지는 할당연산자(=)에 대해 다음과 같이 설명했다.

```
>>> A = 3
```

이는 A라는 이름의 공간(변수 또는 객체)을 만들고 그 안(변수 또는 객체의 필드)에 3을 대입하라는 명령이다.

거짓말이다. 사실은 다음과 같다.

거짓말 (3/3)	참말 (3/3)
A라는 이름의 공간을 만들고 그 안에 3을 대입하라.	숫자 3을 지니는 정수형 객체를 만든 후, A라는 이름표를 붙여라.

즉, 위에서 A는 그 자체로 공간이나 객체가 아니라 객체를 가리키는 역할을 수행한다. 즉, 파이썬에서의 변수는 객체에 붙이는 이름표인 셈이다. 그렇다면 다음 명령은 어떻게 해석해야 할까?

```
>>> B = A
```

예전이었다면 '객체(공간) A에 있는 값을 복사해서 객체 B에 넣어라'라는 문장으로 이해했을 것이다. 그러나 그것은 틀린 이해다. B = A는 '변수 A가 가리키는 객체를 변수 B도 똑같이 가리키도록 하라는 명령이다. 한 물건에 이름표 여러 개를 붙이듯 변수 A가 가리키는 객체를 변수 B도 가리키도록 만드는 것이다.

내장 함수 id()를 통해 사실을 확인해보자. 이 함수는 변수가 가리키는 객체의 고유 번호를 알려준다. (고유 번호는 실행 환경마다 달라질 수 있다.)

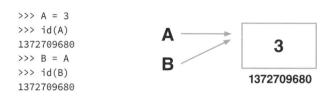

```
>>> A = 3
>>> id(A)
1372709680
>>> B = A
>>> id(B)
1372709680
```

변수와 할당

식별연산자

id() 함수를 통해 알아볼 수 있는 고유 번호의 값이 같은지 다른지를 판별하는 식별연산자 is/is not이 있다.

 A is B: 변수 A가 가리키는 객체와 변수 B가 가리키는 객체는 같은 존재다.
 A is not B: 변수 A가 가리키는 객체와 변수 B가 가리키는 객체는 다른 존재다.

따라서 식별연산자는 비교연산자의 == 및 !=와 다르다. 비교연산자는 객체 안에 들어있는 값의 일치 여부만 판단하기 때문이다. 혼동하지 않도록 주의하자.

할당에 대하여 이해했으니 자료형의 불변/가변 특성을 다뤄보자. 모든 자료형은 불변적이거나 가변적이다.

불변 자료형과 가변 자료형의 특성

유형	자료형	특성
불변(immutable)	int, float, str, tuple, bool	생성된 객체의 필드에 저장된 값을 변경할 수 **없음**
가변(mutable)	list, dict, set	생성된 객체의 필드에 저장된 값을 변경할 수 **있음**

불변 자료형으로는 정수를, 가변 자료형으로는 리스트를 예로 들어 비교해보자. 정수 객체는 불변 자료형이므로 일단 생성하고 나면 값을 변경할 수 없다. 따라서 변수가 가리키는 객체의 값을 변형하고 싶다면, 완전히 새로운 객체를 만든 뒤 그 변수가 가리키는 객체를 바꿀 수밖에 없다. 이로 인해 변수가 가리키는 객체의 고유 번호(id)도 바뀐다.

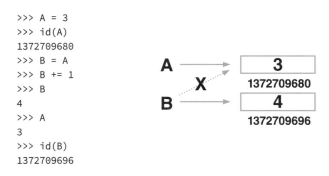

```
>>> A = 3
>>> id(A)
1372709680
>>> B = A
>>> B += 1
>>> B
4
>>> A
3
>>> id(B)
1372709696
```

불변 자료형 가공: 불가능하므로 새로운 객체 생성

반면, 리스트 객체는 가변 자료형이므로 생성 후에도 값을 변경할 수 있다. 따라서 변수가 가리키는 객체의 값을 변형하고 싶다면 그 값을 직접 가공하면 된다. 변수가 가리키는 대상이 바뀌지 않으므로 고유 번호(id)도 바뀌지 않는다.

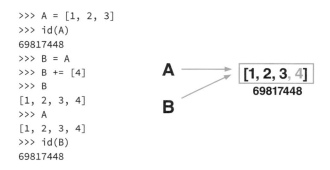

```
>>> A = [1, 2, 3]
>>> id(A)
69817448
>>> B = A
>>> B += [4]
>>> B
[1, 2, 3, 4]
>>> A
[1, 2, 3, 4]
>>> id(B)
69817448
```

가변 자료형 가공: 가능하므로 대상 객체를 변형

불변 자료형과 가변 자료형의 차이점은 메서드의 동작 방식에서도 드러난다. 예컨대, 불변 자료형인 문자열의 메서드(멤버 함수)는 객체를 직접 가공하지 못한다.

```
>>> 문자열 = 'a b c d e'
>>> 문자열.split()
['a', 'b', 'c', 'd', 'e']
>>> 문자열
'a b c d e'
```

반면, 가변 자료형인 리스트의 메서드는 다음과 같이 객체를 직접 변형한다.

```
리스트 = [1, 2, 3, 4, 5]
>>> 리스트.pop()
5
```

```
>>> 리스트
[1, 2, 3, 4]
```

불변이냐 가변이냐의 문제는 함수 호출에도 영향을 미친다. **레벨 2에서 다음과 같이 설명한 바 있지만 사실 옳은 설명이 아니다.**

> 함수 호출 시, 인수(argument)의 자료형이 정수, 실수, 문자열, 튜플이라면 그 값을 복사하여 함수에 전달한다. 이를 call by value(값에 의한 호출)라 한다. 반면, 인수의 자료형이 리스트, 딕셔너리, 집합이라면 그 자체를 함수에 전달한다. 이를 call by reference(참조에 의한 호출)라 한다.

call by value와 call by reference는 C 언어에서 사용되는 인수 전달 방법이다. 파이썬에서는 적용되지 않는다. 파이썬의 인수 전달 방법은 **call by assignment**(할당에 의한 호출) 하나뿐이기 때문이다.

 call by assignment라는 표현은 파이썬 공식 문서 FAQ[4]의 다음 문장에서 비롯된 것이다. 'Remember that arguments are passed by assignment in Python.' 해석하자면 이렇다. '파이썬에서 인수는 할당에 의해 전달됨을 기억하라.'

사례를 통해 알아보자.

```
def func(a, b):
    pass

func(A, B)
```

이 코드에서, 인수 A와 B가 파라미터인 a와 b로 전달되는 과정은 다음과 같다.

할당에 의한 인수 전달

결국, 이는 다음과 같이 할당연산자를 사용한 것과 동일하다.

---

4 Programming FAQ. (2019). https://docs.python.org/3/faq/programming.html#how-do-i-write-a-function-with-output-parameters-call-by-reference.

```
a = A
b = B
```

이것이 바로 파이썬의 인수 전달이 할당에 의한 호출(call by assignment)로 불리는 이유다. 이 설명을 이해했다면 다음 코드의 실행 결과를 예측해보자.

```
def test(A, B):
    A += 1
    B += [4]

a_int = 3
a_list = [1, 2, 3]

test(a_int, a_list)
print(a_int)
print(a_list)
```

코드를 실행한 결과는 다음과 같다. 변수 a_int가 가리키는 객체의 값은 함수의 호출 전후가 다르지 않은데, 변수 a_list가 가리키는 객체는 함수의 호출로 인해 값이 변하는 것을 볼 수 있다.

```
3
[1, 2, 3, 4]
```

복합 할당연산자와 가변/불변 특성의 관계

변수 a, b, c를 다음과 같이 리스트로 정의하여 각각의 고유 번호를 확인해보자.

```
>>> a = [1]; b = [1]; c = [1];
>>> id(a)
59032720
>>> id(b)
12741808
>>> id(c)
59055240
```

이후 다음과 같이 세 가지 방법으로 리스트에 정수 2를 추가하고 고유 번호를 재확인해보자.

```
>>> a = a+[2]; b += [2]; c.extend([2]);
>>> id(a)
59214664
>>> id(b)
12741808
>>> id(c)
59055240
```

```
a   ✗        [1]

             [1,2]

b   ─────→   [1,2]

c   ─────→   [1,2]
```

변수 a의 고유 번호만 바뀐 것을 볼 수 있다. 즉, a = a+[2] 꼴의 연산은 가변 자료형을 변형하는 것이 아니라, 새로운 객체를 만들어 변수 a가 그것을 가리키도록 만든다.

정리하자면, x = x+1과 x += 1은 같은 명령이지만 x = x+[1]과 x += [1]은 다른 명령이며, 이 차이는 자료형이 가변인지 혹은 불변인지에 따라 결정된다.

 함수를 호출할 때 리스트를 복사하여 건네줄 방법은 없는가?

이 질문은 "A == [1, 2, 3]일 때, A = B 같은 (혹은 비슷한) 명령을 통해서 B == [1, 2, 3]이되 id(A) != id(B)이도록 만들 수는 없는가?"라는 물음과 같다. 방법이 있다. 1차원 자료형은 다음과 같이 슬라이싱으로 값만 복사하여 전달할 수 있다.

```
>>> A = [1, 2, 3]
>>> B = A[:]
>>> B
[1, 2, 3]
>>> A is B
False
```

그러나 **가변 다차원 자료형에 이 방법을 적용하면**, 다음과 같이 바깥은 다른 객체인데 안쪽은 같은 객체가 되는 문제가 발생한다.

```
>>> A = [[1, 2], [3, 4]]
>>> B = A[:]
>>> B
[[1, 2], [3, 4]]
>>> A is B
False
>>> A[0] is B[0]
True
>>> A[1] is B[1]
True
```

이 문제를 해결하기 위해 파이썬은 copy 모듈에서 deepcopy()라는 함수를 제공한다.

```
>>> import copy
>>> B = copy.deepcopy(A)
```

예제 3-4   할당에의한호출.py

다음 코드의 실행 결과를 예측하라.

```python
def swap(a, b):
    c = a
    a = b
    b = c

A = [1]
B = [2]
print(id(A), id(B))
swap(A, B)
print(id(A), id(B))
```

예시 답안

```
x y
x y
```

위와 같은 꼴의 고유 번호가 출력된다. (x, y는 숫자)

학습 포인트

이 문제에서 주어진 swap() 함수 안에서 벌어지는 일은 변수 A와 B, 그리고 두 변수가 각각 가리키는 객체에 어떠한 영향도 미치지 못한다. 변수 A와 B가 가리키는 객체에 각각 새로운 이름인 a와 b를 부여한 뒤 그 이름만 서로 바꾸는 과정일 뿐이다.

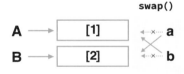

유제 3-4   할당에의한호출.py

다음 코드의 실행 결과를 예측하라.

```python
a = 1
b = 2
print(id(a), id(b))
c = a
a = b
b = c
print(id(a), id(b))
```

이름 짓기에 대해 생각해보자. 부모는 자녀의 행복을 바라며 이름을 짓고, 아동은 인형이 살아있다고 믿으며 이름을 짓는다. 연인들은 서로에게 특별한 존재가 되길 바라며 애칭을 정하고, 기업은 제품이 눈에 띄길 바라며 이름을 붙인다.

프로그램 개발자도 매일같이 이름을 짓는다. 질보다 양으로 승부하면, 이 세상 어떤 작명가도 프로그램 개발자보다 많은 이름을 만들지는 않을 것이다.

이 책을 읽는 여러분도 지금까지 많은 이름을 붙였다. 이름을 짓지 않고서는 객체를 이용할수 없기 때문이다(람다 함수는 아주 희귀한 예외다). 즉, 우리가 프로그래밍을 하며 다양한 것들에 이름을 붙이는 일차적인 이유는 그것을 사용하기 위해서다. 이때 우리가 붙이는 이름을 다른 말로 **식별자(identifier)**라고 한다.

식별자를 만들 때는 규칙이 있다. 레벨 2에서 '변수 이름 짓기 규칙'으로 다뤘던 내용이 사실은 식별자 전체에 적용된다. 즉, 식별자를 만들 때는 다음 규칙을 따라야 한다.

① 영문자 대소문자와 숫자, 언더스코어(_)만 사용할 수 있다. 공백은 사용할 수 없다.
② 숫자로 시작할 수 없다.
③ 파이썬의 문법을 구성하는 여러 예약어(keyword)는 사용할 수 없다.

> **NOTE** 영어로 된 변수명이나 함수명을 길게 쓸 경우는 wouldyouhavesome처럼 쓰기보다는 would_you_have_some이나 WouldYouHaveSome처럼 쓰면 알아보기 쉽다. 이러한 명명법을 각각 **스네이크 케이스(snake_case)**, **파스칼 케이스(PascalCase)**라고 한다. 파스칼 케이스에서 첫 글자만 소문자로 바꾸면 **캐멀 케이스(camelCase)**가 된다.

파이썬 문법에 사용되는 모든 예약어는 keyword 모듈 안에 kwlist라는 이름으로 저장되어 있다. 따라서 다음과 같은 방법으로 확인할 수 있다.

```
>>> import keyword
>>> keyword.kwlist
['False', 'None', 'True', 'and', 'as', 'assert', 'break', 'class', 'continue',
'def', 'del', 'elif', 'else', 'except', 'finally', 'for', 'from', 'global',
'if', 'import', 'in', 'is', 'lambda', 'nonlocal', 'not', 'or', 'pass',
'raise', 'return', 'try', 'while', 'with', 'yield']
```

그런데 단순히 사용만을 위해서라면 객체의 이름은 아무렇게나 붙여도 상관이 없을 것이다. 예컨대 a, aa, aaa, a1, a2, … 이런 식으로 이름을 붙여도 프로그램의 작동에는 아무런 문제가 없다.

하지만 이처럼 대충 지은 이름은 언젠가 말썽을 일으킨다. 예컨대, 프로그래머가 자신의 코드를 한눈에 알아볼 수 없을 정도로 코드가 길어지는 경우를 생각해보자. 몇 백 줄은 되어야 이런 상황이 올 것 같겠지만, 그렇지 않다. 이름을 아무렇게나 붙이면 당장 레벨 4에 있는 두 페이지짜리 코드도 작성하기 힘들다. 밥 한 끼 먹고 돌아와서 자신의 코드를 보면 낯설게 느껴질 것이다. 따라서 식별자를 만들 때는 그 이름이 가리키는 객체의 특성을 잘 나타낼 수 있도록 하자. 그러면 스스로도 쉽게 코딩을 할 수 있고, 훗날 코드를 다시 볼 때도 편하며, 내 코드를 볼 타인도 배려할 수 있다.

또한 여러 사람과 협업하는 상황에서도 문제가 발생한다. 내가 total이라는 변수를 쓰는데 다른 사람도 total이라는 변수를 쓴다거나, 다른 사람이 multiply()이라는 함수를 이미 만들었는데 내가 다시 multiply()를 정의하는 경우를 생각해보자. 당연히 오류가 발생할 것이다.

그런데 이 문제는 프로그래머가 노력한다고 해결할 수 있는 부분이 아니다. 왜냐하면 내가 아무리 노력하더라도 나와 협업하는 사람들이 만들었거나 만들 식별자를 일일이 예측하는 것은 불가능에 가깝기 때문이다. 코딩을 시작하기 전에 회의를 통해 미리 약속을 하더라도 이 문제만큼은 피하기 어렵다. 따라서 이는 언어 설계자가 해결해야 할 몫이다. 파이썬을 비롯한 주류 언어들은 이름이 유효한 **범위(scope)**를 제한함으로써 이 문제를 해소하고 있다. 구체적인 논의를 시작하기 전에 용어를 먼저 정리하자.

- **지역변수(Locals)**: 어떤 함수 안에서 정의되어 그 함수 밖에서 사용될 수 없으며, 그 함수의 실행이 끝나면 삭제되는 이름
- **전역변수(Globals)**: 함수 밖에서 정의되어 어느 곳에서나 사용할 수 있으며, del 명령에 의해 삭제되지 않는 한 프로그램이 종료될 때까지 유지되는 이름
- **내장변수(Built-in names)**: 파이썬 인터프리터의 시작과 동시에 정의되어 어느 곳에서나 사용할 수 있는 이름. print() 등이 이에 해당한다.
- **이름공간(namespace)**: 변수나 함수의 이름, 즉 식별자(identifier)를 키(key)로, 객체를 밸류(value)로 연결하고 있는 딕셔너리. 내부적으로 관리되어 눈에 보이지 않지만, 레벨 3 후반부의 '디버깅' 과정에서 이를 확인할 수 있다.

사실 Locals를 지역변수로, Globals를 전역변수로 표현하는 것은 다른 프로그래밍 언어의 영향을 받은 것이다. 파이썬에서는 Locals, Globals의 범위에 변수와 함수가 모두 포함된다. 따라서 정확하게 표현하자면 다음과 같이 해석하는 것이 맞을 것이다.

- Locals: 지역에 있는 객체들, 또는 그 식별자
- Globals: 전역 범위에 있는 객체들, 또는 그 식별자

이름공간은 각각 지역(Local namespace), 전역(Global namespace), 내장(Built-in namespace)으로 나뉘어 관리된다. 예컨대 print(a)를 실행할 때, a를 지역(L), 전역(G), 내장(B) 순으로 찾기 위함이다. 이를 LGB 규칙이라 한다.

사례를 통해 알아보자.

```
1   g = 3              전역(global)
2
3   def first():       영역 A
4       a = 1          (local)
5       print(a)
6
7   def second():      영역 B
8       b = 2          (local)
9       print(b)
10
11  first()
12  second()
13  print(g)
```

이 코드에서 변수 a는 A 영역의 지역변수이며, 변수 b는 B 영역의 지역변수다. 그리고 변수 g는 전역변수다. 코드의 실행 결과는 다음과 같다.

```
1
2
3
```

지역변수의 범위 한계를 알아보기 위해 다음 코드를 실행해보자.

```
1   def first():
2       a = 1
3
4   first()          # 호출한 함수 밖에서 a를 1로 정의함
5   print(a)         # 함수 밖에서 함수 안의 변수를 사용하려 시도함
```

NameError가 발생하며 코드가 실행되지 않을 것이다. **코드에서 변수 a는 first() 내부에서만 사용할 수 있는 지역변수인데, 이를 어기고 밖에서 사용하려 시도했기 때문이다.**

그렇다면 혹시 first()가 종료되기 전이라면 first() 밖에서 접근할 수 있지 않을까? 즉, first()가 종료되며 이미 변수 a가 삭제되었는데 이를 사용하려고 시도했기 때문에 오류가 났던 것은 아닐까? 다음 코드를 실행해서 이 의문을 해소해보자.

```
1   def second():
2       print(a)     # first() 바깥에서 a를 사용하려 시도함
3
4   def first():
5       a = 1        # a가 1로 정의된 상태에서
6       second()     # first()가 끝나기 전에 second()를 호출
7
8   first()
```

이번에도 마찬가지로 NameError가 발생한다. 즉, 지역변수는 그 변수가 속한 함수의 코드 블록 밖에서 사용할 수 없다.

NOTE   LGB 규칙을 적용해서 이해해보자. 인터프리터가 second() 함수에서 print(a)를 실행할 때, 다음과 같은 절차가 수행된다.
① a를 찾기 위해 print(a)가 속한 지역(second() 함수 블록)의 이름공간(namespace)을 찾는다. 지역(L)에 a가 없음이 확인된다.
② a를 찾기 위해 전역(G)의 이름공간을 찾는다. 전역에도 a가 없음이 확인된다.
③ a를 찾기 위해 내장된(B) 이름공간을 찾는다. 내장된 변수가 아님이 확인된다.
④ NameError를 발생시킨다.

이와 달리 전역변수는 함수 안에서든 밖에서든 사용할 수 있다. 다음 코드는 함수 밖에서 정의된 변수를 함수 안에서 사용하는 코드다.

```
1   a = 1
2   def first():
3       print(a)
4
5   first()
```

이 코드는 아무 문제없이 실행되어 화면에 1을 출력한다.

그렇다면 전역변수와 지역변수가 동시에 같은 이름을 가질 때에는 어떤 것이 사용될까? 예를 들어, 다음 코드에서 화면에 출력되는 값은 무엇일까?

```
1    a = 1            # 전역변수 a에 1을 할당
2    def first():
3        a = 2        # 지역변수 a에 2를 할당
4        print(a)
5
6    first()
7    print(a)
```

이 코드의 실행 결과는 다음과 같다.

```
2
1
```

즉, 함수 안에서는 같은 코드 블록 안에 있는 지역변수가 우선시된다. 이 또한 LGB 규칙에 따른 것이다.

> **NOTE** 파이썬은 함수 안에 함수를 정의할 수 있으므로 LGB가 아니라 L'E'GB 규칙을 따른다고 설명하기도 한다. 이때 E는 enclosing function, 즉 함수의 지역을 감싸고 있는 바깥 함수를 의미한다.

만약 단순히 함수 안에서 전역변수를 사용하는 것을 넘어 직접 변경하고 싶다면 어떻게 해야 할까? 즉, 앞의 코드에서 전역변수 a를 2로 변경하여 화면에 출력하고 싶다면 코드를 어떻게 수정해야 할까? 다음과 같이 global 키워드를 이용해 한 줄만 추가하면 된다.

```
1    a = 1            # 전역변수 a에 1을 할당
2    def first():
3        global a
4        a = 2        # 지역변수 a에 2를 할당
5        print(a)
6
7    first()
8    print(a)
```

이 코드의 실행 결과는 다음과 같다.

```
2
2
```

즉, 함수 안에서 global 키워드를 이용해 전역변수를 수정한다면 그 영향은 함수가 종료된 후에도 유지된다. 마지막으로, 다음 코드의 실행 결과는 어떠할지 생각해보자.

```
1    a = 1
2    def second():
3        a = 3
4        print(a)
5
6    def first():
7        a = 2
8        second()
9        print(a)
10
11   print(a)
12   first()
```

프로그램이 실행되면 전역변수 a에 1이 할당된다(1번 줄). 이후 11번 줄의 print(a)가 실행되어 1이 화면에 출력된다. 그리고 12번 줄에서 first()가 호출된다. 호출된 first()는 지역변수 a 에 2를 할당한다(7번 줄). 그런데 그 직후 8번 줄에서 second()가 호출되고, 3번 줄에서는 지역변수 a에 3이 할당되어 이것이 먼저 출력된다(4번 줄). 그리고 second()가 마친 뒤 다시 first() 로 돌아온다. 이후 9번 줄이 실행되는데, 이때 a는 7번 줄에서 할당한 지역변수이므로 2가 화면에 출력된다. 따라서 이 코드의 실행 결과는 다음과 같다.

```
1
3
2
```

파라미터는 지역변수인가 전역변수인가?
파라미터는 지역변수다. 앞에서 설명한 지역변수의 특성을 그대로 따른다.

그런데 지역변수와 전역변수는 왜 구분되어 있는 것일까? 얼핏 보기에 지역변수보다 전역변수가 더 우월해 보이는데, 그냥 전역변수만 쓰면 안 될까? 지역변수의 용도는 대체 무엇일까?

결론부터 말하자면, **전역변수와 지역변수 중 우월하거나 열등한 것은 없다. 그리고 전역변수는 되도록 사용하지 않는 것을 권한다. 전역변수를 사용한 함수는 재사용이 어렵기 때문이다.**

사례를 통해 이해해보자. 다음은 어떤 rpg 게임 코드의 일부다.

rpg.py

```
    1      장소 = '쉼터'
   ...     ...(코드 수만 줄)...
 44231    def 입장(ID, 공간):
 44232        print(공간+'에 오신 것을 환영합니다,',ID+'님!')
   ...     ...(코드 수만 줄)...
 77853    def 퇴장(ID):
 77854        print(장소+'에 방문해주셔서 감사합니다,',ID+'님!')
```

이 코드를 보면 입장() 함수는 지역변수만 사용하고 있으며, 퇴장() 함수는 전역변수인 장소를 사용하고 있다. 이때 다른 파일에서 이 rpg.py 파일을 모듈로 활용한다고 가정하자. 입장() 함수는 부담 없이 활용할 수 있다. **지역변수만을 사용**했으므로 적절한 인수를 건네주면 **항상 같은 명령을 수행**하기 때문이다.

```
import rpg
rpg.입장(ID변수, 위치변수)
```

반면, 퇴장() 함수는 **가벼운 마음으로 활용할 수 없다.** 이 함수를 이용하기 위해서는 rpg.py 파일의 '장소'라는 **전역변수를 항상 기억하고 있다가** 함께 신경 써야 한다. 이 변수를 잊는다면 엉뚱한 메시지가 화면에 출력될 것이기 때문이다.

```
import rpg
rpg.장소 = 현재위치
rpg.입장(ID변수)
```

그런데 수많은 함수를 활용하면서 관련된 전역변수를 일일이 외운다는 것은 사실상 불가능하다. 따라서 프로그래머는 이 함수를 점차 활용하지 않게 된다. 왜냐하면 함수를 호출할 때마다 **전역변수에 따라 다른 기능이 수행**되기 때문이다. 함수가 호출될 때마다 항상 같은 역할을 한다는 보장이 없으므로 프로그래머가 일일이 전역변수를 통제해야 하는 것이다.

즉, 코드 재사용을 목적으로 함수를 만드는 과정에서 전역변수를 사용하면 코드 재사용을 방해하는 꼴이 된다. 따라서 피치 못할 상황이 아니라면 전역변수 사용은 되도록 지양한다.

전역변수 사용을 피하고 코드 재사용성을 높이기 위해 다음과 같은 구조를 기본적으로 갖춰 작성하기도 한다.

```
def main():
    func1()
    func2()


def func1():
    ...


def func2():
    ...


if __name__ == "__main__":
    main()
```

이는 main() 함수 작성을 반드시 요구하는 다른 프로그래밍 언어에서 착안한 구조다. 코드가 약간 더 길어진다는 단점이 있긴 하지만, 얻을 수 있는 장점이 더 많다.

① 사용하려는 변수가 자연스럽게 지역변수로 정의된다. 정말 전역변수를 꼭 사용해야 하는 경우 이를 함수 정의부 바깥으로 빼내면 쉽게 눈에 띄어 관리하기 쉽다.

② 앞의 코드를 모듈로써 import했을 때 main( ) 함수가 실행되지 않는다.

③ 코드를 열었을 때 main()이 가장 위에 있어 코드 전체의 얼개를 한눈에 살펴볼 수 있다.

> **NOTE**
> 이러한 코딩 스타일은 어디까지나 취향의 문제다. 그래서 지금까지 취향이라는 표현을 자주 썼다. 그런데 프로그래머 여럿이 협업을 하게 되면 더 이상 취향의 문제가 아니게 된다. 심지어 **a=1**로 표기할 것이냐 **a = 1**로 표기할 것이냐의 문제까지 중요해진다. 여러 명의 코드를 합쳤을 때 일관성을 유지해야 읽기가 편하고, 읽기 편해야 유지보수가 쉽기 때문이다. 즉, 협업을 시작할 때에는 코딩 규칙을 정해야 할 필요가 있다. 이를 **코딩 컨벤션(coding convention)**이라 부른다.
> 파이썬 코딩 컨벤션 중 가장 유명한 것은 **PEP 8**이다[5]. 이는 파이썬의 창시자인 귀도 반 로섬(Guido van Rossum)이 작성한 것으로, 협업을 생각하고 있다면 번역본을 찾아서라도 읽어보길 권한다.

예제 3-5 **지역변수전역변수.py**

다음 코드의 실행 결과를 예측하라.

```
value = 1
def new_print():
    print(value)
    value += 1
```

---

5 PEP 8 -- Style Guide for Python Code. (2013). https://www.python.org/dev/peps/pep-0008/.

```
    new_print()
    new_print()
```

오류 발생

```
UnboundLocalError: local variable 'value' referenced before assignment
```

전역변수를 함수 안에서 수정하려면, 그 전에 global 키워드를 통해 전역변수의 사용을 명시해 주어야 한다.

유제 3-5   **지역변수전역변수.py**

다음 코드의 실행 결과를 예측하라.

```
value = 1
def new_print():
    global value
    print(value)
    value += 1

new_print()
new_print()
```

3.2.6 재귀함수

재귀함수(recursive function)에 대해 본격적으로 알아보기 전에, 함수의 정의와 사용 방법을 떠올려보자. 우리는 코드를 재사용할 목적으로 함수를 정의하고, 그 함수를 사용할 때 함수 밖에서 호출한다. 이 과정은 다음과 같은 형태로 표현될 수 있다.

```
def 함수():    #정의
    pass
함수()         #호출
```

반면, 재귀함수의 형태는 다음과 같다.

```
def 재귀함수():        # 정의: 보통의 사용자 정의 함수와 다르지 않다
    재귀함수()         # 자기 자신을 함수 안에서 다시 호출(=재귀 호출)
재귀함수()             # 첫 호출: 보통의 사용자 정의 함수와 다르지 않다.
```

먼저 정의한 후 함수 바깥에서 최초 호출하는 과정은, 지금까지 만들어 썼던 비재귀함수의 사용 과정과 같다. 그러나 재귀함수의 정의부는 스스로 다시 호출하는 부분을 포함한다.

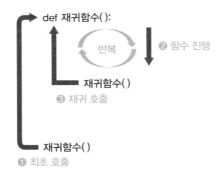

재귀 함수의 사용과 실행 과정

뱀이 자신의 꼬리를 다시 무는 것 같은 이 코드를 활용하면, 반복문을 사용하지 않고도 반복 문과 유사한 (혹은 더 유용한) 기능을 구현할 수 있다. 예를 들어, 다음 코드는 입력받은 n부터 의 카운트다운을 화면에 출력한다.

```
1    def count_down(n):
2        print(n)
3        count_down(n-1)
4
5    count_down(int(input("n: ")))
```

그런데 이 코드에는 문제가 있다. 실행해보면, 다음과 같이 프로그램이 멈추지 않고 계속 반 복되다가 RecursionError가 발생한다.

```
n: 3
3
2
1
0
-1
-2
...
RecursionError: maximum recursion depth exceeded while pickling an object
```

이 문제는 왜 발생했을까? 코드 첫 번째 줄에 있는 **함수의 시작으로부터** 세 번째 줄에 있는 **재귀 호출 사이에 이 재귀함수를 멈출 수 있는 명령이 없기 때문이다.** 반복문에 비유하자면, while True:라고 시작해놓고 break가 없는 셈이다. 이로 인해 재귀 호출(recursion)이 일정 횟수(maximum depth)를 초과하자(exceeded), 인터프리터가 이 상황에 개입하여 강제로 RecursionError를 발생시킨 것이다.

어떻게 하면 이 문제를 해결할 수 있을까? n이 특정 값에 이르는 순간 함수가 더 이상 자신을 호출하지 않도록 만들면 된다. 이는 무한 루프 반복문에 조건을 붙인 break를 추가하는 것과 동일한 요령이다. 결국, 재귀함수는 그 함수 정의부 안에 **스스로를 다시 호출하는 부분**과 이로 인한 **사이클을 멈추는 명령**을 포함한다.

count_down() 함수가 1까지만 화면에 출력하도록 만드는 코드는 다음과 같다. n이 0을 갖는 상태로 호출되었을 때, print() 함수가 실행되기 전에 return을 수행하고 있는 점을 눈여겨 보자.

```
1   def count_down(n):
2       if n == 0:
3           return
4       print(n)
5       count_down(n-1)
6
7   count_down(int(input("n: ")))
```

 재귀 호출의 끝을 알리는 조건을 **베이스 케이스(base case, 기저 사례)**라 칭한다. 즉, 위 예시에서는 n == 0이 **베이스 케이스**다. 베이스 케이스는 '재귀 호출 과정 전체를 한꺼번에 중단시키는 지점'이 아니라, '더 이상 파고 들어갈 수 없으므로 직전에 호출한 곳으로 되돌아가야 하는 지점'을 뜻한다. 즉, 반복문을 완전히 중단시키는 break와는 다소 차이가 있다.

이번에는 코드를 살짝 바꿔 이해를 심화시켜보자. 위 예시의 count_down() 함수를 다음과 같이 변형하여 호출하며 인수로 3을 전달할 때 화면에 출력되는 값은 무엇일까? 실행하기 전에 결과를 예측해보자. 그리고 직접 실행하여 결과를 확인하자.

```
1   def count_down(n):
2       if n == 0:
3           return
4       print(n)
5       count_down(n-1)
```

```
6        print(n)
7
8    count_down(3)
```

결과는 다음과 같다.

```
3
2
1
1
2
3
```

위 결과를 이해하지 못하겠다면, count_down() 함수 블록의 일부인 다음 코드를 보자.

```
print(n) . . . . . . ①
count_down(n-1)  . . ②
print(n) . . . . . . ③
```

파이썬은 코드를 위에서 아래로 실행하므로 ①부터 ③까지 순서대로 실행된다. 즉, ①의 print(n)이 실행된 후 ②의 count_down(n-1)까지 작동을 마쳐야 ③의 print(n)이 실행되는 것이다. 그런데 ②의 count_down(n-1)은 그 안에서 또 ①의 print(n)을 만날 것이고, 그 다음 또 ②의 count_down(n-1)를 만나 다시 자신을 호출한다. 즉, n=3일 때 ③의 print(n)은 가장 마지막에 실행된다. 이를 그림으로 나타내면 다음과 같다.

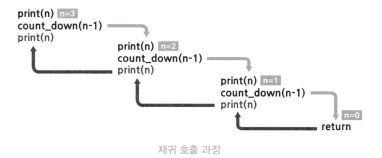

재귀 호출 과정

이 과정의 핵심을 정리하면 다음과 같다.

① 함수가 자기 자신을 호출하며 깊이(depth)가 점점 깊어진다.
② 베이스 케이스에서 return을 만나면 자신을 호출한 곳으로 되돌아간다.
③ 함수는 모든 명령을 수행한 뒤에 그 함수를 호출한 곳으로 되돌아간다.

④ 함수 호출 시점의 지역변수는 메모리에 저장되며, 호출된 함수가 작동을 마치고 다시 원래의 함수로 되돌아올 때까지 유지된다. 파라미터 또한 지역변수이므로 마찬가지다.

 반복문과 크게 다를 것 없어 보이는데, 왜 굳이 어려운 재귀함수를 사용하는가?

재귀함수와 반복문은 어느 한쪽이 더 우월하다고 할 수 없다. 반복문으로 만들면 무척 어려운데 재귀함수로 만들면 쉬운 프로그램이 있다. 반대로, 반복문으로 만들면 잘 실행되는데 재귀함수를 사용하면 그렇지 않은 프로그램도 있다. 물론, 재귀함수와 반복문 모두 적용할 수 있는 문제도 많다. 재귀함수는 부분 문제와 전체 문제가 같은 구조일 때 유용하게 사용된다. 큰 문제에서 작은 문제 방향으로 풀 것인지, 작은 문제에서 큰 문제 방향으로 풀 것인지의 판단은 상황에 맞게 결정한다.

예제 3-6 팩토리얼.py

수학에서 n 팩토리얼(n!)은 다음과 같이 계산된다.

n! = n*(n-1)*...*2*1

예를 들어, 5!은 다음과 같다.

5! = 5*4*3*2*1 = 120

n을 인수로 전달받아 n!을 반환하는 재귀함수를 작성하라.

예시 답안

```
def factorial(n):
    if n==0: return 1     #0! = 1
    return n*factorial(n-1)
```

학습 포인트

위 재귀함수를 점화식으로 표현하면 다음과 같다.

factorial(n) = n*factorial(n-1)

만약 팩토리얼 함수를 작은 숫자부터 곱해 나가도록 구성하려면 위와 같은 점화식 구성은 불가능하므로 파라미터가 두 개 필요하다.

factorial(n, i) = i*factorial(n, i+1)

이를 코드에 응용하면 다음과 같다.

```
def factorial(n, i=1):
    if i==n: return n
    return i*factorial(n, i+1)
```

작은 숫자부터 계산할 때 파라미터가 두 개 필요한 이유는, 베이스 케이스를 판단하는 값(n)이 상수가 아닌 변수이기 때문이다. 반면, 큰 숫자부터 계산할 경우 베이스 케이스는 n = 0, 즉 상수이므로 파라미터가 하나만 있어도 된다.

예제 3-6의 `factorial()` 함수에 인수로 1000을 전달하면 오류가 발생한다. 파이썬이 재귀함수의 호출 깊이에 제한을 두고 있기 때문이다. 이는 메모리 부족 문제 등을 예방하기 위한 조치다.

```
RecursionError: maximum recursion depth exceeded in comparison
```
재귀 호출 관련 오류: 최대 깊이 초과

유제 3-6   팩토리얼.py

n을 인수로 전달받아 n!을 반환하는 함수를 작성하라. 단, 재귀함수가 아닌 반복문을 사용하도록 한다.

예제 3-7   피보나치수열.py

다음과 같이 사용자로부터 자연수 n을 입력받아 피보나치(Fibonacci) 수열의 n번째 항을 출력하는 프로그램을 작성하라. 단, 재귀함수를 이용한다.

```
n: 6
8
```

피보나치수열의 점화식과 형태는 다음과 같다.

$f_1 = 1, f_2 = 1$

$f_n = f_{n-1} + f_{n-2}$

1, 1, 2, 3, 5, 8, 13, 21, 34, ...

예시 답안

```python
# 출력: 피보나치 수열의 n번째 항
# 입력: n
def f(n):
    if n == 1 or n == 2:
        return 1
    return f(n-1)+f(n-2)

n = int(input("n: "))
print(f(n))
```

학습 포인트

① 이 답안의 return f(n-1)+f(n-2)에서 알 수 있듯이 재귀함수 내부에서 두 번 이상 재귀 호출하는 것도 얼마든지 가능하다. 또한, return보다 f(n-1)과 f(n-2)가 먼저 실행됨을 이해하자.

② 피보나치수열 문제는 재귀함수를 이용하는 것보다 반복문을 이용하는 것이 훨씬 더 효율적이다. 자세한 이유는 레벨 4에서 설명할 것이다.

사용자로부터 자연수 n을 입력받아 피보나치수열의 n번째 항을 출력하는 프로그램을 작성하라. 단, 반복문을 이용한다.

3.2.7 print() 함수 더 잘 쓰기

가장 먼저 배웠던 함수가 print()였음을 기억할 것이다. 복습을 위해 다음 코드의 실행 결과를 예측해보자.

```python
print('a', 'bcd')
print("문법 심화 단원도 거의 끝나간다")
```

이 코드의 실행 결과는 다음과 같다.

```
a bcd
문법 심화 단원도 거의 끝나간다
```

a와 b 사이의 띄어쓰기와 d 뒤의 줄 바꿈은 입력하지 않았는데 기본적으로 적용되었다. 매우 편리한 기능이지만, 경우에 따라서는 성가시게 느껴질 수도 있다. 자동 줄 바꿈은 특히 더 그렇다. print() 함수의 설명을 살펴보면 이를 해결할 방법이 보인다.

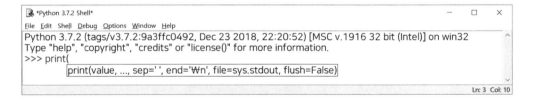

디폴트 파라미터인 sep와 end가 각각 띄어쓰기(' ')와 줄 바꿈('\n') 값을 가지고 있는 것을 볼 수 있다. 이름을 통해 추측할 수 있듯이 sep는 쉼표(,)로 구분된 요소들 사이에, end는 마지막 출력 요소 뒤에 추가되는 문자열이다.

 'sep'은 'separator'의 약어로, 구분 문자를 나타낸다.

사례를 통해 이를 확인해보자. print() 함수를 다음과 같이 호출하면 어떤 일이 벌어질까?

```
print("파이썬", "잡다한 것을 모두 외울 필요는 없다", sep=': ', end="<-라고 파이썬이 말했습니다.")
```

이 코드의 실행 결과는 다음과 같다.

파이썬: 잡다한 것을 모두 외울 필요는 없다<-라고 파이썬이 말했습니다.

이번에는 print() 함수를 사용할 때 코드의 가독성과 출력된 결과물의 가독성 모두를 개선할 방법을 알아보자. 다음은 레벨 2에서 자주 썼던 문자열 덧셈이다.

```
나이 = int(input('나이: '))
...(생략)... # 나이를 정수형으로 사용하는 코드
print("당신은 "+str(나이)+"살입니다.")
```

형식 지정자(format specifier)를 이용하면 이 출력 명령을 다음과 같이 변형할 수 있다.

```
print("당신은 %d살입니다." % 나이)
```

다음과 같이 두 개 이상의 값이나 문자 외의 다른 자료형도 표현할 수 있다.

```
print("%d는 숫자고 %s은 문자열이다." % (99, "파이썬"))
```

즉, 형식 지정자를 이용해 문자열 내부에서 바뀔 수 있는 부분을 코드로 명시하고, 그 값을 문자열 밖에서 지정할 수 있다. 이 방법을 일반화하여 표현하면 다음과 같다.

```
"형식 지정자가 사용된 문자열" % (형식 지정자가 사용된 자리에 들어갈 값)
```

이번에는 형식 지정자의 종류를 알아보자.

형식 지정자의 종류

형식 지정자	용도	비고
%d	정수(integer)가 표시될 자리	decimal (십진법의)
%s	문자열이 표시될 자리	string
%f	소수가 표시될 자리	float
%%	형식 지정자가 하나 이상 사용된 문자열에서 %를 화면에 출력하고 싶을 때 사용	형식 지정자가 사용되지 않은 문자열에서는 % 하나로 출력 가능

%와 자료형의 종류를 나타내는 알파벳 사이에 숫자를 끼워 넣으면 공간을 할당할 수 있다. 예컨대 %5d는 정수를 다섯 칸 안에 표현하라는 뜻이며, %20s는 문자열을 스무 칸 안에 표현하라는 뜻이다. 주어진 공간 안에서는 오른쪽으로 정렬되는 것이 기본이다. 만약 문자열을 스무 칸 안에서 왼쪽으로 정렬하여 표현하고 싶다면 %-20s를 사용하면 된다. 예를 들어, 다음 코드는 한 카페의 메뉴판을 표 형태로 표현하기 위한 것이다.

```
print("%25s %25s" % ("name", "price"))
print("%25s %25s" % ("americano", "4,000"))
print("%25s %25s" % ("mint chocolate chip", "5,000"))
```

위 코드로 메뉴판을 출력했는데, 칸이 딱딱 안 맞는다!

글꼴 문제다. [Options]-[Configure IDLE]에서 Font Face를 @Fixedsys로 바꿔서 다시 해보자. 또는, 한글로 썼을 때 그럴 수 있다. 영어로 써보면 칸이 맞는다. 즉, 이는 한글 한 글자의 크기가 알파벳 한 글자의 크기와 달라서 생기는 문제다. 이것도 큰 범위에서는 글꼴 문제로 볼 수 있다.

소수(float)는 형식 지정자를 이용하여 반올림을 명령할 수 있다.

```
%.nf
```

이는 반올림하여 소수점 아래 n번째 자리(단, n은 숫자)까지 표시하라는 의미다. 사례를 통해 알아보자.

```
>>> "%.2f" % 87.655
'87.66'
>>> "%.3f" % 37.1923
'37.192'
```

형식 지정자는 복잡해서 별로 사용하고 싶지 않다. 문자열 덧셈만 알아도 충분하지 않나?

혼자서 쓸 프로그램만 만들 생각이라면 맞는 생각이다. 그러나 협업을 생각하면 공부해둘 필요가 있다. 타인이 작성한 코드를 볼 일이 생길 텐데, 형식 지정자는 굉장히 자주 사용되기 때문이다. 언제나 그렇듯 강제로 외울 필요는 없다. 궁금할 때 찾아서 사용할 수 있는 수준이면 충분하다.

문자열 객체는 메서드 format()을 지닌다. 이 메서드를 이용하면 다음과 같이 포맷팅을 더 자연스럽게 할 수 있지만, 구체적인 내용은 이 책의 범위를 넘어서므로 설명을 생략한다.

```
>>> "{이름}은 성격이 {성격}다.".format(이름 = "파이썬", 성격 = "깔끔하")
'파이썬은 성격이 깔끔하다.'
>>> "{:,} 원".format(4320000)
'4,320,000 원'
```

예제 3-8 **문자열표현.py (유제 2-8을 변형한 문제)**

학생 1과 학생 2의 이름을 다음과 같은 형태로 입력받아 **형식 지정자를 이용**해 '철수♥영희' 꼴로 화면에 출력하라. 학생들의 이름은 세 글자로 입력받되 출력할 때에는 성(姓)을 제외한다. 성은 한 글자라고 가정한다.

학생 1의 이름: **김철수**
학생 2의 이름: **박영희**
철수♥영희

예시 답안

```
# 출력 : 이름1♥이름2
# 입력 : 학생 두 명의 이름(성 포함)
s1 = input("학생 1의 이름 : ")
s2 = input("학생 2의 이름 : ")
print("%s♥%s" % (s1[1:], s2[1:]))
```

유제 3-8 **문자열표현.py (예제 2-13을 변형한 문제)**

다음과 같이, 사용자가 입력한 단을 보여주는 구구단 출력 프로그램을 작성하라. 단, 출력에는 **형식 지정자를 이용**한다.

몇 단?: **8**
8 x 1 = 8
8 x 2 = 16
...
8 x 9 = 72

3.2.8 모듈과 패키지

코드를 간결하게 만들고 재사용하기 위하여 함수, 객체, 모듈이 사용됨을 레벨 2에서 알아보았다.

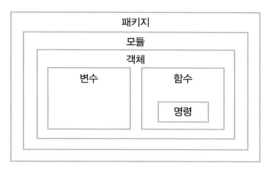

코드를 간결하게 만드는 함수, 객체, 모듈, 패키지의 상관관계

모듈은 파이썬 파일(.py)인데, 이를 모아 패키지를 만든다. 패키지는 폴더의 형태를 띤다. 사례를 통해 살펴보자. 다음은 파이썬 설치 시 기본 내장되는 urllib 패키지의 내부다. 여러 가지 모듈(파이썬 파일)과 설정 파일(__init__.py) 등으로 구성된 것을 볼 수 있다.

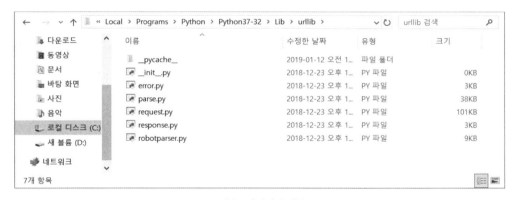

urllib 패키지의 내부

urllib 패키지의 request 모듈 안에는 urlopen이라는 함수가 포함되어 있다. 이를 이용하면 다음과 같이 웹페이지의 소스 코드를 확인할 수 있다.

```
>>> import urllib.request
>>> page = urllib.request.urlopen('http://www.jpub.kr/')
```

또는

```
>>> from urllib.request import urlopen
>>> page = urlopen('http://www.jpub.kr/')
```

이후

```
>>> page.read()      # 웹페이지의 소스 코드를 파이썬에서 읽어들일 수 있다.
b'<HTML>\n\t\t\t\t\t  <HEAD>\n\t\t\t\t\t  <meta name=\'viewport\'
content=\'width=device-width, initial-scale=1.0, maximum-scale=1.0, minimum-
scale=1.0, user-scalable=no, target-densitydpi=medium-dpi\' />\n\t\t\t\t\t  \n\t\
t\t\t\t  \n\t\t\t\t\t  <TITLE>\xc1\xa6\xc0\xcc\xc6\xe0 \xc3\xe2\xc6\xc7\xbb\xe7</
TITLE>\n\t\t\t\t\t  </HEAD>\n\t\t\t\t\t  <FRAMESET ROWS="100%,*" border=0>\n\t\t\t\
t\t  <FRAME src=http://jpub.tistory.com/></FRAMESET>\n\t\t\t\t\t  </HTML>'
```

모듈과 마찬가지 방법으로 패키지 또한 직접 만들거나 기본 내장된 것, 또는 제3자의 것을 가져와 쓸 수 있다. 예를 들어, 현재 작업 중인 폴더 안에 'sample' 폴더가 있고, 그 안에 'code32'라는 모듈이 hello()라는 함수를 가지고 있다면 다음과 같은 방식으로 사용할 수 있다.

```
import sample.code32
sample.code32.hello()
```

또는

```
from sample import code32
code32.hello()
```

또는

```
from sample.code32 import hello
hello()
```

다만 패키지 설정 파일을 만들거나 패키지를 배포하는 방법은 이 책의 범위를 넘어서므로 자세한 설명을 생략한다. 여기서는 파이썬 패키지를 관리할 수 있는 pip를 이용해서 알려진 패키지를 설치하는 방법을 알아볼 것이다.

다음 단계를 따라서 수치 연산에 주로 사용되는 **numpy** 패키지를 설치해보자.

① 윈도우의 시작 버튼을 눌러 키보드로 **cmd**를 입력하면 **명령 프롬프트**가 보일 것이다. 이를 실행한다. (만약 윈도우 10이 아니라면, 윈도우+R을 눌러 실행 창을 띄운 후 cmd를 입력하고 확인 버튼을 누르면 된다.)

② 새까만 화면에 하얀 글자가 나올 것이다. 파이썬 셸과 비슷하게 프롬프트가 보이는 상태로 커서가 깜빡거리며 입력을 기다리고 있을 텐데, **pip**를 입력한 후 엔터를 눌러 반응을 보자. 다음과 같이 pip 명령어에 대한 안내가 보인다면 성공이다.

```
C:\Users\test>pip

Usage:
  pip <command> [options]

Commands:
  install               Install packages.
  download              Download packages.
  uninstall             Uninstall packages.
...(생략)...
```

③ numpy 패키지를 설치하기 위해 pip install numpy를 입력한 후 엔터를 누르자. 다운로드 후 자동으로 설치가 진행될 것이다. 설치가 끝나면 창을 닫고 파이썬 IDLE을 새로 시작하자.

 'pip'은(는) 내부 또는 외부 명령, 실행할 수 있는 프로그램, 또는 배치 파일이 아닙니다.

pip를 입력했을 때 위와 같은 메시지가 나타나는 것은 레벨 1에서 파이썬 인터프리터를 설치할 때 **Add Python 3.7 to PATH**를 체크하지 않아서 벌어지는 일이다. 파이썬을 재설치하지 않고 윈도우 환경변수를 설정하여 해결하는 방법도 있지만, 많이 복잡하다. 레벨 1의 설명을 참고하여 재설치할 것을 권한다.

 파이썬 패키지나 모듈처럼 유용한 객체나 함수 등을 일반화하여 사용할 수 있도록 묶어 제공하는 형태를 **라이브러리(library)**라 한다.

3.3 오류와 디버깅

3.3.1 오류의 종류

지금까지는 실행이 안 되면서 메시지가 뜨면 모두 에러(오류)라는 표현을 사용했다. 하지만 오류에도 종류가 있다. 다음 표는 오류를 발생 형태에 따라 분류한 것이다.

오류의 유형

발생 형태	메시지	명칭
구문 오류(Syntax Error)	Invalid Syntax, Syntax Error 등	문법적 오류 때문에 실행조차 되지 않음
실행시간 오류(Runtime Error)	NameError, TypeError 등	일단 실행은 되는데 작동 중에 에러가 발생해서 멈춤
예외(Exception)		

3.3.2 구문 오류의 해결

구문 오류는 문법적 요인에 의한 것이다. 따라서 에러 메시지를 보면서 코드를 문법에 맞게 수정하면 해결된다. 이 오류는 해결하지 않으면 프로그램이 실행조차 되지 않기 때문에 쉽게 발견하여 해결할 수 있다.

3.3.3 실행시간 오류의 해결

실행시간 오류(예외)를 해결하기 위해서는 구문 오류와 다른 접근이 필요하다. 쉽게 예상되는 오류도 있지만 그렇지 않은 오류도 많기 때문이다. 예를 들어, 변수명이나 함수명 등을 잘못 기재하여 발생하는 NameError나 숫자를 0으로 나눠 발생하는 ZeroDivisionError 등은 쉽게 발견해서 해결할 수 있다. 그러나 IndexError나 ValueError 등은 그렇지 않다. 사례를 통해 알아보자. 다음 코드는 예제 2-13 구구단.py의 예시 답안이다.

```
# 출력 : 구구단 중 한 단
# 입력 : 단 수
n = int(input("몇 단?: "))
for i in range(1, 10):
    print(n, "x", i, "=", n*i)
```

이 코드는 사용자의 숫자 입력을 가정한다. 따라서 사용자가 한 자리 숫자 또는 두세 자리 숫자를 입력하더라도 문제없이 실행된다. 그러나 사용자가 문자가 섞인 값을 입력한다면 다음과 같이 ValueError가 발생한다. 입력받은 값을 정수형으로 변환할 수 없기 때문이다.

```
몇 단?: 5단
ValueError: invalid literal for int() with base 10: '5단'
```

위와 같은 오류 발생을 방지하기 위해서는 조건문이 필요하다. 마침 문자열 객체는 **isdigit()** 이라는 메서드를 가지고 있다. 이 메서드는 그 객체의 문자열이 0 이상의 정수인지를 True 또는 False로 반환한다. 따라서 다음과 같이 코드를 수정하면 숫자가 아닌 것을 입력하는 상황에 대비할 수 있다.

```
while True:
    n = input("몇 단?: ")
    if n.isdigit():
        break
    else:
        print("숫자만 입력하세요")
n = int(n)
for i in range(1,10):
    print(n, "x", i,"=", n*i)
```

만약 한 자리 자연수만 입력받고 싶다면, while문 내에서의 조건 판단을 다음과 같이 수정할 수 있을 것이다.

```
while True:
    n = input("몇 단?: ")
    if n.isdigit() and len(n) == 1 and n != '0':
        break
    else:
        print("1이상 9이하 자연수만 입력하세요")
```

하지만 조건문을 사용해서 런타임 오류를 일일이 대비하는 것은 굉장히 힘든 일이다. 발생 가능한 오류 상황을 미리 상상해야 하기 때문이다. 사례로 들었던 구구단 프로그램은 짧고 단순해서 생각할 것이 많지 않았지만, 코드가 수만 줄에 달하고 수백 개의 입력을 받는 상황이라면 조건문을 일일이 만드는 것은 사실상 불가능하다. 게다가 조건문을 치밀하게 구성하지 못하면 결국 예외(Exception)가 발생할 텐데, 그때 프로그램이 바로 종료되는 것도 문제다. 파이썬은 이러한 불편을 해결하기 위하여 **try-except** 구조를 지원한다.

유형 1: try-except

구조	예시
try: 　　실행을 시도할 코드 블록 **except:** 　　try 블록에서 오류 발생 시 　　실행할 코드 블록	```try: n = input("n: ") n = int(n)except: print("오류 발생.")print(n)```

유형 1은 가장 기본적인 형태다. **try 블록에서 예외가 발생했을 때 except 블록에서 명령을 추가로 수행한 뒤 프로그램을 곧장 종료하지 않고 다른 작업을 수행**하도록 명령할 때 사용된다. 즉, 예시 코드의 마지막 줄에 있는 print(n)은 try 블록의 오류 발생 여부와 무관하게 실행된다.

try 블록 안에 있는 코드를 실행하다가 오류가 발생하면 try 블록 코드의 실행은 중단된다. 그리고 곧장 except 블록이 실행된다.

```
try:
    a = 5/0     #숫자를 0으로 나누면 ZeroDivisionError 발생
    print("이 문장은 출력되지 않음.")
except:
    print("이 문장만 출력됨.")
```

한편, 다음과 같이 예외의 종류를 명시하여 종류에 따라 다른 동작을 하도록 명령할 수도 있다.

```
k = 0
try:
    n = int(input("n: "))
    k = 32 / n
except ValueError:              # 사용자가 문자열 등을 입력한 경우
    print("ValueError 발생")
except ZeroDivisionError:        # n이 0인 경우
    print("ZeroDivisionError 발생")
print(k)
```

하지만 이 코드는 ValueError와 ZeroDivisionError 외의 예외에 대응하지 못한다. 따라서 두 개 이외의 예외가 발생한다면 print(k)를 수행하지 못한 채 프로그램이 종료된다. 그러한 상황을 미연에 방지하기 위해서 다음과 같이 예외의 종류를 명시하지 않은 마지막 except를 추가함으로써 모든 예외에 대응할 수 있다.

```
k = 0
try:
    n = int(input("n: "))
    k = 32 / n
except ValueError:              # 사용자가 문자열 등을 입력한 경우
    print("ValueError 발생")
except ZeroDivisionError:        # n이 0인 경우
    print("ZeroDivisionError 발생")
except:
    print("다른 오류 발생")
print(k)
```

except로 처리하는 예외에 다음과 같이 as를 추가하여 예외 설명 메시지까지 출력할 수도 있다.

```
k = 0
try:
    n = int(input("n: "))
    k = 32 / n
except ValueError as ve:
    print("ValueError:", ve)
except ZeroDivisionError as zde:
```

```
    print("ZeroDivisionError:", zde)
print(k)
```

이 코드의 실행 결과는 다음과 같다.

```
n: a
ValueError: invalid literal for int() with base 10: 'a'
0

n: 0
ZeroDivisionError: division by zero
0

n: 4
8.0
```

이를 파일 출력과 함께 응용하면 다음과 같이 오류를 따로 모아 한 파일에 저장할 수도 있다.

```
errorfile = open("error.txt", "w")
k = 0
try:
    n = int(input("n: "))
    k = 32 / n
except ValueError as ve:
    errorfile.write("ValueError: "+str(ve)+"\n")
except ZeroDivisionError as zde:
    errorfile.write("ZeroDivisionError: "+str(zde)+"\n")
print(k)
errorfile.close()
```

> **NOTE**
>
> 모든 예외의 부모라고 할 수 있는 Exception을 사용해서 다음과 같이 코드를 구성하면, 발생한 모든 예외의 정보를 확인할 수 있다.
>
> ```
> try:
>     a = 5/0
> except Exception as e:
>     print(type(e), e)
> ```
>
> 실행 결과는 다음과 같다. 예외 또한 객체임을 눈여겨보자.
>
> ```
> <class 'ZeroDivisionError'> division by zero
> ```

예외를 강제로 발생시키는 raise

raise 명령을 이용하면 특정 예외를 강제로 발생시킬 수 있다.

```
>>> raise ValueError("이렇게 에러를 발생시킬 수 있다.")
Traceback (most recent call last):
  File "<pyshell#0>", line 1, in <module>
    raise ValueError("이렇게 에러를 발생시킬 수 있다.")
ValueError: 이렇게 에러를 발생시킬 수 있다.
```

또는

```
>>> raise NotImplementedError
Traceback (most recent call last):
  File "<pyshell#1>", line 1, in <module>
    raise NotImplementedError
NotImplementedError
```

위에서 예로 든 NotImplementedError는 아직 코드를 작성하지 않았음을 나타내기 위해 다음과 같은 형태로 자주 사용되곤 한다.

```
def 이름만_지어놓은_함수():
    raise NotImplementedError
```

특히, raise는 다른 사람이 사용할 수도 있는 모듈을 만들 때 유용하다. 즉, 내 코드를 재사용하여 프로그램을 만들 타인에게 적절한 에러 메시지를 제공하기 위해 사용된다.

유형 2: try-except-else

구조	예시

<pre>try:
    시도할 코드 블록
except:
    try 블록에서 오류 발생 시
    실행할 코드 블록
else:
    try 블록에서 오류 미발생 시
    실행할 코드 블록</pre>
	<pre>try:
	    n = input("n: ")
	    n = int(n)
	except:
	    print("오류 발생.")
	else:
	    print("오류 미발생.")
	print(n)</pre>

유형 2는 유형 1에 else가 추가된 구조다. try 블록에서 오류가 발생했을 때 except 블록이 실행된다는 점은 유형 1과 같다. except 키워드 뒤에 예외의 종류를 명시해서 발생한 오류의 종류에 따라 다른 대응을 하거나 as 키워드를 사용할 수 있는 점도 같다. 그러나 **try 블록에서 아무런 오류도 발생하지 않았을 때 else 블록이 실행된다**는 차이점이 있다.

else는 사실 불필요하다. 오류가 발생하지 않았을 때 실행할 명령은 try 블록에 포함하면 되기 때문이다. 하지만 else 키워드를 사용하면 코드가 간결해 보이는 효과가 있다.

유형 3: try-finally

구조	예시
```try: 시도할 코드 블록 finally: 오류 발생 여부와 무관하게 실행할 코드 블록```	```try: n = input("n: ") n = int(n) finally: print(n) print("Test")```

유형 3은 유형 1과 비슷하게 생겼지만 기능은 크게 다르다. 이는 **try 블록에서 오류가 발생하든 말든 finally 블록을 수행**하는 구조다. **except 블록이 없으므로 try 블록에서 오류가 발생할 경우 finally 블록마저 끝나면 프로그램이 완전히 종료된다.** 즉, 예시 코드의 n으로 문자열이 입력되면 문자열 "Test"는 화면에 출력되지 않으며, 에러 메시지가 출력된다. 반면, 예시 코드의 n으로 숫자가 입력되면 문자열 "Test"가 화면에 출력된다.

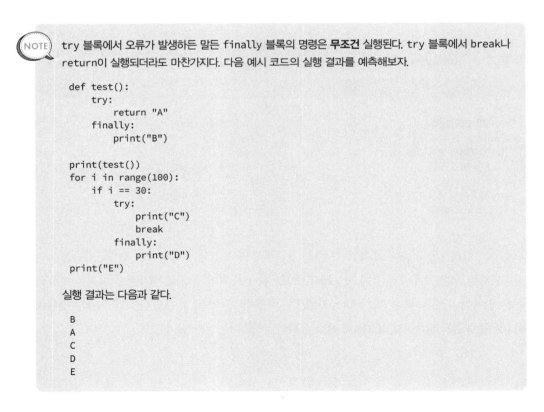

NOTE try 블록에서 오류가 발생하든 말든 finally 블록의 명령은 **무조건** 실행된다. try 블록에서 break나 return이 실행되더라도 마찬가지다. 다음 예시 코드의 실행 결과를 예측해보자.

```
def test():
    try:
        return "A"
    finally:
        print("B")

print(test())
for i in range(100):
    if i == 30:
        try:
            print("C")
            break
        finally:
            print("D")
print("E")
```

실행 결과는 다음과 같다.

```
B
A
C
D
E
```

유형 4: try-except-finally

구조	예시
| ```
try:
    시도할 코드 블록
except:
    try 블록에서 오류 발생 시
    실행할 코드 블록
finally:
    오류 발생 여부와 무관하게
    실행할 코드 블록
``` | ```
try:
    n = input("n: ")
    n = int(n)
except:
    print("오류 발생.")
finally:
    print(n)
``` |

유형 4는 try 블록에서 오류가 발생하면 except 블록을 거쳐 finally 블록을 실행하며, try 블록에서 오류가 발생하지 않으면 곧장 finally 블록을 실행하는 구조다. finally 블록은 무조건 실행된다.

유형 5: try-except-else-finally

구조	예시
| ```
try:
    시도할 코드 블록
except:
    try 블록에서 오류 발생 시
    실행할 코드 블록
else:
    try 블록에서 오류 미발생 시
    실행할 코드 블록
finally:
    오류 발생 여부와 무관하게
    실행할 코드 블록
``` | ```
try:
    n = input("n: ")
    n = int(n)
except:
    print("오류 발생.")
else:
    print("오류 미발생.")
finally:
    print(n)
``` |

유형 5는 네 가지 키워드가 모두 사용된 형태다. try 블록의 내용을 우선 시도하고, 오류 발생 시 except 블록을 거쳐 finally 블록을 실행하며, 오류 미발생 시 else 블록을 거쳐 finally 블록을 실행한다. finally 블록은 무조건 실행된다. 이를 그림으로 나타내면 다음과 같다.

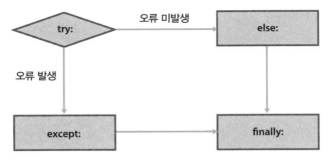

try-except-else-finally의 실행 순서

예외대응.py

없는 파일을 열고자 시도하면 다음과 같은 오류가 발생한다. 이를 참고하여 input.txt 파일이 존재한다면 그 파일의 내용을 화면에 모두 출력하고, 파일이 존재하지 않는다면 '파일이 없습니다.'를 화면에 출력하는 프로그램을 작성하라.

```
>>> file = open("없는파일이름.txt", "r")
Traceback (most recent call last):
  File "<pyshell#0>", line 1, in <module>
    file = open("없는파일이름.txt", "r")
FileNotFoundError: [Errno 2] No such file or directory: '없는파일이름.txt'
```

예시 답안

```
try:
    file = open("없는파일이름.txt", "r")
except FileNotFoundError:
    print("파일이 없습니다.")
else:
    print(file.read())
    file.close()
```

학습 포인트

else 키워드를 사용하지 않고 아래 A처럼 코드를 작성한 사람이 있을 것이다. 그러나 A 코드는 input.txt 파일이 없는 경우에도 마지막 두 줄이 실행되어 새로운 오류가 발생한다. 따라서 else 없이 코드를 작성하려면 B처럼 구성한다.

A

```
try:
    file = open("없는파일이름.txt", "r")
except FileNotFoundError:
    print("파일이 없습니다.")
print(file.read())
file.close()
```

B

```
try:
    file = open("없는파일이름.txt", "r")
    print(file.read())
    file.close()
except FileNotFoundError:
    print("파일이 없습니다.")
```

사용자가 입력한 단을 구구단출력.txt에 출력하는 구구단 출력 프로그램을 작성하라. 단, 오류가 발생하면 그 오류의 내용을 구구단출력.txt에 출력한다.

3.3.4 버그와 디버깅

열심히 만든 프로그램이 에러 메시지를 띄우며 작동하지 않는 것은 무척이나 마음 아프고 화가 나는 일이다. 하지만 그것보다 훨씬 더 골치 아픈 상황이 있는데, 논리상의 오류로 인해 프로그램이 아무런 메시지도 없이 프로그래머의 의도와 다르게 동작하는 것이다. 이를 **버그(bug)**라 한다.

 예전에는 벌레(bug)가 실제로 기계 속에 기어 들어가 오작동을 일으키는 경우가 많았기 때문에 버그라는 이름이 붙었다. 사실, 에러 메시지가 발생하는 오류 또한 의도하지 않은 동작이므로 버그라 할 수 있다. 게다가 에러와 버그를 구분하지 않고 사용하는 프로그램 개발자도 많다. 그러나 이 책에서는 버그의 범위를 에러 메시지 없이 나타나는 오작동으로 한정하기로 한다.

에러 메시지 한 줄 없이 프로그램의 문제를 찾아내는 것은 무척 고통스럽다. 사람이 코드를 직접 한 줄씩 해석해 나가는 것이 최선이기 때문이다. 마치 인터프리터처럼 코드를 한 줄씩 읽으며, 그 과정에서 변수가 어떻게 변하는지 각 구문의 동작이 자신의 의도에 따라 동작하는지 살필 수밖에 없다. 이 과정을 **디버깅(debugging)**이라 한다.

Python IDLE(Integrated Development and Learning Environment)과 같은 IDE(Integrated Development Environment)는 대개 이 과정을 보조하는 도구를 가지고 있다. 이를 **디버거(debugger)**라 한다. 디버거는 프로그램 코드를 한 줄 한 줄 나눠서 차근차근 실행하며 변수 값 변화를 단계별로 관찰할 수 있게 해준다.

프로그래밍 입문 단계에서 디버거 사용법을 익히는 것은 무척 중요하다. 코드를 한 줄 단위로 실행하며 변수가 바뀌는 것을 직접 관찰하다 보면, 어떤 코드를 만나든 머릿속으로 그 코드의 작동 과정을 상상하는 일이 훨씬 쉬워지기 때문이다. 실습을 통해 디버거의 사용법을 알아보자. 실습 대상 코드는 재귀함수를 설명할 때 사용했던 count_down()이다.

```
def count_down(n):
    if n == 0: return
    print(n)
    count_down(n-1)
    print(n)

count_down(3)
```

디버거를 사용하기 위한 준비 단계는 다음과 같다.

① 에디터를 이용해 코드를 작성한다.
② [Run]-[Python Shell] 메뉴를 선택하여 셸 창을 띄운다. 이는 [Run Module] 메뉴와 달리 에디터 창의 코드를 실행하지 않는다.
③ 새로 뜬 셸 창에서 [Debug]-[Debugger] 메뉴를 선택하여 디버그 컨트롤(Debug Control) 창을 띄운다.
④ 디버그 컨트롤 창에서 Stack, Locals, Source, Globals를 모두 체크한다.
⑤ 코드 편집기와 셸 창, 디버그 컨트롤 창을 한눈에 볼 수 있도록 재배치한다.

준비 단계를 모두 마치면 화면이 다음과 같이 구성된다.

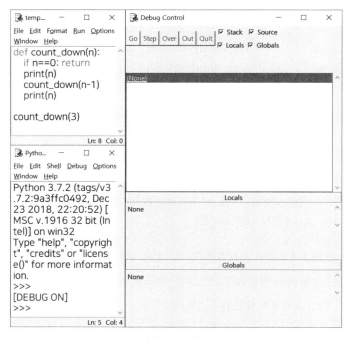

디버깅 준비 완료

셸 창에는 [DEBUG ON]이라는 메시지가 나타나 있을 것이다. 이 상태에서 에디터 창의 [Run]-[Run Module (F5)]을 누르면 디버깅이 시작되며 에디터 창과 디버그 컨트롤 창에 변화가 생긴다.

에디터 창에서는 첫 번째 줄이 회색으로 물든다. 이는 디버거가 현재 가리키고 있는 코드 한 줄을 나타낸 것이다. 디버그 컨트롤 창에 있는 Source를 체크 해제하면 이 표시가 나타나지 않는다.

 'source'는 '원천'이라는 뜻으로, 어떠한 응용 프로그램을 만들 때 작성한 코드를 source code(소스 코드)라고 부른다. 이는 코드를 원천으로, 응용 프로그램을 파생된 산출물로 보는 시각에서 비롯된 표현이다.

디버그 컨트롤 창에서는 Go, Step, Over, Out, Quit 버튼이 활성화되며 많은 것들이 나타난다. 디버그 컨트롤(Debug Control) 창의 구성 요소를 알아보자.

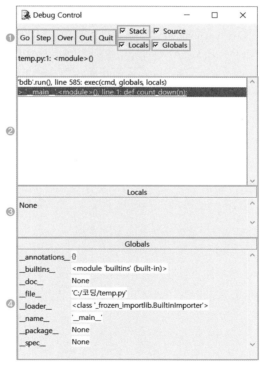

디버깅을 시작하여 활성화된 디버그 컨트롤 창

❶ 프로그램의 진행(실행)을 결정하는 버튼을 모아놓은 것이다.

- **Go**: 설정된 지점(**Breakpoint**)까지 프로그램을 정상 속도로 실행한다. 멈출 지점을 설정하려면 에디터 창의 코드 위에 마우스 우클릭 후 **[Set Breakpoint]** 메뉴를 선택하면 된다. 같은 방법으로 **[Clear Breakpoint]** 메뉴를 선택하면 지점 설정이 취소된다. 긴 코드의 일부에 대해서만 디버깅이 필요할 때 매우 유용한 기능이다.

- **Step**: 에디터 창에서 회색으로 표시된 코드 한 줄을 실행한다. 만약 그 코드가 함수 호출이라면 함수 안으로 직접 들어간다. 사용자 정의 함수를 관찰할 때 무척 유용하지만, 의도치 않게 print( ) 같은 내장함수로 들어가지 않도록 주의한다. 실수로 들어갔다면 Out 버튼을 눌러 빠져나올 수 있다.

- **Over**: 에디터 창에서 회색으로 표시된 코드 한 줄을 실행한다. 그 코드가 함수 호출인 경우에도 함수 안으로 직접 들어가지는 않는다. 더 살펴볼 이유가 없는 사용자 정의 함수를 호출한 부분이나 내장함수를 호출한 부분을 지나칠 때 유용하다.

- **Out**: 현재 실행 중인 코드가 속한 함수를 정상 속도로 실행하고 빠져나오도록 한다. 실수로 Step을 눌러서 들어가고 싶지 않은 함수에 들어갔거나, 현재 회색 줄이 위치한 함수에서 더 이상 볼 것이 없을 때 이 버튼을 사용한다.

- **Quit**: 디버깅을 완전히 끝낸다.

❷ Stack을 체크 해제하면 이 부분이 나타나지 않는다. 함수를 호출하면 그 이력이 이곳에 기록된다. 이를 통해서 현재 실행되고 있는 코드가 어느 정도의 깊이에 있는지 확인할 수 있다. 재귀함수 등의 동작을 확인할 때 유용하다.

❸ Locals를 체크 해제하면 이 부분이 나타나지 않는다. 코드가 실행되며 지역변수 등 로컬 영역의 객체가 어떻게 변하는지 관찰할 수 있다.

❹ Globals를 체크 해제하면 이 부분이 나타나지 않는다. 코드가 실행되며 전역변수 등 코드 전역에서 사용되는 객체가 어떻게 변하는지 관찰할 수 있다. 언더스코어(_) 두 개가 붙은 것들은 내부적으로 자동 생성된 것이다.

예제 3-10 **디버깅.py**

다음은 철수가 팩토리얼 함수를 만들어 사용하려다 실패한 코드다. 이 코드가 왜 제대로 작동하지 않는지, 어떤 부분에서 문제가 생긴 것인지, 이를 해결하려면 어떻게 해야 하는지 디버거를 통해 확인하여 서술하라.

```
def factorial(n):
    a = n*factorial(n-1)
    if n == 0: return 1
    return a


print(factorial(5))
```

예시 답안

① 철수가 작성한 팩토리얼 함수는 재귀함수다. 프로그램을 실행하면 재귀 호출이 일정 횟수를 초과하여 RecursionError가 발생함을 확인할 수 있다.

② 문제가 발생한 곳은 두 번째 줄이다. 디버거를 통해 프로그램이 a = n*factorial(n-1)만 반복하여 실행하다가 오류와 함께 종료되는 것을 확인할 수 있다.

③ 에러의 원인은 베이스 케이스를 정의하여 반환하는 코드 if n==0: return 1이 함수의 시작으로부터 재귀 호출부 사이에 위치하지 않은 데 있다. 현재의 n이 베이스 케이스인지 확인할 겨를도 없이 다시 자신을 호출하니 반복을 멈출 수 없는 것이다.

④ 따라서 이 문제의 해결책은 if n==0: return 1 부분을 재귀함수의 맨 위로 옮기는 것이다. 이를 통해 재귀 호출을 다시 수행하기 전 현재의 n이 베이스 케이스인지를 확인하도록 만들 수 있다.

학습 포인트

① 디버거를 이용하면 에러 메시지가 발생하는 프로그램 코드의 작동 과정도 확인할 수 있다.

② 베이스 케이스를 확인하고 return하는 부분은 함수의 시작으로부터 재귀 호출을 수행하는 부분 사이에 있어야 한다.

유제 3-10　디버깅.py

다음은 영희가 피보나치수열 함수를 만들어 사용한 코드다. 영희가 만든 피보나치수열 함수에는 무한 루프가 생성된 while문을 끝내는 break가 없다. 그런데 왜 이 프로그램이 정상적으로 실행되는지 디버거를 통해 확인하여 서술하라.

```python
def f(n):
    if n == 1 or n == 2:
        return 1
    a = 1
    b = 1
    i = 2
    while True:
        c = a+b
        i += 1
        a, b = b, c
        if i == n:
            return c

n = int(input("n: "))
print(f(n))
```

3.4 유제 해설

유제 3-1　플레잉카드.py

예시 답안

```
all_cards = [i+j for i in suit for j in denomination]
suit = ['♠', '♣', '♡', '◇']
denomination=['A', '2', '3', '4', '5', '6', '7', '8', '9', '10', 'J', 'Q', 'K']
all_cards=[i+j for i in suit for j in denomination]
print(all_cards)
```

학습 포인트

예시 답안과 같이, 리스트 내포를 쓸 때 2개의 for를 이용해서 1차원 리스트를 만들 수도 있다.
리스트 내포를 사용하지 않는다면 다음과 같이 코드를 작성한다.

```
suit = ['♠', '♣', '♡', '◇']
denomination=['A', '2', '3', '4', '5', '6', '7', '8', '9', '10', 'J', 'Q', 'K']
all_cards = []
for i in suit:
    for j in denomination:
        all_cards.append(i+j)
print(all_cards)
```

유제 3-2　데이터교환.py

예시 답안

```
>>> d = a
>>> a = b
>>> b = c
>>> c = d
```

학습 포인트

객체 d가 임시 공간의 역할을 수행하고 있다.

유제 3-3   이름분할.py

예시 답안

```
def name_division(name):
    return name[0], name[1:]
```

학습 포인트

성이 한 글자라고 했을 뿐, 이름 전체가 세 글자라는 정보는 주어지지 않았다. 따라서 name[1:3] 등의 표현을 사용하지 않도록 주의한다.

유제 3-4   할당에의한호출.py

예시 답안

```
x y
y x
```

위와 같은 꼴의 고유 번호가 출력된다.

학습 포인트

문제에서 주어진 코드를 보면, a가 가리키고 있던 객체를 c도 가리키게 되고, b가 가리키고 있던 객체를 a가 가리키게 되며, b는 c가 가리키는 객체를 가리키게 된다. 즉, 변수 a와 b는 위 코드의 실행 결과로 새로 생성된 객체를 가리키는 것이 아니라 서로 가리키던 객체를 바꿀 뿐이다. a, b = b, a 명령을 통해서도 이와 같은 결과를 얻을 수 있다.

유제 3-5   지역변수전역변수.py

예시 답안

```
1
2
```

학습 포인트

전역변수 사용으로 인해, 같은 함수를 사용했음에도 결과가 다름을 눈여겨보자.

유제 3-6   팩토리얼.py

예시 답안

```
def factorial(n):
    if n == 0:
        return 1    # 0! = 1을 처리
    result = n
```

```
        for i in range(n-1, 1, -1):
            result *= i
        return result

    print(factorial(4))
```

팩토리얼은 자주 사용되는 연산이다. 그래서 math 모듈 안에 factorial이라는 이름으로 내장되어 있다.

```
    >>> import math
    >>> math.factorial(5)
    120
```

유제 3-7   피보나치수열.py

예시 답안

```
    # 출력: 피보나치수열의 n번째 항
    # 입력: n
    def f(n):
        if n == 1 or n == 2:
            return 1
        a = 1     # f(1)
        b = 1     # f(2)
        i = 2
        while True:
            c = a+b        # f(n) = f(n-2) + f(n-1)
            i += 1         # 방금 계산한 값이 몇 번째 항인지 갱신
            if i == n:
                break
            a, b = b, c    # 다음 반복에서 c=a+b를 수행할 수 있도록 숫자를 한 칸씩 당김
        return c

    n = int(input("n: "))
    print(f(n))
```

학습 포인트

다음과 같이 함수를 작성한 사람도 있을 것이다. 이 코드는 예시 답안보다 메모리 공간을 더 요구하는 대신, 코드가 더 직관적이라는 장점이 있다.

```
    def f(n):
        fibonacci = [0, 1]
        for i in range(2, n+1):
            fibonacci += [fibonacci[i-1]+fibonacci[i-2]]
        return fibonacci[n]
```

유제 3-8   문자열표현.py

예시 답안

```
# 출력: 구구단 중 한 단                      # 출력: 구구단 중 한 단
# 입력: 단 수                               # 입력: 단 수
n = int(input("몇 단?: "))                 n = int(input("몇 단?: "))
for i in range(1, 10):                     i = 1
    print("%d x %d = %d" % (n, i, n*i))    while i < 10:
                                               print("%d x %d = %d" % (n, i, n*i))
                                               i = i + 1
```

유제 3-9   예외대응.py

예시 답안

```
# 출력: 구구단 중 한 단
# 입력: 단 수
file = open("구구단출력.txt", "w")
try:
    n = int(input("몇 단?: "))
except Exception as e:
    file.write(str(e))
else:
    for i in range(1, 10):
        file.write(str(n)+" x "+str(i)+" = "+str(n*i)+"\n")
finally:
    file.close()
```

학습 포인트

문제의 요구사항과 달리, 발생하는 예외를 다른 파일에 따로 저장하는 것도 얼마든지 가능하다.

유제 3-10   디버깅.py

예시 답안

디버거를 통해 확인한 결과, return이 실행되면 break 없이도 반복문이 중단될 수 있다.

학습 포인트

어떤 프로그램이 왜 동작하는지 이해할 수 없을 때도 디버거가 유용하게 사용된다.

LEVEL

04

필드 위의 플레이어

이제는 준비가 끝났다. 가진 지식을 활용해 본격적으로 프로그래밍을 반복 숙달할 때가 온 것이다. 컴퓨팅 사고가 급격히 함양되는 것도 바로 이 단계. 문제가 잘 풀리지 않는다고 쉽게 포기하지는 말자. 골치가 아프고 이해가 될 듯 말 듯 간질간질한 느낌이 들 때 놓지 말고 끈질기게 매달리자. 그러나 만약 문제 풀기가 너무 힘들거나 어떻게 접근해야 할지 감조차 오지 않는다면, 잠시 덮어두고 다음 문제로 넘어가도 좋다.

레벨 4를 본격적으로 시작하기 전에

레벨 4는 크게 실습 문제와 알고리즘 설계 패러다임(algorithm design paradigm)의 설명부로 나뉜다. 실습 문제는 설명 없이 문제부터 제시하였고, 유제를 통해 보완하도록 하였다. 또한, 입문자를 대상으로 빈출되는 문제 유형을 다수 포함하여 각종 시험에 대비할 수 있도록 구성하였다. 반면, 알고리즘 설계 패러다임은 기본적인 내용 이해에 중점을 두어 설명하였다. 이는 입문자 교육 현장의 현실적 어려움을 고려한 것이다.

레벨 4에서 다루는 내용

전반부	후반부
실습 문제 풀이	알고리즘 설계 패러다임 : 정렬 알고리즘과 빅-오 표기법
유형 1: 프로그래밍 기초 유형 2: 프로그래밍 활용 유형 3: 프로그래밍과 수학	분할 정복 그리디 알고리즘 동적 계획법 전수시도

실습 문제

4.2.1 문제 풀이에 앞서

전반적인 풀이 요령과 시각

앞으로 다룰 문제 중 일부는 다소 까다롭게 느껴질 수 있다. 그런데도 이러한 문제를 싣는 데는 세 가지 이유가 있다.

첫째, 고민하면 충분히 풀 수 있는 수준의 문제다. 추가적인 문법 학습을 요구하는 실습 문제는 단언컨대 없다. 마주친 문제가 어렵다면 어떤 부분이 어려운 것인지 자세히 파헤치자. 모르는 것이 문법이라면 레벨 2와 레벨 3를 다시 펼쳐보자.

둘째, 고민하는 과정에서 컴퓨팅 사고력이 함양될 것을 기대한다. 문법 때문에 문제가 어려운 것이 아니라면, 키보드에서 손을 떼고 종이와 펜을 들자. 그리고 손으로 문제를 푼다면 어떻게 할 것인지 생각해보자. 주어진 정보를 어떤 자료형으로 추상화할 것인지 결정하고, 결과물 도출에 필요한 가공 과정을 떠올리고, 그것을 코드로 어떻게 옮길 수 있을지 고민하자.

그러나 만약 문제 풀기가 너무 힘들거나 어떻게 접근해야 할지 감조차 오지 않는다면, 잠시 덮어두고 다음 문제로 넘어가거나 답을 봐도 좋다. 몇 문제를 건너뛰더라도 포기하는 것보다는 낫다.

셋째, 빈출 유형이다. 하노이 탑이나 개미수열 등 학생의 심도 있는 이해를 확인할 수 있는 몇 문제는 관행적으로 출제되곤 한다. 이런 문제는 꽤 오랜 시간 공을 들여야 풀 수 있고, 초심자의 경우 대개 한 번에 풀지 못해 답을 보는 경우가 많다. 만약 이 문제들을 풀지 못했더라도 실망하지 말고, 구체적으로 어디를 몰랐는지 왜 틀렸는지 파악하는 데 집중하자.

문제 구성

실습 문제의 유형은 크게 세 가지로 나뉜다. 난이도에 따라 세 유형을 배치하였으며, 각 유형 내에서도 난이도에 따라 쉬운 문제부터 제시하였다.

> 유형 1 프로그래밍 기초: 단순한 정보를 처리하는 기본적인 문제, 또는 문법 특정 요소의 심화된 이해를 확인하는 문제

파이썬 문법 자체에 관한 기본적인 물음은 레벨 2와 레벨 3에서 충분히 다뤘다. 따라서 여기서는 기본적인 정보 처리를 묻거나 특수한 상황을 가정하여 해결책을 요구함으로써 문법에 대한 이해를 확인할 것이다.

> 유형 2 프로그래밍 활용: 일상생활 또는 게임 제작 등에 활용도가 높은 테크닉을 묻는 문제

가장 안 좋은 이론이 현실을 설명하지 못하는 이론이듯 가장 안 좋은 프로그래밍은 배우고 나서 쓰지 못하는 프로그래밍이다. 따라서 프로그래밍의 활용도를 높일 수 있도록 확률에 의한 사건 발생이나 데이터 변환을 묻는 문제 등을 유형 2에 포함했다.

> 유형 3 프로그래밍과 수학: 수학이 엮여 어려워 보이는 문제

프로그래밍 문제를 낼 때 가장 참고하기 좋은 교재는 수학 책이다. 수학 책은 이미 추상화된 정보를 다루고 있으며 공식이나 풀이 과정 자체가 이미 하나의 알고리즘인 경우가 많기 때문이다. 이런 이유로 수학과 관련된 문제가 빈출되는 경향이 있다.

문제는 입문자들이 이러한 유형을 어려워한다는 점이다. 이는 마주친 문제가 어려운 것이 아니라 수학에 대한 거부감이 마음을 짓누르는 것이다. 그런데 애꿎게도 프로그래밍이 어렵다는 결론을 내곤 한다.

수학이라고 지레 겁부터 먹지 말자. 입문자를 대상으로 한 시험문제에 수학이 나와 봤자 최소공배수나 최대공약수 수준이다. 만약 어려운 수학 개념이 등장했다면 만세를 불러도 좋다. 그런 문제는 대부분 쉽다. 주어진 자료에는 개념의 정의가 제시되어 있고, 그 정의대로 계산만 하면 답이 도출되는 문제일 가능성이 높다.

예제 4-1　**최댓값.py**

다음과 같이 여러 개의 정수를 입력받아 그중 가장 큰 숫자를 출력하는 프로그램을 작성하라.

> 여러 개의 숫자 입력: **1 99 -2 88 3 7 5**
> 가장 큰 숫자: 99

예시 답안

```python
# 출력: 가장 큰 숫자
# 입력: 숫자 여러 개

numbers = input("여러 개의 숫자 입력: ")
numbers = [int(i) for i in numbers.split()]
max_number = numbers[0]
for i in numbers:
    if i > max_number:
        max_number = i
print("가장 큰 숫자:", max_number)
```

해설

① 예시 답안은 어디까지 예시일 뿐이므로 똑같이 작성하려고 할 필요는 없다. 예컨대, 입력받은 값을 숫자 리스트로 만들 때 리스트 내포가 아닌 for문을 이용해도 괜찮다.

② 가장 큰 숫자를 찾으려면 비교를 해야 하고, 비교를 시작하려면 기준값이 필요하다. 이를 위해 예시 답안에서는 max_number(최대 숫자)를 입력받은 값 중 첫 번째 숫자인 numbers[0]로 초기화했지만, 마지막 숫자를 사용해도 괜찮다. 그러나 max_number를 임의의 숫자, 예컨대 0이나 -99 등으로 설정하는 실수를 범하지 않도록 주의한다. 그보다 더 작은 숫자가 입력되면 잘못된 답이 도출되기 때문이다.

③ 파이썬은 내장함수 max()를 통해 순회 가능 객체의 요소 중 가장 큰 값을 찾는 기능을 제공한다. 따라서 다음과 같이 코드를 작성할 수도 있다.

```python
numbers = input("여러 개의 숫자 입력: ")
numbers = [int(i) for i in numbers.split()]
print("가장 큰 숫자:", max(numbers))
```

유제 4-1　**최솟값.py**

다음과 같이 여러 개의 정수를 입력받아 가장 작은 숫자를 출력하는 프로그램을 작성하라.

> 여러 개의 숫자 입력: **1 99 -2 88 3 7 5**
> 가장 작은 숫자: -2

다음과 같이 정수 묶음과 한 개의 정수(x)를 따로 입력받아 정수 묶음 안에 x가 몇 개 있는지 출력하는 프로그램을 작성하라.

```
정수 묶음: 1 3 5 7 2 3 5 8 3 9 8 3 5 2 3
찾을 정수: 3
포함: 5
```

예시 답안

```
# 출력: 숫자 포함 횟수
# 입력: 숫자 묶음과 숫자 하나

numbers = input("정수 묶음: ").split()
number = input("찾을 정수: ")
n = 0
for i in numbers:
    if i == number:
        n += 1
print("포함:", n)
```

해설

① 정수의 개수를 찾는다고 했을 뿐, 그 정수를 가지고 계산을 하는 문제는 아니다. 따라서 입력받은 값을 int로 형 변환할 필요는 없다.

② 파이썬은 리스트의 메서드 count()를 통해 특정 요소가 몇 번 포함되어 있는지 알려주는 기능을 제공한다. 따라서 다음과 같이 코드를 작성할 수 있다.

```
numbers = input("정수 묶음: ").split()
number = input("찾을 정수: ")
print("포함:", numbers.count(number))
```

다음과 같이 정수 묶음과 한 개의 정수(x)를 따로 입력받아 정수 묶음 안에 x가 포함되었는지 확인하고, 포함되었다면 인덱스를 출력하는 프로그램을 작성하라. 단, 정수 묶음에 x가 여러 개 있다면 가장 작은 인덱스를 출력하고, x가 없다면 ValueError를 발생시키도록 한다.

사례 1

```
정수 묶음: 1 3 5 7 2 3 5 8 3 9 8 3 5 2 3
찾을 정수: 3
인덱스: 1
```

사례 2

```
정수 묶음: 1 3 5 7 2 3 5 8 3 9 8 3 5 2 3
찾을 정수: 6
ValueError
```

다음과 같이 사용자로부터 문자열 하나를 입력받아 완전히 반대로 출력하는 프로그램을 작성하라. 단, 반복문을 사용하라.

문자열: **가나다라 마**
거꾸로: 마 라다나가

예시 답안

```
string = input("문자열: ")
for i in range(len(string)-1, -1, -1):
    print(string[i], end='')
```

해설

거꾸로 출력하면 되는 문제이므로 문자열 변수를 거꾸로 뒤집을 필요는 없다.

유제 4-3   **문자열역순출력.py**

다음과 같이 사용자로부터 문자열 하나를 입력받아 완전히 반대로 출력하는 프로그램을 작성하라. 단, 재귀함수를 사용하라.

문자열: **가나다라 마**
거꾸로: 마 라다나가

예제 4-4   **가중평균.py**

일반적인 평균과 달리, 각 값에 가중치를 두어 평균을 구한 것을 **가중평균**이라 한다. 두 숫자 A와 B의 가중치가 각각 w_A, w_B라고 할 때, 두 수의 가중평균은 다음과 같다.

$$\frac{w_A A + w_B B}{w_A + w_B}$$

다음과 같이 숫자 두 개와 각 가중치를 입력받아 가중평균을 출력하는 프로그램을 작성하라. (단, $w_A > 0$, $w_B > 0$)

A: **3**
B: **12**
A의 가중치: **1**
B의 가중치: **2**
가중평균: 9.0

```
A = int(input("A: "))
B = int(input("B: "))
Wa = int(input("A의 가중치: "))
Wb = int(input("B의 가중치: "))

print("가중평균:", (Wa*A+Wb*B)/(Wa+Wb))
```

가중평균이라는 단어가 생소할 수 있으나 이는 수학 교육과정에 간접적으로 포함되어 있다. A와 B를 $w_A : w_B$로 가중평균한 값은 수직선 위의 두 점 A와 B를 잇는 선분을 $w_B : w_A$로 분할하는 점이다. (단, 가중치는 모두 0보다 크다.)

유제 4-4 **단순평균.py**

다음과 같이 여러 개의 숫자를 입력받아 평균값을 화면에 출력하는 프로그램을 작성하라. 단, 몇 개의 숫자가 입력될지는 알 수 없다.

```
숫자: 1 4 3 6 9 2 10 -3
평균: 4.0
```

예제 4-5 **하노이탑.py**

다음과 같이 세 개의 기둥 A, B, C가 있고, 한가운데 구멍이 난 n개(n≥1)의 원판이 A 기둥에 꽂혀 있다.

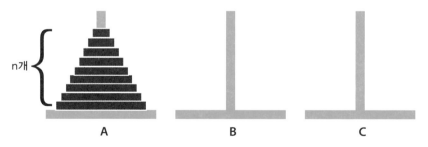

작은 원판 위에 큰 원판을 올려서는 안 되고 한 번에 한 개의 원판만 옮길 수 있다. 다음과 같이 사용자로부터 원판의 개수 n을 입력받아 A 기둥에 있는 n개의 원판을 C 기둥으로 모두 옮기는 과정을 출력하라. (힌트: 원판이 1개, 2개, 3개일 때의 문제를 손으로 먼저 풀어보자.)

```
원판 개수: 3
A->C
A->B
C->B
A->C
B->A
B->C
A->C
```

예시 답안

```python
def hanoi(disks, starting_point, tool, destination):
    if disks == 0:
        return
    hanoi(disks-1, starting_point, destination, tool)
    print(starting_point, "->", destination)
    hanoi(disks-1, tool, starting_point, destination)


n = int(input("n: "))
hanoi(n, 'A', 'B', 'C')
```

해설

원판이 한 개(n=1)일 때는 하나의 원판을 A에서 C로 바로 옮기면 된다. 그러나 원판이 두 개 이상이면 다음과 같은 절차를 따른다.

① n개의 원판을 A 기둥에서 C 기둥으로 옮기는 **체계적 과정**은 다음과 같다.

  가: A 기둥에 있는 n-1개의 원판을 **체계적 과정**을 거쳐 B 기둥으로 옮긴다.

  나: A 기둥에 남은 원판 한 개를 C 기둥으로 옮긴다.

  다: B 기둥에 있는 n-1개의 원판을 **체계적 과정**을 거쳐 C 기둥으로 옮긴다.

② 출발 기둥과 도착 기둥이 달라지긴 하지만, 체계적 과정을 수행하는 과정에서 또 체계적 과정이 등장함을 알 수 있다(여기서 체계적 과정이란, 도구로 쓰이는 기둥(출발지도 목적지도 아닌 기둥)을 잘 이용해 출발 기둥에서 도착 기둥으로 원판을 옮기는 것을 말한다). 즉, 전체 문제의 부분 문제가 전체 문제와 같은 구조를 띠고 있다. 이를 추상화하면 자연스럽게 재귀함수가 된다.

③ ①의 과정을 재귀함수로 나타내며 베이스 케이스를 적절하게 설정하는 것이 관건이다.

예제 4-5의 하노이 탑 문제를 일부 변형한다. 다음과 같이 사용자로부터 원판의 개수 n을 입력받아 A 기둥에 있는 n개의 원판을 C 기둥으로 모두 옮길 때 필요한 원판 이동 횟수를 출력하라.

```
원판 개수: 3
이동 횟수: 7
```

하노이 탑 문제를 부담 없이 풀어낼 수 있으면 재귀함수를 어느 정도 이해한 것으로 본다. 따라서 시험 문제로도 빈출된다. 만약 하노이 탑 문제를 아직도 이해하지 못한 것 같은 느낌이 든다면 레벨 3의 재귀 함수 설명부를 다시 읽어보자.

유제 4-5의 풀이를 위한 수학적 접근

유제 4-5를 풀었다면 n의 값으로 32를 넣어보자. 프로그램이 멈춘 듯 반응이 없을 것이다. 실제로 멈춘 것은 아니고, 계산에 오랜 시간이 걸리는 것이다. 즉, 재귀 호출을 통해서 하노이 탑의 원판 이동 횟수를 계산하는 프로그램은 n이 커졌을 때 제대로 작동하지 않는다. 유제 4-5를 짧은 시간 안에 계산하기 위해서는 수학적 접근이 필요하다. 아직 등비수열을 배우지 않았다면 결론만 보고 넘어가자.

A에 쌓여있는 원판 n개를 모두 C로 옮길 때 필요한 원판 이동 횟수를 a_n이라 하자. 그렇다면 다음이 성립한다.

$$a_n = a_{n-1} + 1 + a_{n-1}$$
$$= 2a_{n-1} + 1$$

위 식을 가공하면 다음 식을 얻을 수 있다.

$$a_n + 1 = 2(a_{n-1} + 1)$$

이때, $b_n = a_n + 1$로 치환하면 위 식은 다음과 같다.

$$b_n = 2b_{n-1}$$

즉, b_n은 초항이 2, 공비가 2인 등비수열의 일반항이다. ($\because b_1 = a_1 + 1 = 1 + 1 = 2$) 그러므로 $b_n = 2^n$이고 $a_n = b_n - 1$이므로 다음과 같이 나타낼 수 있다.

$$\therefore a_n = 2^n - 1$$

위 일반항 계산 결과에 따라, 유제 4-5의 코드를 다음과 같이 작성할 수 있다.

```
n = int(input("n: "))
print("이동 횟수:", 2**n-1)
```

이 프로그램은 32를 넣어도 계산 결과가 순식간에 나온다. 이처럼 같은 목적을 지닌 프로그램을 만들더라도 어떤 알고리즘을 사용하느냐에 따라 효율이 극명하게 갈릴 수 있다.

사용자에게 n을 입력받아 다음과 같이 달팽이 모양으로 자연수를 출력하는 프로그램을 작성하라. 단, 재귀 호출은 사용하지 않는다. (힌트: 2차원 리스트 사용)

n	1	2	3	4
모양	1	1 2 4 3	1 2 3 8 9 4 7 6 5	1 2 3 4 12 13 14 5 11 16 15 6 10 9 8 7

예시 답안

```python
# 출력: 달팽이 배열
# 입력: 정사각 달팽이 배열의 가로/세로 길이
# direction: 방향 -> d로 표현

def main():
    n = int(input("n: "))
    snail = [[0 for j in range(n)] for i in range(n)]
    i, j = 0, -1                # 반복문 첫 작동 시 (0, 0)에서 시작되도록 설정
    value = 1
    i_d, j_d = 0, +1            # 시작은 우측 방향 진행
    while value <= n**2:
        i += i_d                # 진행
        j += j_d
        if i == n or j == n or snail[i][j] != 0:
            i -= i_d            # 진행 취소
            j -= j_d
            i_d, j_d = d(i_d, j_d)        # 방향 전환
        else:
            snail[i][j] = value
            value += 1
    print_snail(snail, n)

def d(i_d, j_d):    # 시계 방향으로 진행 방향이 바뀌도록 조절
    if i_d == 0 and j_d == +1: return (+1, 0)        # 우->하
    elif i_d == +1 and j_d == 0: return (0, -1)      # 하->좌
    elif i_d == 0 and j_d == -1: return (-1, 0)      # 좌->상
    elif i_d == -1 and j_d == 0: return (0, +1)      # 상->우

def print_snail(snail, n):
    for i in range(n):
        for j in range(n): print("%4d" % snail[i][j], end='')
        print()

if __name__ == "__main__":
    main()
```

해설

① 손으로 숫자 배열을 그리는 과정을 제어문으로 표현하는 것이 관건이다. 다음은 제어문을 도식화한 것이다.

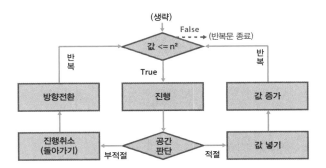

② 진행 방향이 달라도 한 칸씩 이동하는 행위는 똑같이 반복된다.

③ 공간의 끝이나 이미 숫자가 써진 칸에 도착하면 진행을 취소하고 방향을 튼다.

유제 4-6 **달팽이배열.py**

재귀함수를 사용하여 예제 4-6에 답하라.

예제 4-6의 다른 풀이법

앞에서 제시한 달팽이 배열 생성법은 '손으로 풀 때의 방법을 코드에 그대로 옮긴 것'이다. 그런데 다음 방법을 이용하면 문제를 더 효율적으로 풀 수 있다. 좌표가 경계를 벗어났는지 또는 도달한 자리에 숫자가 이미 있는지 확인할 필요가 없기 때문이다.

① 처음에는 (0, 0)에서 우측으로 n개만큼 진행한다.

② 아래로 n-1개, 왼쪽으로 n-1개 진행한다.

③ 위쪽으로 n-2개, 오른쪽으로 n-2개 진행한다.

④ ②와 ③을 반복하되 진행하는 숫자를 1씩 줄여나간다.

⑤ n-1, n-2, … , 1까지 진행하면 프로그램을 종료한다.

	❶ 처음 n개			
1	2	3	4	5
	❸ n-2개			
16	17	18	19	6
15	24	25	20	7
14	23	22	21	8
13	12	12	10	9

❸ n-2개 (왼쪽) ❷ n-1개 (오른쪽) ❷ n-1개 (아래)

예제 4-7 **단위환산.py**

우리나라는 섭씨(℃, Celcius의 머리글자) 온도를 사용하지만, 미국은 화씨(℉, Fahrenheit의 머리
글자) 온도를 사용한다. 화씨온도와 섭씨온도는 다음 식에 따라 변환된다.

$$화씨온도 = 1.8 \times 섭씨온도 + 32$$

위 식을 참고하여 섭씨온도를 인수로 전달받아 화씨온도를 반환하는 CtoF 함수와 화씨온도를
인수로 전달받아 섭씨온도를 반환하는 FtoC 함수를 작성하라.

예시 답안

```python
def CtoF(C):
    return 1.8*C+32

def FtoC(F):
    return (F-32)/1.8
```

해설

단위 환산 프로그램은 아주 짧은 코드로도 실생활에 도움을 줄 수 있는 좋은 예다.

유제 4-7 **단위환산.py**

아파트 면적 등을 표기할 때에는 평(坪)을 사용하지 않고 법정 계량 단위인 제곱미터(m²)를 사
용해야 한다. 간편법으로 1평=3.3m²라는 공식이 알려져 있으나, 정확하게는 다음과 같이 변환
된다.

$$1평 = 3.3058m^2$$

위 식을 참고하여 평 단위 넓이를 인수로 전달받아 제곱미터 면적을 반환하는 평to제곱미터 함수
와 제곱미터 면적을 인수로 전달받아 평 단위 면적을 반환하는 제곱미터to평 함수를 작성하라.

예제 4-8 **직급떼고.py**

회사를 거쳐 간 직원들을 기리는 뜻에서 주식회사 팥밥샤브의 조아라 대표이사 사장은 이번 시
무식 현수막에 전/현 직원들의 이름을 모두 적으라고 지시했다. 이를 담당하게 된 이몽룡 사원
은 데이터베이스의 모든 이름을 텍스트 파일로 옮겼다. 자동 생성된 이 파일(이름1.txt)은 한 줄
에 한 명만 담고 있다. 문제는 직급이 붙은 이름도 있고 그렇지 않은 이름도 있다는 점이다. 심
지어 직급과 이름의 순서가 다른 것도 있다. 게다가 동명이인도 있다. 그래서 이몽룡 씨는 과감
한 결단을 내렸다. 하나, 동명이인의 이름은 한 번만 적는다. 둘, 직급은 떼고 이름만 적는다. 셋,
순서는 고려하지 않는다. 넷, 이름은 띄어쓰기로 구분한다. 다섯, 이 네 가지 원칙을 지켜 '이름
2.txt'를 만든다. 이를 도식화하면 다음과 같다.

이름1.txt	이름2.txt
대표이사 조아라 사장 이몽룡 사원 조아라 대리 성춘향	이몽룡 조아라 성춘향

이름1.txt를 가공하여 이름2.txt를 만들기 위한 프로그램을 작성하라. 단, 직급에는 사원, 주임, 대리, 과장, 차장, 부장, 이사, 상무이사, 전무이사, 대표이사, 부사장, 사장이 있다.

예시 답안

```python
position = {'사원', '주임', '대리', '과장', '차장', '부장', '이사', '상무이사', '전무이사',
'대표이사', '부사장', '사장'}
name = []
with open("이름1.txt", "r") as file1:
    while True:
        line = file1.readline()
        if line == '':
            break
        line = set(line.rstrip('\n').split())
        name += list(line-position)      # 차집합 연산 결과를 name 리스트에 추가
    name = set(name)                     # name 리스트를 집합으로 형 변환하여 중복 요소 삭제

with open("이름2.txt", "w") as file2:
    for each_name in name:
        file2.write(each_name+' ')
```

해설

① 차집합 연산: 집합 A, B가 각각 A={1, 2, 3}, B={3, 4}일 때 A−B={1, 2}다.

② 한 줄을 읽어 개행문자를 떼고 split() 메서드를 쓰면 이름과 직급이 담긴 리스트가 된다. 이것을 집합으로 형 변환한 뒤 직급 집합과 차집합 연산을 사용하여 이름만 뽑아냈다.

③ 리스트를 집합으로 형 변환하면 중복된 요소를 쉽게 삭제할 수 있다.

④ name을 처음부터 집합으로 정의하여 add() 등의 메서드를 사용할 수도 있지만, 보다 익숙한 방법을 사용하였다.

유제 4-8 인기인.py

n명의 아이돌 가수가 모여 서로 인기투표를 하고 있다. 방식은 무기명 주관식이며, 따라서 자신을 뽑을 수도 있다. '투표결과.txt' 파일에는 다음과 같은 형태로 투표 결과가 담겨 있다.

이몽룡 성춘향 월매 성춘향 성춘향 이몽룡 향단 향단 방자 …

이 파일을 토대로 각자가 받은 표의 개수를 다음과 같이 화면에 출력하는 프로그램을 작성하라.

```
방자   1
향단   2
월매   1
이몽룡 2
성춘향 3
```

다음과 같이 사용자와 가위바위보 게임을 하는 프로그램을 작성하라. 단, 컴퓨터가 가위를 낼 확률과 바위를 낼 확률, 그리고 보를 낼 확률은 모두 같아야 한다.

컴퓨터 승리	유저 승리	비김
[보기] 가위, 바위, 보	[보기] 가위, 바위, 보	[보기] 가위, 바위, 보
당신은? **가위**	당신은? **바위**	당신은? **보**
저는? 바위	저는? 가위	저는? 보
제가 이겼네요!	제가 졌군요!	우리 비겼네요!

예시 답안

```python
import random
print("[보기] 가위, 바위, 보")
user = input("당신은? ")

computer = random.randint(1, 3) # 1 또는 2 또는 3 중 하나의 정수를 무작위로 선택
if computer == 1:
    computer = '가위'
elif computer == 2:
    computer = '바위'
else:
    computer = '보'
print("저는?", computer)

if user == computer:
    print("우리 비겼네요!")
elif((user == '가위' and computer == '바위')
    or (user == '바위' and computer == '보')
    or (user == '보' and computer == '가위')):
    print("제가 이겼네요!")
else:
    print("제가 졌군요!")
```

해설

random 모듈을 이용하면 무작위적 선택을 구현할 수 있다.

다음과 같이 사용자로부터 자연수 n을 입력받아 카운트다운 후 사용자가 n초 뒤에 엔터 키를 입력함으로써 경과된 시간을 맞히는 게임 프로그램을 작성하라. 사용자가 10% 오차 이내에서 엔터 키를 누르면 경과된 시간과 함께 '성공'을, 그렇지 못했을 경우 경과된 시간과 함께 '실패'를 화면에 출력하도록 한다. 단, 경과된 시간은 초 단위로 소수점 아래 두 번째 자리까지 출력한다.

성공	실패
n: 10	n: 10
3, 2, 1, 시작!	3, 2, 1, 시작!
9.32 성공	11.28 실패

효문대학교의 자연계열 수시모집 일반전형은 대학수학능력시험과 관련하여 다음과 같은 최저학력기준을 요구한다.

　① 국어/수학/영어 영역의 등급 합이 10 미만인 동시에
　② 국어/수학/영어 영역 중 수학을 포함한 2개 영역의 등급 평균이 4 미만일 것

한편, 효문대학교의 입학처가 관리하는 '판별대상.txt' 파일에는 다음과 같이 학생의 이름과 국어/수학/영어 영역의 등급이 순서대로 나열되어 있다.

이 중에서 최저학력기준을 충족한 사람의 이름만 다음과 같이 화면에 출력하는 프로그램을 작성하라.

판별대상.txt
박팽년 4 3 4
성삼문 2 1 3
유성원 5 1 1
유응부 3 5 2
이개 1 7 1
하위지 4 2 4

　성삼문
　유성원

예시 답안

```python
with open("판별대상.txt") as file:
    while True:
        student = file.readline()
        if student == '':
            break
        student = student.rstrip('\n').split()
        for i in [1, 2, 3]:
            student[i] = int(student[i])
        condition1 = student[1]+student[2]+student[3] < 10
        condition2_1 = student[2]+student[1] < 8   # 두 과목 평균이 4 미만이려면
```

```
        condition2_2 = student[2]+student[3] < 8   # 합이 8 미만이어야 한다.
        if condition1 and (condition2_1 or condition2_2):
            print(student[0])
```

해설

조건을 if문에 직접 기재하지 않고, 위와 같이 부울형 객체를 만들어 if문에 적용할 수도 있다.

유제 4-10 | 게임결과판정.py

박 실장은 높이 800m의 초고층 빌딩에서 벌어지는 총격전에서 승리하고 인질을 구출하는 FPS 게임을 기획하고 있다. 그는 최종 등급 판정 시스템을 다음과 같이 고안했다.

① 100점을 먼저 부여하고 다음 기준에 따라 점수를 깎는다.

기준	피격(1회)	피격으로 인한 사망(1회)	낙사(1회)	인질 사망(1회)
감점	2	6	4	10

② 점수 구간별로 영문 등급을 부여한다.

등급	S	A	B	C
점수	90점 이상	80	60	0

박 실장은 위 등급 판정 시스템을 테스트할 목적으로 여러 플레이 케이스를 수집했고, 이는 '테스트.txt' 파일에 다음과 같이 저장되어 있다. 각 숫자는 순서대로 '피격횟수/피격으로 인한 사망 횟수/낙사횟수/인질 사망횟수'를 의미한다.

테스트.txt
4 1 0 0
0 0 0 1
7 6 5 9
5 2 4 0
...

이를 분석하여 다음과 같이 각 영문 등급별 인원수를 화면에 출력하는 프로그램을 작성하라.

```
S 1
A 7
B 15
C 2
```

다음과 같이 띄어쓰기로 분리된 여러 사람의 이름과 그룹의 개수를 입력받아 조 편성을 무작위로 수행하여 출력하는 프로그램을 작성하라. 단, 사람 숫자가 그룹 개수로 나눠떨어지지 않는 경우 한 명이 더 많거나 적은 조가 있을 수 있다.

> 사람들: **갑 을 병 정 무 기 경 신 임 계**
> 그룹 숫자: **3**
> 1조: 무 병 임 을
> 2조: 정 갑 계
> 3조: 신 기 경

예시 답안

```python
import random
people = input("사람들: ").split()
random.shuffle(people)
n = int(input("그룹 숫자: "))
for i in range(1, n+1):
    print("%d조:" % i, end=' ')
    for j in range(len(people)):
        if j % n+1 == i:
            print(people[j], end=' ')
    print()     # 줄바꿈
```

해설

① 문제의 핵심 요소는 그룹 분할과 무작위성이다. 무작위성은 random 모듈의 shuffle() 함수를 통해 리스트를 섞음으로써 부여할 수 있다.

② 여러 사물을 n개의 그룹으로 나누는 가장 좋은 방법은 다음과 같다.

- 각 사물에 연속된 정수를 붙인다. 위 예시 답안에서는 리스트의 인덱스(i)가 그 역할을 맡았다.
- 그렇게 붙인 정수를 나누고자 하는 그룹 숫자 n으로 나눠 나머지가 같은 것끼리 묶는다. 이때 나머지를 구하는 연산자 %가 유용하게 사용된다.

지구의 공전주기를 정확히 따지면 365일이 아니라 그보다 조금 더 길다. 그래서 평년과 달리 윤년은 1년을 366일로 보며, 2월의 끝을 29일까지로 둔다. 구체적인 윤년 판단 기준은 다음과 같다.

① 4로 나눠떨어지면 윤년이다. 예컨대, 2020년은 윤년이다.

② 단, ①의 조건을 충족했더라도 100으로 나눠떨어지면 평년이다. 예컨대, 2100년은 4로 나눠떨어지지만 100으로도 나눠떨어지므로 평년이다.

③ 단, ②의 조건을 충족했더라도 400으로 나눠떨어지면 윤년이다. 예컨대, 2400년은 4로 나눠떨어지고 100으로도 나눠떨어지지만 400으로도 나눠떨어지므로 윤년이다.

사용자로부터 연도를 입력받아 '평년' 또는 '윤년'을 화면에 출력하는 프로그램을 작성하라.

연도: **2020**
윤년

예제 4-12 **채팅프로그램.py**

다음 규칙을 따르는 가장 단순한 채팅프로그램을 만들어보자.

① 사용자로부터 입력받은 문장에 프로그램이 대응한다.
② 사용자가 입력한 문장에 '안녕'이라는 두 글자가 있으면 '만나서 반가워.'라고 답변한다.
③ 그렇지 않으면 '무슨 말인지 잘 모르겠어.'라고 답변한다.
④ 사용자가 '끝!'이라고 입력하면 '또 보자.'는 말과 함께 프로그램이 종료된다.
⑤ 사용자가 '끝!'을 입력하지 않으면 프로그램은 반복 실행된다.

나: 안녕! 넌 이름이 뭐니?
컴퓨터: 만나서 반가워.
나: 이름이 뭐냐니까?
컴퓨터: 무슨 말인지 잘 모르겠어.
나: 끝!
컴퓨터: 또 보자.

예시 답안

```python
while True:
    user = input("나: ")
    if user == "끝!":
        print("컴퓨터: 또 보자.")
        break
    elif "안녕" in user:
        print("컴퓨터: 만나서 반가워.")
    else:
        print("컴퓨터: 무슨 말인지 잘 모르겠어.")
```

해설
자연스러운 채팅 프로그램을 만들려면 조건문이 얼마나 많이 필요할지 생각해보자.

예제 4-12의 채팅프로그램에 다음 규칙을 추가하라.

① 사용자로부터 입력받은 문장에 '끝말잇기'가 포함되어 있으면 컴퓨터부터 끝말잇기를 시작한다. 단, 시작하는 단어는 '후보낱말.txt' 파일에서 찾는다. 이 파일은 다음의 형태로 직접 입력하거나 인터넷에서 한국어 낱말을 검색하여 사용할 수 있으며, 이 책의 깃허브 사이트에서도 제공된다.

    자전거 커피 책상 동화 사랑 바람 장기 기쁨 바둑 문서 ...

② 컴퓨터는 후보낱말 파일에 담긴 단어로 끝말잇기를 시작하고 이어간다. 단, 같은 상황에서 같은 낱말만을 사용하는 일이 없도록 무작위성을 부여한다.

③ 후보낱말 파일에 있는 단어로 대답할 수 없으면 패배를 시인한 후 끝말잇기를 곧장 다시 시작한다.

④ 사용자가 입력한 낱말이 후보낱말 파일에 없거나 그 낱말의 첫 글자가 컴퓨터가 직전 차례에서 말한 단어의 마지막 글자와 불일치하면, 컴퓨터는 승리를 자축한 후 끝말잇기를 끝낸다.

위 규칙에 따르면 프로그램은 다음과 같이 동작한다.

    . . . (생략) . . .
    나: 끝말잇기 할래?
    컴퓨터: 나부터 할게.
    컴퓨터: 가위
    나: 위성
    컴퓨터: 내가 졌다. 다시 해.
    컴퓨터: 필통
    나: 야, 그러는 게 어딨어?
    컴퓨터: 왜! 내가 이겼다!
    . . . (생략) . . .

예제 4-13 **제곱근구하기.py**

다음과 같이 사용자로부터 자연수 하나를 입력받아 그 숫자의 양의 제곱근이 자연수일 경우 화면에 출력하고, 그렇지 않으면 '자연수인 양의 제곱근이 존재하지 않음'을 화면에 출력하라.

그렇지 않은 경우

자연수: **9**
양의 제곱근: 3

완전제곱수인 자연수를 입력할 경우

자연수: **5**
자연수인 양의 제곱근이 존재하지 않음

예시 답안

```
n = int(input("자연수: "))
if int(n**0.5) != n**0.5:
    print('자연수인 양의 제곱근이 존재하지 않음')
else:
    print("양의 제곱근:", int(n**0.5))
```

해설

① 예시 답안은 0.5제곱을 통해 제곱근을 구했다.

② math 모듈의 sqrt() 함수를 사용할 수도 있다.

```
>>> import math
>>> math.sqrt(4)
2.0
```

③ 다음과 같이 코드를 작성하는 것도 가능하다.

```
n = int(input("자연수: "))
natural_number = False
for i in range(1, n+1):
    if i**2 == n:
        print("양의 제곱근:", i)
        natural_number = True
        break
if not natural_number:
    print('자연수인 양의 제곱근이 존재하지 않음')
```

LEVEL 04

다음과 같이 사용자로부터 자연수 하나를 입력받아 그것이 홀수인지 짝수인지 출력하는 프로그램을 작성하라.

```
숫자: 3
홀수
```

수학 시간에 배운 바에 따르면, 서로 다른 n명의 사람 중에서 r명을 뽑아 줄 세우는 방법의 수는 다음과 같이 표현할 수 있다.

$$_nP_r = \frac{n!}{(n-r)!} \text{ (단, n! = n*(n-1)*(n-2)*...*3*2*1)}$$

다음과 같이 사용자로부터 n과 r을 입력받아 $_nP_r$을 계산하여 출력하는 프로그램을 작성하라.

```
n: 5
r: 2
20
```

예시 답안

```python
from math import factorial as fa
n = int(input("n: "))
r = int(input("r: "))
print(fa(n)//fa(n-r))
```

해설

① 모듈을 사용하면 프로그램 코드가 간결해진다.

② 이런 수준의 문제는 서술형 문제로도 출제될 수 있다.

수학 시간에 배운 바에 따르면, 서로 다른 n명의 사람 중에서 순서에 상관없이 r명을 뽑는 방법의 수는 다음과 같다.

$$_nC_r = \frac{n!}{r!(n-r)!}$$

다음과 같이 사용자로부터 n과 r을 입력받아 값을 계산하여 출력하는 프로그램을 작성하라.

```
n: 5
r: 2
결과: 10
```

수학 시간에 배운 바에 따르면, 약수란 어떠한 숫자를 나눠떨어지게 만드는 수를 말한다. 예컨 대, 2는 4의 약수다. 4%2는 0이기 때문이다. 3은 5의 약수가 아니다. 5%3은 0이 아니기 때문이 다. 다음과 같이 자연수 n을 입력받아 n의 약수를 화면에 모두 출력하는 프로그램을 작성하라. 단, 약수가 중복 출력되지 않도록 주의한다.

```
n: 9
1 3 9
```

예시 답안

```
n = int(input("n: "))
numbers = []                          # 약수를 저장할 리스트
for i in range(1, int(n**0.5)+1):     # int(n**0.5)+1: n의 제곱근보다 크되 가장 가까운 정수
    if n % i == 0:
        numbers.append(i)
        numbers.append(n//i)
for i in set(numbers):
    print(i, end=' ')
```

해설

① 16의 약수를 구하는 과정을 생각해보자.

   1 x 16 = 16

   2 x 8 = 16

   4 x 4 = 16

이와 같이 16의 약수는 1, 2, 4, 8, 16이 된다. 즉, 16의 양의 제곱근인 4까지만 약수를 구하면 나머지 약수는 쉽게 구할 수 있다. 이번에는 12의 약수를 구해보자.

   1 x 12 = 12

   2 x 6 = 12

   3 x 4 = 12

12의 양의 제곱근은 3.464...다. 따라서 이 값보다 작은 3까지만 약수를 구하면 나머지 절반은 쉽게 구할 수 있다. 예시 답안은 이 과정을 코드로 옮긴 것이다.

② 약수를 중복 출력하지 않기 위해 순회 대상 객체를 집합(set)으로 형 변환했다.

수학 시간에 배운 바에 따르면, 소수란 1과 자기 자신 외에는 그 숫자를 나눠떨어지게 할 수 없 는 2 이상의 양의 정수를 말한다. 예컨대, 5는 소수다. 1과 5 외의 숫자로 5를 나누면 나머지가 생기기 때문이다. 6은 소수가 아니다. 2나 3으로 나누면 나눠떨어지기 때문이다. 다음과 같이 1 보다 큰 자연수 n을 입력받아 n의 소수 여부를 출력하는 프로그램을 작성하라.

```
n: 5
소수
n: 6
소수 아님
```

최대공약수.py

a와 b의 공약수란, a의 약수인 동시에 b의 약수인 수를 말한다. 그리고 최대공약수는 공약수 중 가장 큰 것을 일컫는다. 예컨대, 4와 12의 공약수는 1, 2, 4이며, 최대공약수는 4다. 다음과 같이 자연수 a와 b를 입력받아 두 수의 최대공약수를 화면에 출력하는 프로그램을 작성하라.

```
a: 4
b: 12
4
```

예시 답안

```python
a = int(input("a: "))
b = int(input("b: "))
if a > b:
    a, b = b, a      # a가 b보다 작은 값을 갖도록 조정
a_numbers = []       # a의 약수를 저장할 리스트
for i in range(1, int(a**0.5)+1): # 예제 4-15의 코드를 응용
    if a % i == 0:
        a_numbers.append(i)
        a_numbers.append(a//i)
common_divisor = []                 # 공약수를 저장할 리스트
for i in a_numbers:
    if b % i == 0:                  # i가 a의 약수면서 b의 약수라면
        common_divisor.append(i)    # 공약수 리스트에 추가
print(max(common_divisor))
```

해설

① 두 자연수 a와 b의 공약수는 둘 중 작은 숫자(위 코드에서는 a)보다 작거나 같다. 따라서 둘 중 작은 숫자의 약수들을 먼저 구했다. 이후 그 약수들로 더 큰 숫자(위 코드에서는 b)를 나눴을 때 나머지가 없으면 그 약수가 a와 b의 공약수임을 알 수 있다.

② math 모듈의 gcd() 함수를 사용하면 최대공약수를 쉽게 구할 수 있다.

```
>>> import math
>>> math.gcd(12, 18)
6
```

math 모듈은 여러 가지 유용한 함수를 제공한다. 상용로그의 값을 제공하는 log10() 함수나 sin(), cos(), tan() 등의 삼각함수도 포함하고 있다.

 수학이나 정보 교과 교육과정에서는 제외되어 있지만, 유클리드 호제법(Euclidean algorithm)을 사용하는 문제가 출제될 수 있으므로 여기서 다룬다. 단, 왜 이것이 성립하는지에 대한 설명은 생략한다. 유클리드 호제법이란 최대공약수를 구하기 위한 알고리즘이다.

두 양의 정수 a와 b의 최대공약수를 gcd(a, b)라 표현할 때,
gcd(a, b) = gcd(b%a, a)가 성립한다. (단, a < b)

예컨대, gcd(12, 18)=gcd(18%12, 12)=gcd(6, 12)가 되고, 12는 6의 배수이므로 6이 최대공약수임을 쉽게 알 수 있다. 이 과정은 다음과 같이 재귀함수로 표현할 수 있다.

```
def gcd(a, b):
    if b % a == 0:
        return a
    return gcd(b % a, a)
```

다음은 위 재귀함수를 파이썬 셸에서 사용한 결과다.

```
>>> gcd(12, 18)
6
>>> gcd(64, 72)
8
```

유제 4-16 최소공배수.py

a와 b의 공배수란, a의 배수인 동시에 b의 배수인 숫자를 말한다. 그리고 최소공배수는 공약수 중 가장 작은 것을 일컫는다. 예컨대, 8과 12의 공배수는 24, 48, 72, …이며 최소공배수는 24다. 다음과 같이 자연수 a와 b를 입력받아 두 수의 최소공배수를 화면에 출력하는 프로그램을 작성하라.

```
a: 12
b: 8
24
```

수능을 준비 중인 라예가 수열에 대해 열심히 공부하고 있는데, 동생인 라은이 방문을 열고 들어와 말했다. "언니, 내가 신기한 걸 발견했어!" 다음은 둘의 대화다.

> 라은: 1은 1이야! 그리고 1더하기 3은 4야.
>
> 라예: 그런데?
>
> 라은: 1+3+5=9이고, 1+3+5+7=16이야! 신기하지?! 신기하지?!
>
> 라예: (짜증) 도대체 뭐가 신기한데?
>
> 라은: 결과가 전부 다 완전제곱수잖아!
>
> 라예: (심드렁하게) 그러네. 신기하네.
>
> 라은: 안 신기해? 1부터 시작한 홀수의 합이 전부 제곱수잖아!
>
> (라은을 방 밖으로 쫓아내고 싶어진 라예. 꾀를 낸다.)
>
> 라예: 그럼, k는 몇(n)을 제곱한 숫자일까? 그때 마지막으로 더한 홀수(i)는 뭘까?

불쌍한 라은이를 도와 n과 i를 찾아보자. k는 사용자로부터 입력받는다. (단, k는 완전제곱수)

입력 예시 1

```
k: 65536
```

입력 예시 2

```
k: 3105275625
```

출력 예시 1

```
n: 256
i: 511
```

출력 예시 2

```
n: 55725
i: 111449
```

예시 답안

```
k = int(input("k: "))
i = 1   # 더해나갈 홀수
n = 1   # i가 (1, 3, 5, ...) 수열에서 몇 번째 수인지 나타낸다.
s = 1   # i를 더해 만든 1+3+5+... 의 값
while True:
    if k == s:
        break
    i = i + 2
    s = s + i
    n = n + 1
print("n:", n)
print("i:", i)
```

또는

```
k = int(input("k: "))
n = int(k**0.5)
i = 2*n-1
```

```
print("n:", n)
print("i:", i)
```

해설

사실 이 문제는 프로그래밍 문제가 아니라 수학 문제에 더 가깝다. 그러나 문제를 잘 살펴보면
그렇게 어려운 문제는 아니다. n은 k의 양의 제곱근을 묻고 있다. 이는 다음 그림에서 한 변에 있
는 사과의 개수와 같다. 또한, i는 다음 그림에서 가장 바깥 테두리의 사과 개수와 같으며, 이는
수열 1, 3, 5, 7, ...의 일반항인 2n-1임을 알 수 있다.

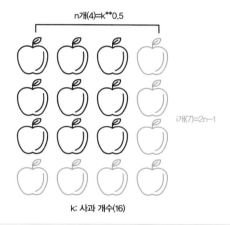

유제 4-17   월일숫자.py

연도를 제외한 월일을 다음과 같은 방법으로 나타낸 것을 '월일숫자'라고 정의하자.

1월1일	2월28일	10월1일	11월12일
11	228	101	1112

2월은 28일까지라고 할 때, 다음과 같이 월일숫자 중 소수인 것만을 중복 없이 화면에 출력하는
프로그램을 작성하라.

```
11
13
17
19
23
29
31
37
...
```

사용자에게 n을 입력받아 다음 형태로 삼각형을 출력하는 프로그램을 작성하라. 단, 문자열 곱셈은 사용하지 않도록 한다.

n	1	2	3	4	5
모양	*	* **	* ** ***	* ** *** ****	* ** *** **** *****

예시 답안

```
# 출력: 삼각형
# 입력: n

n = int(input("n: "))
for i in range(1, n+1):
    for j in range(1, n+1):
        if i >= j:
            print("*", end='')
    print()
```

해설

반복문을 중첩시켜 그림을 그리는 문제는 다음과 같이 푼다.

① 주어진 n에 따라 그림을 그려야 하는 공간의 크기를 파악한다. 이 문제는 n행 n열의 공간을 요구한다.

② i행과 j열로 구성된 (i, j) 좌표를 살펴서 *가 표시된 좌표의 i, j 사이에 어떤 관계식이 성립하는지 파악한다. 위 문제는 i >= j를 충족하는 좌표에 *를 표시할 것을 요구한다.

③ *를 출력한 후 자동 줄바꿈이 되지 않도록 주의하고, 한 행의 출력이 끝난 뒤에 줄바꿈을 수행한다.

④ i와 j의 관계식을 이용하지 않고 다음과 같이 풀 수도 있다.

```
n = int(input("n: "))
for i in range(1, n+1):
    for j in range(1, i+1):
        print('*', end='')
    print()
```

사용자에게 n을 입력받아 다음 형태로 삼각형을 출력하는 프로그램을 작성하라. 단, 문자열 곱셈은 사용하지 않도록 한다.

n	1	2	3	4	5
모양	*	** *	*** ** *	**** *** ** *	***** **** *** ** *

사용자에게 n을 입력받아 다음 형태로 삼각형을 출력하는 프로그램을 작성하라. 단, 문자열 곱셈은 사용하지 않도록 한다.

n	1	2	3	4	5
모양	*	* **	* ** ***	* ** *** ****	* ** *** **** *****

예시 답안

```
# 출력: 삼각형
# 입력: n
n = int(input("n: "))
for i in range(1, n+1):
    for j in range(1, n+1):
        if i+j >= n+1:
            print('*', end='')
        else:
            print(' ', end='')
    print()
```

해설

① 위 문제는 n행 n열의 공간을 요구한다.

② 위 문제는 i+j >= n+1를 충족하는 좌표에 *를 표시할 것을 요구한다.

③ i와 j의 관계식을 이용하지 않고 다음과 같이 풀 수도 있다.

```
n = int(input("n: "))
for i in range(n, 0, -1):
    for j in range(1, n+1):
        if j >= i:
```

```
            print('*', end='')
        else:
            print(' ', end='')
    print()
```

 삼각형이 비뚤어진 상태로 출력된다면?

글씨체 때문이다. [Options]-[Configure IDLE]의 Fonts/Tabs 탭에서 공백 한 칸과 별(*) 하나의 가로 크기가 정확히 같은 폰트를 찾아 설정해보자. 어떤 폰트를 선택해야 될 지 모르겠다면 Fixedsys를 추천한다.

유제 4-19 **삼각형2.py**

사용자에게 n을 입력받아 다음 형태로 삼각형을 출력하는 프로그램을 작성하라. 단, 문자열 곱셈은 사용하지 않도록 한다.

n	1	2	3	4	5
모양	*	** *	*** ** *	**** *** ** *	***** **** *** ** *

예제 4-20 **삼각형3.py**

사용자에게 n을 입력받아 다음 형태로 삼각형을 출력하는 프로그램을 작성하라. 단, 문자열 곱셈은 사용하지 않도록 한다.

n	1	2	3	4
모양	*	* ***	* *** *****	* *** ***** *******

예시 답안

```
# 출력: 삼각형
# 입력: n
n = int(input("n: "))
for i in range(1, n+1):
    for j in range(1, 2*n):
        if i+j >= n+1 and j-i <= n-1:
```

```
            print('*', end='')
        else:
            print(' ', end='')
    print()
```

해설

① 위 문제는 n행 (2n-1)열의 공간을 요구한다.

② 위 문제는 다음 부등식을 모두 충족하는 좌표에 *를 표시할 것을 요구한다. 그러나 '다' 조건은 반복문의 변수 i를 통해 제어되므로 조건문에 명시하지 않았다.

가. i+j >= n+1

나. j-i <= n-1

다. i <= n

③ i와 j의 관계식을 이용하지 않고 다음과 같이 풀 수도 있다.

```
n = int(input("n: "))
for i in range(1, n+1):
    for j in range(1, n-i+1):
        print(' ', end='')
    for j in range(1, 2*i):
        print('*', end='')
    print()
```

유제 4-20 삼각형3.py

사용자에게 n을 입력받아 다음 형태로 삼각형을 출력하는 프로그램을 작성하라. 단, 문자열 곱셈은 사용하지 않도록 한다.

n	1	2	3	4
모양	*	*** *	***** *** *	******* ***** *** *

사용자에게 n을 입력받아 다음 형태로 마름모를 출력하는 프로그램을 작성하라. 단, 문자열 곱셈은 사용하지 않도록 한다.

n	1	2	3	4
모양	*	* *** *	* *** ***** *** *	* *** ***** ******* ***** *** *

예시 답안

```
# 출력: 마름모
# 입력: n
n = int(input("n: "))
for i in range(1, 2*n):
    for j in range(1, 2*n):
        if n+1 <= i+j <= 3*n-1 and j-i <= n-1 and i-j <= n-1:
            print('*', end='')
        else:
            print(' ', end='')
    print()
```

해설

① 위 문제는 (2n-1)행 (2n-1)열의 공간을 요구한다.

② 위 문제는 다음 부등식을 모두 충족하는 좌표에 *를 표시할 것을 요구한다.

　가. i+j >= n+1

　나. i+j <= 3*n-1

　다. j-i <= n-1

　라. i-j <= n-1

③ 다음과 같이 풀 수도 있다. 마름모의 한가운데 점은 (n, n)이며, *가 찍힌 좌표는 모두 (n, n)으로부터 일정 거리(칸) 내에 있음을 이용했다.

```
n = int(input("n: "))
for i in range(1, 2*n):
    for j in range(1, 2*n):
        if abs(n-i)+abs(n-j) < n:   # abs()는 절댓값 반환
            print('*', end='')
        else:
            print(' ', end='')
    print()
```

사용자에게 n을 입력받아 다음 형태로 마름모를 출력하는 프로그램을 작성하라. 단, 문자열 곱셈은 사용하지 않도록 한다.

n	1	2	3	4
모양	*	*** * * ***	***** ** ** * * ** ** *****	******* *** *** ** ** * * ** ** *** *** *******

n명이 참여하는 배스킨라빈스31 게임의 규칙은 다음과 같다.

① 차례를 정한 후 한 명씩 진행한다.

② 자신의 차례에 직전 참여자의 숫자로부터 연속된 자연수를 1개 또는 2개 또는 3개 말할 수 있다. 예컨대, 직전 참여자의 숫자가 14로 끝났다면 15나 15, 16 또는 15, 16, 17을 말할 수 있다.

③ 첫 번째 참여자는 1부터 시작한다.

④ 31을 말하는 사람이 게임의 패배자가 된다.

위 규칙에 따라 컴퓨터가 사용자와 일대일로 배스킨라빈스31 게임을 진행하기 위한 코드를 작성하라. 전략적 판단은 전혀 없이 무작위성만 부여하고, 컴퓨터가 먼저 시작하도록 한다. 사람은 항상 게임 규칙을 지킨다고 가정한다. 다음은 프로그램 실행 예시다.

사례 1	사례 2
컴퓨터: 1 2 3	컴퓨터: 1
사람: **4**	사람: **2 3**
컴퓨터: 5 6	컴퓨터: 4 5 6
사람: **7 8 9**	사람: **7 8 9**
컴퓨터: 10 11 12	컴퓨터: 10
사람: **13 14 15**	사람: **11**
컴퓨터: 16 17	컴퓨터: 12
사람: **18 19 20**	사람: **13 14 15**
컴퓨터: 21 22 23	컴퓨터: 16 17
사람: **24 25 26**	사람: **18 19 20**
컴퓨터: 27	컴퓨터: 21 22 23
사람: **28 29 30**	사람: **24 25 26**
컴퓨터: 31	컴퓨터: 27 28 29
컴퓨터 패배	사람: **30 31**
	사람 패배

```python
import random

def judge(name, n):
    """참여자의 승패를 판단하는 함수"""
    if n == 31:
        print(name, "패배")
        return True
    else:
        return False

def BR31():
    """참여자의 턴 및 게임의 진행 전반을 관리하는 함수"""
    user_numbers = [0]
    while True:
        computer_numbers = computer_turn(user_numbers)
        if judge('컴퓨터', computer_numbers[-1]):
            break
        user_numbers = user_turn()
        if judge('사람', user_numbers[-1]):
            break

def computer_turn(previous_numbers):
    """컴퓨터의 턴에 숫자를 결정하고 출력하는 함수"""
    last_number = random.randint(previous_numbers[-1]+1, previous_numbers[-1]+3)
    if last_number >= 31:
        last_number = 31
    numbers = [i for i in range(previous_numbers[-1]+1, last_number+1)]
    # 숫자 결정 완료

    print("컴퓨터: ", end='')
    for i in numbers:
        print(i, end=' ')
    print()
    # 숫자 출력 완료

    return numbers

def user_turn():
    """사용자 턴에 숫자를 입력받아서 이를 처리하는 함수"""
    numbers = [int(i) for i in input("사람: ").split()]
    return numbers

if __name__ == "__main__":
    BR31()
```

이 문제 풀이의 관건은 다음 두 가지다.

① 게임의 진행을 어떻게 추상화할 것인가?

컴퓨터와 사람이 결정한 숫자를 리스트에 담아서 두 함수가 인수와 반환 값으로 주고받도록 하였다. 그리고 한 참여자가 숫자를 결정할 때마다 패배 여부를 검토하였다.

② 컴퓨터가 숫자를 어떻게 고르도록 만들 것인가? 특히, 31에 가까워졌을 때 이를 어떻게 처리할 것인가?

사람의 숫자에 이어 3개 이내의 숫자를 고르는 행위는 컴퓨터가 자신의 턴에서 말할 가장 큰 숫자 하나를 결정하는 행위와 같다. 그러면 나머지 숫자가 자동으로 결정되기 때문이다. 따라서 컴퓨터 측 숫자 중에서 마지막 숫자 하나만 무작위성을 부여하면 된다. 그렇게 고른 마지막 숫자가 31 이상이라면 컴퓨터의 패배로 처리하였다.

유제 4-22　**필승의BR31.py**

두 명이 참여하는 배스킨라빈스31 게임은 다음과 같은 이유로 필승 전략이 존재한다.

내가 30으로 숫자를 마친다면 상대를 반드시 패배시킬 수 있다.

그런데 내가 26으로 숫자를 마친다면 다음 내 턴에 반드시 30으로 숫자를 마칠 수 있다.

그런데 내가 22로 숫자를 마친다면 다음 내 턴에 반드시 26으로 숫자를 마칠 수 있다.

...

그런데 내가 4k-2로 숫자를 마친다면 다음 내 턴에 반드시 4k+2로 숫자를 마칠 수 있다.

...

그런데 내가 2로 숫자를 마친다면 다음 내 턴에 반드시 6으로 숫자를 마칠 수 있다.

즉, 내가 먼저 시작하여 숫자 2로 첫 번째 턴을 마치면 게임에서 반드시 승리할 수 있다. 또는, 내가 뒤늦게 시작하더라도 게임을 진행하는 도중 단 한 번만 4k-2에 해당하는 숫자로 내 턴을 마치면 반드시 승리할 수 있다. 예제 4-22의 답안에 위 사실을 적용하여 컴퓨터가 100% 승리하는 코드를 작성하라. 게임은 항상 컴퓨터가 먼저 시작하는 것으로 한다.

예제 4-23　**개미수열.py**

본래 읽고 말하기 수열이라는 이름을 지닌 개미수열은 다음과 같다. 한 행이 수열의 각 항이다.

1

11

12

1121

122111

...

1번째 줄을 제외하면, n번째 줄은 n-1번째 줄을 읽고 말한 것이다. 즉,

  2번째 줄: (1번째 줄의 내용은) 1이 1개

  3번째 줄: (2번째 줄의 내용은) 1이 2개

  4번째 줄: (3번째 줄의 내용은) 1이 1개, 2가 1개

  5번째 줄: (4번째 줄의 내용은) 1이 1개, 2가 1개, 1이 1개

다음과 같이 사용자로부터 n을 입력받아 개미수열을 n번째 줄까지 출력하는 프로그램을 작성하라.

```
n: 3
1
11
12
```

예시 답안

```python
def main():
    n = int(input("n: "))
    line = [1]
    print_ant(line)
    for i in range(n-1):
        line = get_next_line(line)
        print_ant(line)


def print_ant(line):
    for j in line:
        print(j, end='')
    print()


def get_next_line(previous_line):
    next_line = []
    i = 0
    while i < len(previous_line):
        j = i+1
        next_line.append(previous_line[i])
        while True:
            if j == len(previous_line) or previous_line[i] != previous_line[j]:
                # or 앞뒤에 있는 조건의 위치를 바꾸면 IndexError 발생
                next_line.append(j-i)
                i = j
                break
            j += 1
    return next_line


if __name__ == "__main__":
    main()
```

① 개미수열의 n번째 줄은 n-1번째 줄을 읽어 표현한 것이다. 따라서 개미수열을 n번째 줄까지 화면에 출력하려면 1번째 줄부터 차례대로 구해야 한다.

② 이 문제 풀이의 관건은 한 줄의 내용을 'a가 b개, c가 d개' 꼴로 파악하는 과정을 논리적으로 표현하는 것이다. 사람이 직접 하면 단순한 작업이지만, 이를 추상화하여 코드로 옮기려면 생각해야 할 것이 많다.

다음 코드에서 or 앞뒤에 있는 조건의 위치를 바꾸면 IndexError가 발생하는 이유는 무엇인가?

```
if j == len(previous_line) or previous_line[i] != previous_line[j]:
```

A or B는 A 또는 B 둘 중에 하나라도 참이면 참이 된다. 따라서 파이썬 인터프리터는 if A or B: 같은 조건문을 해석할 때, A의 진위를 먼저 판단한 후 A가 거짓일 경우에만 B를 추가로 판단한다. A가 참이라면 B는 판단하지 않는다. 이는 효율적 정보 처리를 위한 것으로, **단축 평가(short-circuit evaluation)**라고 한다. 위 조건문은 이러한 단축 평가의 특성을 이용하여 구성된 것이다.

위 조건문에서 **or** 앞뒤에 있는 조건의 위치를 바꾸면 j == len(previous_line)이 참인 상황에서도 previous_line[j]에 접근을 시도하게 된다. 그러면 IndexError가 발생할 수밖에 없다. previous_line 리스트의 인덱스는 0부터 len(previous_line)-1까지밖에 없기 때문이다. 이해가 어렵다면 다음을 살펴보자.

사례 1: A or B에서, B의 진위를 따지지 않는 단축 평가 사례

```
>>> a = [1, 2, 3]
>>> if 5 > 3 or a[9999] == 1: print("문제없음")
문제없음
>>> if a[9999] or 5 > 3: print("문제있음")
Traceback (most recent call last):
  File "<pyshell#4>", line 1, in <module>
    if a[9999] or 5 > 3: print("문제있음")
IndexError: list index out of range
```

사례 2: A and B에서, B의 진위를 따지지 않는 단축 평가 사례

```
>>> b = [1, 2, 3]
>>> if 1 > 100 and b[9999] == 1: print("문제없음")
else: print("조건문이 충족되지 않을 뿐임.")
조건문이 충족되지 않을 뿐임.
>>> if b[9999] == 1 and 1 > 100: print("문제있음")
else: print("이렇게 쓰면 에러가 발생함")
Traceback (most recent call last):
  File "<pyshell#14>", line 1, in <module>
    if b[9999] == 1 and 1 > 100: print("문제있음")
IndexError: list index out of range
```

다음과 같이 개미수열의 n번째 행을 입력받아 n-1번째 행을 출력하는 프로그램을 작성하라.

n번째 행: **122111**
n-1번째 행: 1121

알고리즘의 효율 분석과 설계 패러다임

레벨 3에서 알고리즘의 정의와 표현 방법을 다뤘다. 레벨 4에서는 알고리즘의 효율 측정법과 꼭 알아둬야 할 정렬 알고리즘, 그리고 알고리즘 설계 패러다임을 알아볼 것이다.

4.3.1 알고리즘의 효율 비교

먼 곳에서 집까지 가는 방법은 대개 한 가지가 아니다. 이처럼 한 문제의 해법도 여럿인 경우가 많다. 그러므로 다수의 알고리즘 중에서 어떤 것을 선택해야 할지 판단 기준이 필요하다. 더 쉽게 표현하자면, 어떤 것이 더 효율적인 알고리즘인지 알아볼 방법이 있어야 한다.

구체적으로 설명을 시작하기 전에 효율적이라는 단어의 의미를 명확히 하자. 이는 어떤 알고리즘이 문제를 해결하는 과정에서 다른 알고리즘보다 자원을 덜 소비한다는 뜻이다. 여기서 말하는 자원이란 시간과 공간이다. 따라서 알고리즘의 효율을 서로 비교하기 위해서는 각 알고리즘이 사용하는 시간과 공간을 측정해야 한다.

먼저, 시간 측정법을 생각해보자. 알고리즘의 수행 시간은 운영체제나 컴퓨터 사양, 백그라운드 프로세스 등 외부 환경으로부터 큰 영향을 받는다. 따라서 시간을 직접 측정하는 방식은 적합하지 않으므로 알고리즘에 포함된 명령의 개수를 직접 센다. 각 알고리즘의 수행 환경이 같다면, 명령 처리 횟수가 알고리즘에 필요한 시간을 결정하기 때문이다. 공간 측정법도 마찬가지다. 알고리즘의 실행에 필요한 변수(객체)의 개수를 직접 센다.

결과적으로, A 알고리즘이 B 알고리즘보다 처리할 명령의 개수가 적다면 A 알고리즘이 시간 측면에서 더 효율적이라고 말할 수 있다. 또한, C 알고리즘이 D 알고리즘보다 변수(객체)를 덜 쓴다면 C 알고리즘이 공간 측면에서 더 효율적이라고 말할 수 있다.

하지만 알고리즘을 일대일로 일일이 비교하는 것은 비효율적이다. 그래서 각 알고리즘의 **복잡**

도를 계산한다. 복잡도란, 알고리즘이 요구하는 시간 또는 공간을 함수로 나타낸 것이다. 그런데 입력에 따라 알고리즘의 복잡도는 달라질 수 있다. 따라서 복잡도를 산출할 때는 최악의 입력이나 평균적 입력, 또는 최선의 입력을 가정한다.

예를 들어, 최악의 경우를 고려한 알고리즘 f와 g의 시간복잡도가 다음과 같다고 가정하자.

$$f(n) = n$$
$$g(n) = n^2$$

이를 통해 '알고리즘 f의 시간복잡도가 알고리즘 g의 시간복잡도보다 낮으므로 f가 더 효율적이다'라는 사실을 한눈에 알아볼 수 있다.

 학생 A는 늘 버스를 타고 등교한다. 9시 전에는 도착해야 지각을 면할 수 있다. 성실한 모범생인 A는 100% 확실하게 지각하지 않을 방법을 찾고 있다. 다음 중 가장 유용한 정보는 무엇일까?

① 최선: 버스가 빠르면 10분 만에 학교에 도착하더라.
② 평균: 버스가 평균 15분 정도 걸려서 학교에 도착하더라.
③ 최악: 버스를 타면 아무리 늦어도 25분 안에 학교에 도착하더라.

세 정보 중 A가 절대로 지각하지 않는 데 도움이 되는 정보는 ③번밖에 없다.

그런데 최악의 경우와 최선의 경우란 무엇을 의미할까? 또한, 복잡도는 어떻게 측정할 수 있을까? 시간복잡도를 기준으로 이를 알아보자.

'선착순응모자.txt' 파일에 사람 이름이 300개 저장되어 있다고 가정하자(n=300). 이때 '이성계'라는 이름이 포함되어 있는지, 있다면 몇 번째에 있는지 확인하는 프로그램을 만들려고 한다. 코드는 다음과 비슷하게 작성될 것이다.

```
1   f = open("선착순응모자. txt", "r")
2   names = f.read().split()
3   f.close()
4   in_entry = False
5   for i, name in enumerate(names):
6       if name == '이성계':
7           print(i+1, "번째 응모자")
8           in_entry = True
9           break
10  if not in_entry:
11      print("응모하지 않았음.")
```

다섯 번째 줄에 있는 for문의 변수 i는 최악의 경우 인덱스 299까지 나아간다. 즉, 최악의 경우 300명의 이름을 모두 확인해야 한다. 만약, 사람 이름의 개수가 n이라면 n번째 사람의 이름까지 확인해야 할 것이다. 그러나 찾으려는 이름이 가장 앞에 있는 경우 i는 0에서 그칠 수도 있다. 즉, 코드 한 줄이 한 개의 명령이라고 생각하면, 이 알고리즘의 시간복잡도는 최악의 경우 n+9, 최선의 경우 10이 된다.

그런데 이는 쓸데없이 정교한 측정이다. 먼저, 최악의 복잡도인 n+9에 대해 생각해보자. 파일을 통해 입력되는 이름의 개수(n)가 만, 십만, 백만을 향해 나아간다면, **반복문 외의 명령이 중요할까? 전혀 그렇지 않다.** +9는 사족이다.

최선의 경우도 마찬가지다. 명령의 개수가 n과 상관없이 일정 숫자로 결정된다면, 1이든 3이든 10이든 100이든 그것이 그렇게 중요할까? 그렇지 않다. 컴퓨터는 1초에도 엄청난 양을 계산하기 때문이다. 따라서 이러한 표기를 기준에 따라 단순화할 필요가 있다. 그 기준은 다음과 같다.

① 알고리즘의 시간복잡도를 측정할 때는 for, while, 재귀함수 등에서 발생하는 **반복 횟수만을** 고려한다.
② 시간복잡도를 표시할 때는 **점근 표기법**, 그중에서도 **빅-오 표기법(Big-O Notation)**을 주로 사용한다.

 난데없이 튀어나온 점근 표기법이라는 게 뭔지 잘 모르겠다
입력값의 크기, 즉 n이 충분히 클 때의 복잡도를 단순하게 표기하기 위한 도구라고 생각하자. 점근 표기법에는 여러 종류가 있지만, 최악의 경우를 표현하기에 가장 적합한 빅-오 표기법이 많이 사용된다.

빅-오 표기법이란, 특정 함수를 규칙에 따라 간소화하여 $O(f(n))$의 꼴로 나타내는 방법이다. 빅-오 표기법에 따르면, 최악의 시간복잡도 n+9는 $O(n)$으로, 최선의 시간복잡도 10은 $O(1)$로 나타낼 수 있다.

 빅-오 표기법의 정의는 다음과 같다. $f(x)$, $g(x)$가 실수 함수라고 하자. 이때 어떤 실수 x_0와 $c > 0$가 존재해서 $x > x_0$를 만족하는 모든 실수 x에 대해 $|f(x)| \leq c|g(x)|$를 만족하면 $f(x)=O(g(x))$이다.

빅-오 표기법 표기 절차 간소화

빅-오 표기법을 이용해 시간복잡도 함수를 표기하는 절차를 간소화하면 다음과 같다. 예를 들어, 최악의
경우에 대한 시간복잡도를 측정한 결과 n(n-1)/2가 나왔다고 가정하자.

$$\frac{n(n-1)}{2} = \frac{1}{2}n^2 - \frac{1}{2}n$$

① 최고차항만 남긴다.

$$\frac{1}{2}n^2$$

② 계수를 1로 만들고 대문자 O와 소괄호를 붙여서 마무리한다.

$$O(n^2)$$

③ 빅-오 표기의 정의에 따라, 다음이 틀리지 않았는지 확인한다.

$$\frac{1}{2}n^2 - \frac{1}{2}n = O(n^2)$$

이번에는 다른 사례를 살펴보자. 다음 두 코드는 모두 사용자로부터 자연수 n을 입력받아 1
부터 n까지의 자연수 총합을 정수 형태로 알려준다.

사례 1	사례 2
| ```python
n = int(input("n: "))
result = 0
for i in range(1, n+1):
    result += i
print(result)
``` | ```python
n = int(input("n: "))
print(int(n*(n+1)/2))
``` |

 1부터 n까지의 자연수 총합을 구하는 공식 S(n)은 다음과 같이 유도할 수 있다.

$$S(n) = 1 + 2 + 3 + ... + (n-2) + (n-1) + n$$
$$S(n) = n + (n-1) + (n-2) + ... + 3 + 2 + 1$$

두 식의 양변을 각각 더하면

$$2*S(n) = (n+1)+(n+1)+(n+1)+ ... +(n+1)+(n+1)$$
$$= (n+1) * n$$
$$\therefore S(n) = n*(n+1)/2$$

1번 코드와 2번 코드는 내부 구현만 다를 뿐 같은 것을 입력받아 같은 것을 출력하는 프로그램이다. 그런데 두 코드의 효율 차이는 엄청나다. 1번 코드는 n이 증가함에 따라 계산 횟수가 함께 증가하지만, 2번 코드는 n이 증가해도 일정 횟수의 계산만 수행하면 된다.

비효율적인 코드와 효율적인 코드의 계산 횟수 비교

n	1번 코드의 계산 횟수	2번 코드의 계산 횟수
1	덧셈 1	덧셈 1 곱셈 1 나눗셈 1
2	덧셈 2	덧셈 1 곱셈 1 나눗셈 1
3	덧셈 3	덧셈 1 곱셈 1 나눗셈 1
4	덧셈 4	덧셈 1 곱셈 1 나눗셈 1
5	덧셈 5	덧셈 1 곱셈 1 나눗셈 1
...	...	덧셈 1 곱셈 1 나눗셈 1
10억	1,000,000,000	덧셈 1 곱셈 1 나눗셈 1
n	덧셈 n	덧셈 1 곱셈 1 나눗셈 1

1번 코드의 알고리즘은 최악의 경우와 최선의 경우 둘 다 시간복잡도가 O(n)이다. 2번 코드의 알고리즘도 최악의 경우와 최선의 경우 시간복잡도가 같으며, O(1)로 나타낼 수 있다.

 NOTE 입력값과 무관하게 같은 횟수의 계산만을 수행하는 알고리즘의 시간복잡도는 O(1)로 나타낸다.

마지막 사례로, 마름모를 화면에 출력했던 예제 4-21의 코드를 생각해보자.

```python
n = int(input("n: "))
for i in range(1, 2*n):
    for j in range(1, 2*n):
        if i+j <= n+1 or i+j >= 3*n-1 or j-i >= n-1 or i-j >= n-1:
            print('*', end='')
        else:
            print(' ', end='')
    print()
```

이처럼 반복문이 중첩된 알고리즘의 시간복잡도를 계산할 때는 반복문 가장 안쪽 블록의 반복 횟수를 확인하면 된다. 따라서 위 알고리즘의 시간복잡도는 (2n-1)(2n-1)=4n²-4n+1이 되어 O(n²)으로 나타낼 수 있다.

지금까지 O(1), O(n), O(n²)의 사례를 살펴보았다. 알고리즘의 시간복잡도를 계산하다 보면 그 외에도 여러 유형이 자주 등장한다. 이들을 시간복잡도가 낮은 것부터 오름차순으로 사례와 함께 나열하면 다음과 같다.

시간복잡도에 따른 별칭과 관련 사례

시간복잡도	별칭	대표적인 알고리즘 또는 사례
$O(1)$	상수 시간	1부터 n까지의 자연수 합을 공식에 따라 구하기
$O(\log n)$	로그 시간	이진 탐색
$O(n)$	선형 시간	순차 탐색(정렬되어 있지 않은 리스트에서 특정 값 찾기)
$O(n\log n)$	선형 로그 시간	퀵 정렬(단, 최악의 경우 $O(n^2)$), 병합 정렬
$O(n^2)$	2차 시간	선택 정렬, 버블 정렬, 삽입 정렬
$O(c^n)$	지수 시간	하노이 탑 문제
$O(n!)$	팩토리얼 시간	알파벳 재배치를 통한 Anagram 생성

다음 그림은 위 표의 시간복잡도를 그래프로 나타낸 것이다.

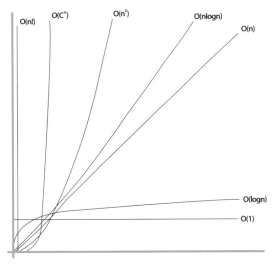

여러 가지 시간복잡도

지금까지 시간복잡도를 구해 빅-오 표기법으로 나타내는 과정을 알아보았다. 그러나 공간복잡도의 측정과 표현 방법은 이 책에서 다루지 않을 것이다. 기술 발전으로 인해 기억장치의 가격이 저렴해져 공간복잡도의 계산 중요성이 떨어지고 있기 때문이다.

그러나 공간복잡도 계산의 중요성이 없다는 뜻은 결코 아니다. 기억장치의 용량을 신경 써야 할 정도로 크거나 많은 데이터를 다루는 경우 공간복잡도는 여전히 중요하다.

4.3.2 정렬 알고리즘 개괄

방 정리를 해두면 물건을 쉽게 찾을 수 있듯, 데이터도 정리를 해두면 원하는 정보를 쉽게 찾을 수 있다. 이는 프로그램의 실행 효율과 직결되므로 굉장히 중요한 문제다. 그래서 사람들은 더 좋은 정렬 알고리즘을 고안하기 위해 긴 시간 노력을 기울였고, 그 결과 다채로운 알고리즘이 개발됐다.

같은 결과물을 내놓는 과정에서 제각각의 작동 방식과 효율을 보이기 때문에 알고리즘 효율 비교를 배울 때 정렬만큼 좋은 사례는 찾기 어렵다. 그래서 많은 선생님들이 정렬 알고리즘을 비교 분석하며 효율 차이를 설명한다.

입문자 수준에서 다루는 정렬 알고리즘은 시간복잡도에 따라 크게 두 가지로 분류할 수 있다.

효율에 따른 정렬 알고리즘 분류

시간복잡도	알고리즘
$O(n^2)$	거품 정렬(bubble sort) 선택 정렬(selection sort) 삽입 정렬(insertion sort)
$O(n\log n)$	퀵 정렬(quick sort) 병합 정렬(merge sort)

지금부터 이들을 차례대로 설명할 것이다. 그 전에 한 가지 당부하고자 한다. 각 정렬 알고리즘의 설명을 읽기 전에, 동영상 자료를 먼저 보길 권한다. 정렬 알고리즘에 따라 숫자가 이동하는 모양을 미리 보고 나면 머릿속에 이미지가 남는데, 이것이 이해에 큰 도움을 주기 때문이다.

4.3.3 $O(n^2)$ 정렬 알고리즘

이해를 돕기 위해 다음과 같이 일관된 목적을 설정한다.

첫째, 다음과 같이 정의된 numbers 리스트를 이용한다.

```
                    [0]       [1]       [2]       [3]
numbers    =    [   99   ,    8   ,    0   ,    3   ]
```

둘째, 오름차순으로 정렬한다.

거품 정렬(bubble sort) https://cafe.naver.com/pycodinglec/3

버블 정렬 또는 버블 소트라고 부르는 경우가 더 많다. 앞부분부터 이웃한 숫자를 2개씩 비교해 나가면서 작은 수는 앞으로 보내고 큰 수는 뒤로 보내는 정렬 방법이다. 숫자가 한 칸씩 밀려나는 모습이 기포와 닮아 거품 정렬이라는 이름이 붙었다. 구체적인 과정은 다음과 같다.

거품 정렬 수행 과정

과정	예시
① 0번째 칸과 바로 다음 칸의 숫자를 비교하여 오름차순이 아니면 숫자의 위치를 바꾼다.	인덱스 [0] [1] [2] [3] 수열 99 8 0 3
② 1번째 칸과 바로 다음 칸의 숫자를 비교하여 오름차순이 아니면 숫자의 위치를 바꾼다.	인덱스 [0] [1] [2] [3] 수열 8 99 0 3
③ 2번째 칸과 바로 다음 칸의 숫자를 비교하여 오름차순이 아니면 숫자의 위치를 바꾼다(3번 인덱스 정렬 종료).	인덱스 [0] [1] [2] [3] 수열 8 0 99 3
④ 0번째 칸과 바로 다음 칸의 숫자를 비교하여 오름차순이 아니면 숫자의 위치를 바꾼다.	인덱스 [0] [1] [2] [3] 수열 8 0 3 99
⑤ 1번째 칸과 바로 다음 칸의 숫자를 비교하여 오름차순이 아니면 숫자의 위치를 바꾼다(2번 인덱스 정렬 종료).	인덱스 [0] [1] [2] [3] 수열 0 8 3 99
⑥ 0번째 칸과 바로 다음 칸의 숫자를 비교하여 오름차순이 아니면 숫자의 위치를 바꾼다(1번 인덱스 정렬 종료. 0번 인덱스 자동 정렬 종료).	인덱스 [0] [1] [2] [3] 수열 0 3 8 99
⑦ 종료한다.	인덱스 [0] [1] [2] [3] 수열 0 3 8 99

이 과정을 적용하여 작성한 코드는 다음과 같다.

▌거품정렬.py

```
numbers = [int(i) for i in input("숫자들: ").split()]
for i in range(len(numbers)-1, 0, -1):
    for j in range(i):
```

```
        if numbers[j] > numbers[i]:
            #부등호 방향을 바꾸면 내림차순 정렬
            numbers[i], numbers[j] = numbers[j], numbers[i]
print(numbers)
```

위 코드를 이해했다면 책을 덮고 완전히 같은 기능을 수행하는 프로그램을 만들어보자. 위 코드의 기능은 다음과 같다.

1. 사용자로부터 여러 숫자를 입력받는다.
2. 입력받은 숫자를 거품 정렬한다.
3. 정렬된 리스트를 화면에 출력한다.

선택 정렬(selection sort) https://cafe.naver.com/pycodinglec/4

정렬 대상 숫자 중에서 가장 작은 값을 '골라' 맨 앞으로 보내는 방법이다. 구체적인 과정은 다음과 같다.

선택 정렬 수행 과정

과정	예시			
① 0번째 칸에 올 숫자를 찾는다. [0:len(numbers)] 범위에서 가장 작은 숫자다.	인덱스 [0] [1] [2] [3] / 수열 99 8 0 3			
② 그 숫자와 0번째 칸에 있는 숫자의 위치를 바꾼다(0번 인덱스 정렬 종료).	인덱스 [0] [1] [2] [3] / 수열 0 8 99 3			
③ 1번째 칸에 올 숫자를 찾는다. [1:len(numbers)] 범위에서 가장 작은 숫자다.	인덱스 [0] [1] [2] [3] / 수열 0 8 99 3			
④ 그 숫자와 1번째 칸에 있는 숫자의 위치를 바꾼다(1번 인덱스 정렬 종료).	인덱스 [0] [1] [2] [3] / 수열 0 3 99 8			
⑤ 2번째 칸에 올 숫자를 찾는다. [2:len(numbers)] 범위에서 가장 작은 숫자다.	인덱스 [0] [1] [2] [3] / 수열 0 3 99 8			
⑥ 그 숫자와 2번째 칸에 있는 숫자의 위치를 바꾼다(2번 인덱스 정렬 종료. 3번 인덱스 자동 정렬 종료).	인덱스 [0] [1] [2] [3] / 수열 0 3 8 99			

과정	예시			
⑦ 마지막 한 칸은 이미 정렬된 상태다.	인덱스 [0] [1] [2] [3]			
	수열 **0** **3** **8** 99			
⑧ 종료한다.	인덱스 [0] [1] [2] [3]			
	수열 **0** **3** **8** **99**			

이 과정을 적용하여 작성한 코드는 다음과 같다.

▌선택정렬.py

```python
numbers = [int(i) for i in input("수열: ").split()]
for i in range(len(numbers)-1):
    min_i = i
    for j in range(i+1, len(numbers)):
        if numbers[min_i] > numbers[j]:   # 부등호 방향을 바꾸면 내림차순 정렬
            min_i = j
    numbers[i], numbers[min_i] = numbers[min_i], numbers[i]
print(numbers)
```

위 코드를 이해했다면 책을 덮고 완전히 같은 기능을 수행하는 프로그램을 만들어보자. 위 코드의 기능은 다음과 같다.

1. 사용자로부터 여러 숫자를 입력받는다.

2. 입력받은 숫자를 선택 정렬한다.

3. 정렬된 리스트를 화면에 출력한다.

 NOTE 내장함수 min()과 리스트의 메서드 index()를 이용하면 코드가 다음과 같이 단순화된다. 평소에는 생략하는 index()의 두 번째 인수를 지정함으로써 탐색 범위의 시작점을 설정할 수 있다.

```python
numbers = [int(i) for i in input("수열: ").split()]
for i in range(len(numbers)-1):
    min_i = numbers.index(min(numbers[i:]), i)    # min을 max로 바꾸면 내림차순 정렬
    numbers[i], numbers[min_i] = numbers[min_i], numbers[i]
print(numbers)
```

삽입 정렬(insertion sort) https://cafe.naver.com/pycodinglec/5

맨 앞부터 정렬된 구간의 범위를 늘리면서 새로 늘어난 범위에 있는 숫자를 올바른 위치에 꽂아 넣는 방법이다.

삽입 정렬 수행 과정

과정	예시
① 0번째 칸까지 범위를 확장한다. 비교 대상이 없으므로 넘어간다.	인덱스 [0] [1] [2] [3] / 수열 99 8 0 3
② 1번째 칸까지 범위를 확장한다. 1번째 칸에 있는 숫자가 가장 큰 숫자가 아니라면, 그 자리에서 빼낸다.	인덱스 [0] [1] [2] [3] / 수열 99 _ 0 3 / 8
③ 빼낸 숫자를 왼쪽으로 이동시키며 맞는 자리를 찾는다. 더 큰 숫자는 오른쪽으로 밀려난다.	인덱스 [0] [1] [2] [3] / 수열 _ 99 0 3 / 8
④ 바른 자리를 찾아 꽂는다.	인덱스 [0] [1] [2] [3] / 수열 8 99 0 3
⑤ 2번째 칸까지 범위를 확장한다. 2번째 칸에 있는 숫자가 가장 큰 숫자가 아니라면, 그 자리에서 빼낸다.	인덱스 [0] [1] [2] [3] / 수열 8 99 _ 3 / 0
⑥ 빼낸 숫자를 왼쪽으로 이동시키며 맞는 자리를 찾는다. 더 큰 숫자는 오른쪽으로 밀려난다.	인덱스 [0] [1] [2] [3] / 수열 _ 8 99 3 / 0
⑦ 바른 자리를 찾아 꽂는다.	인덱스 [0] [1] [2] [3] / 수열 0 8 99 3

이 과정을 적용하여 작성한 코드는 다음과 같다.

삽입정렬.py

```python
numbers = [int(i) for i in input("수열: ").split()]
for i in range(1, len(numbers)):
    for j in range(i-1, -1, -1):
        if numbers[j] > numbers[j+1]:
            numbers[j], numbers[j+1] = numbers[j+1], numbers[j]
        else:
            break
print(numbers)
```

위 코드를 이해했다면 책을 덮고 완전히 같은 기능을 수행하는 프로그램을 만들어보자. 위 코드의 기능은 다음과 같다.

1. 사용자로부터 여러 숫자를 입력받는다.
2. 입력받은 숫자를 삽입 정렬한다.
3. 정렬된 리스트를 화면에 출력한다.

비교 및 대조

지금까지 거품/선택/삽입 정렬 알고리즘을 각각 알아보았다. 최악의 경우를 가정한 시간복잡도는 모두 O(n^2)이지만, 최선의 경우까지 고려하면 효율 차이가 조금씩 있다.

 NOTE 오름차순 정렬에서 최선의 경우란 [1, 2, 3, 5, 10]처럼 완전히 정렬된 값이 주어지는 상황이다. 반면 최악의 경우란 [10, 5, 3, 2, 1]처럼 내림차순 정렬된 값이 주어지는 상황이다.

거품 정렬과 선택 정렬은 최선의 입력과 최악의 입력에 대해 같은 시간복잡도를 보인다. 그러나 삽입 정렬은 그렇지 않다. 최선의 경우 n-1번의 비교만 수행하면 되기 때문이다.

거품 정렬과 선택 정렬 사이에도 아주 약간의 효율 차이가 있다. 둘 다 n(n-1)/2번의 비교를 수행하는 것은 같지만, 선택 정렬의 숫자 교환 횟수가 더 적다. 거품 정렬은 한 칸씩밖에 이동할 수 없는 반면, 선택 정렬은 한 번에 여러 칸을 건너뛰어 이동할 수 있기 때문이다. 결국, 거품 정렬보다는 선택 정렬의 효율이 아주 약간 더 높고, 최선의 경우를 고려하면 삽입 정렬의 효율이 높다.

하지만 어차피 도토리 키 재기다. 이 세 가지 알고리즘의 시간복잡도는 모두 O(n^2)인데, O($nlogn$)의 시간복잡도를 보이는 정렬 알고리즘이 있기 때문이다. 바로 퀵 정렬과 병합 정렬이다.

두 정렬 알고리즘은 **분할 정복(divide and conquer)**이라는 **알고리즘 설계 패러다임(algorithm design paradigm)**에 따른다. 따라서 퀵 정렬과 병합 정렬을 다루기 전에 알고리즘 설계 패러다임을 먼저 알아보자.

 빅-오 표기법으로 나타낸 시간복잡도가 작다고 해서 **항상** 더 좋은 효율을 보인다고 말할 수 있는 것은 아니다. 최선의 경우에는 삽입 정렬이 퀵 정렬보다 더 좋은 성능을 보인다.

4.3.4 알고리즘 설계 패러다임

자주 사용되는 알고리즘에 이름이 붙는 것은 자연스러운 흐름이다. 사람들은 이에서 그치지 않고 효율적인 정도나 동작이 비슷한 알고리즘들을 묶었다. 그러자 **많은 알고리즘이 부분적으로 공유하고 있는 공통된 원리**가 조금씩 드러나기 시작했다. 사람들은 이를 **알고리즘 설계 패러다임(algorithm design paradigm)**이라 명명하고, 각 원리에도 이름을 붙였다. 이들 중에서 꼭 알아둬야 할 것들은 다음과 같다.

- **분할 정복(divide and conquer)**: 나눠 해결하고 다시 합치는 방식의 접근
- **그리디 알고리즘(greedy algorithm)**: 각 단계의 최적화만 추구하는 방식의 접근
- **동적 계획법(dynamic programming)**: 더 작은 문제의 답을 재사용해 더 큰 문제를 푸는 방식의 접근
- **전수 시도(brute force)**: 모든 경우의 수를 다 시도해보는 방식의 접근

지금부터는 위에서 나열한 알고리즘 설계 패러다임을 예시와 함께 알아볼 것이다. 설명의 편의를 위해 다음 일곱 개의 숫자를 사용하기로 한다.

```
                   [0]      [1]      [2]      [3]      [4]      [5]      [6]
numbers   =    [   15   ,   2   ,   52   ,   7   ,   1   ,   63   ,   31   ]
```

분할정복(divide and conquer)

이 패러다임을 따르는 알고리즘은 다음 단계에 따라 문제를 해결한다.

　① 분할: 쉽게 해결할 수 있는 수준까지 문제를 나눈다. 재귀함수로 구현할 경우 문제의 가장 작은 단위를 베이스 케이스로 사용한다.

② 정복: 나뉜 문제를 하나씩 해결한다. 분할 또는 병합 과정과 거의 동시에 수행되기도 한다.

③ 병합: 해결한 문제의 해를 다시 합친다.

퀵 정렬과 병합정렬은 분할정복 패러다임이 적용된 대표적인 사례다. 두 알고리즘을 구체적으로 살피며 이들이 공유하고 있는 시각이 무엇인지 생각해보자.

퀵 정렬(quick sort) https://cafe.naver.com/pycodinglec/6

숫자 하나를 기준값(pivot)으로 잡아 기준값보다 작은 숫자는 왼쪽으로, 기준값보다 큰 숫자는 오른쪽으로 배치하는 행위를 반복하는 방법이다. 구체적인 과정은 다음과 같다.

 'quick'은 '빠른'을 의미한다. 그래서 '빠른 정렬'로 표기한 책도 있다.

퀵 정렬 수행 과정

과정	예시
① 정렬 대상 구간에서 기준값을 선택한다.	인덱스 [0] [1] [2] [3] [4] [5] [6] 수열 15 2 52 7 1 63 31 ── 기준값 ←─→ 정렬 대상 구간
② 기준값보다 작은 숫자는 왼쪽에, 기준값보다 큰 숫자는 오른쪽에 위치시킨다.	인덱스 [0] [1] [2] [3] [4] [5] [6] 수열 2 7 1 15 52 63 31
③ 정렬 대상 구간에서 기준값을 선택한다.	인덱스 [0] [1] [2] [3] [4] [5] [6] 수열 2 7 1 15 52 63 31
④ 기준값보다 작은 숫자는 왼쪽에, 기준값보다 큰 숫자는 오른쪽에 위치시킨다.	인덱스 [0] [1] [2] [3] [4] [5] [6] 수열 1 2 7 15 52 63 31
⑤ 정렬 대상 구간에서 기준값을 선택한다.	인덱스 [0] [1] [2] [3] [4] [5] [6] 수열 1 2 7 15 52 63 31
⑥ 구간 길이가 1이므로 정렬된 것으로 본다.	인덱스 [0] [1] [2] [3] [4] [5] [6] 수열 1 2 7 15 52 63 31

과정	예시							
⑦ 정렬 대상 구간에서 기준값을 선택한다.	인덱스 수열	[0] **1**	[1] **2**	[2] 7	[3] **15**	[4] 52	[5] 63	[6] 31
⑧ 구간 길이가 1이므로 정렬된 것으로 본다.	인덱스 수열	[0] **1**	[1] **2**	[2] 7	[3] **15**	[4] 52	[5] 63	[6] 31
⑨ 정렬 대상 구간에서 기준값을 선택한다.	인덱스 수열	[0] **1**	[1] **2**	[2] **7**	[3] **15**	[4] 52	[5] 63	[6] 31
⑩ 기준값보다 작은 숫자는 왼쪽에, 기준값보다 큰 숫자는 오른쪽에 위치시킨다.	인덱스 수열	[0] **1**	[1] **2**	[2] **7**	[3] **15**	[4] 31	[5] 52	[6] 63
⑪ 정렬 대상 구간에서 기준값을 선택한다.	인덱스 수열	[0] **1**	[1] **2**	[2] **7**	[3] **15**	[4] 31	[5] **52**	[6] **63**
⑫ 구간 길이가 1이므로 정렬된 것으로 본다.	인덱스 수열	[0] **1**	[1] **2**	[2] **7**	[3] **15**	[4] **31**	[5] **52**	[6] **63**
⑬ 정렬되지 않은 구간에서 기준값을 선택한다.	인덱스 수열	[0] **1**	[1] **2**	[2] **7**	[3] **15**	[4] **31**	[5] **52**	[6] 63
⑭ 구간 길이가 1이므로 정렬된 것으로 본다(종료).	인덱스 수열	[0] **1**	[1] **2**	[2] **7**	[3] **15**	[4] **31**	[5] **52**	[6] **63**

기준값의 좌측과 우측으로 구간이 나뉘고, 각 구간에 대해서 같은 작업이 수행되는 것을 볼수 있다. 위 과정을 적용하여 작성한 코드는 다음과 같다.

▌퀵정렬.py

```python
def main():
    numbers = [int(i) for i in input("수열: ").split()]
    quick_sort(numbers)
    print(numbers)

def quick_sort(numbers):
    quick(numbers, 0, len(numbers)-1)
```

```
def quick(numbers, start, end):
    if end-start <= 0:
        return
    pivot_i = start     # pivot_i: 기준값의 인덱스
    for i in range(start+1, end+1):
        if numbers[i] < numbers[pivot_i]:
            numbers.insert(pivot_i, numbers.pop(i))
            pivot_i += 1
    quick(numbers, start, pivot_i-1)
    quick(numbers, pivot_i+1, end)

if __name__ == "__main__":
    main()
```

위 코드를 이해했다면 책을 덮고 완전히 같은 기능을 수행하는 프로그램을 만들어보자. 위 코드의 기능은 다음과 같다.

1. 사용자로부터 여러 숫자를 입력받는다.
2. 입력받은 숫자를 퀵 정렬한다.
3. 정렬된 리스트를 화면에 출력한다.

기준값 선정은 퀵 정렬의 효율을 결정하는 중요한 절차다. 너무 큰 값이나 너무 작은 값만 기준값으로 선정되면 퀵 정렬의 효율이 급감하기 때문이다. 기준값은 중앙값일수록 좋다. 중앙값 근처의 값이 기준값으로 선택되면, 정렬 대상 구간은 반으로 나뉜다. 이것이 반복되면, 퀵 정렬은 뒤에서 다룰 병합 정렬($O(nlogn)$)과 비슷한 성능을 보인다. 하지만 기준값이 최솟값이나 최댓값으로만 계속 선택될 경우 퀵 정렬은 선택 정렬이나 삽입 정렬과 비슷한 효율을 보인다($O(n^2)$). 즉, 퀵 정렬은 최악의 경우 $O(n^2)$, 평균적으로 $O(nlogn)$의 성능을 보인다. 이 책은 정렬 대상 구간에서 가장 왼쪽에 있는 값을 기준값으로 삼았다. 그러나 오른쪽 끝에 있는 값을 기준값으로 삼거나 정렬 대상 구간에서 무작위로 선택하는 등 다른 방법을 사용할 수도 있다.

설명부에서 제시한 퀵 정렬 코드는 기준값(pivot)의 왼쪽에 더 작은 값, 오른쪽에 더 큰 값을 배치하기 위해서 리스트 메서드인 pop()과 insert()를 사용했다. 만약 리스트 메서드를 사용하지 않는다면 어떻게 코드를 작성해야 할지 생각해보자.

병합 정렬(merge sort) https://cafe.naver.com/pycodinglec/7

요소가 한 개가 될 때까지 수열을 거듭해서 반으로 나누고, 정렬된 상태를 유지하며 이를 다시 합치는 방법이다. 구체적인 과정은 다음과 같다.

병합 정렬 수행 과정

과정	예시	
① 수열을 반으로 나눈다. 구간에 있는 요소 수가 홀수 개이면 나뉜 구간의 길이는 정확히 같지 않을 수 있다.	15 2 52 7 1 63 31 15 2 52 7 ꜜ 1 63 31	분할 과정
② 나뉜 수열의 각 요소가 한 개가 될 때까지 계속 반으로 나눈다.	15 2 52 7 1 63 31 15 2 52 7 1 63 31	
③ 정렬된 상태를 유지하며 나뉜 요소들을 합친다(merge).	2 15 7 52 1 63 31 2 7 15 52 1 31 63	병합 과정
④ 모든 숫자가 하나의 수열로 합쳐질 때까지 합친다.	1 2 7 15 31 52 63	

표를 보면 직접적인 정렬은 분할이 아니라 병합 과정에서 발생함을 알 수 있다. 마지막 단계(④)를 자세하게 살펴 병합 방법을 구체적으로 알아보자.

병합 정렬 병합 과정

과정	예시
① 앞 수열에 남은 것 중에서 맨 앞 숫자와 뒷 수열에 남은 것 중에서 맨 앞 숫자를 비교하여 더 작은 숫자를 먼저 병합 수열에 놓는다.	
② 위 과정을 반복한다.	

병합 정렬 병합 과정 (계속)

과정	예시
② 위 과정을 반복한다.	
③ 앞 수열과 뒷 수열 중 한쪽 수열만 남게 되면, 남은 숫자들을 모두 병합 수열의 뒤쪽에 추가한다. 숫자가 몇 개든 상관없다. 단, 순서는 그대로 유지한다.	

이 과정을 적용하여 작성한 코드는 다음과 같다.

▌병합정렬.py

```python
def main():
    numbers = [int(i) for i in input("수열: ").split()]
    merge_sort(numbers)
    print(numbers)

def merge_sort(numbers):
    divide(numbers, 0, len(numbers)-1)

# 분할
def divide(numbers, start, end):
    if start == end:
        return
    mid=int((start+end)/2)
    divide(numbers, start, mid)
```

```
        divide(numbers, mid+1, end)
        merge(numbers, start, mid, end)

# 병합
def merge(numbers, start, mid, end):
    sub_list = [None]*(end-start+1)
    first_i = start                 # 앞 수열의 시작 인덱스
    second_i = mid+1                # 뒷 수열의 시작 인덱스
    for i in range(len(sub_list)):
        if first_i == mid+1:
            sub_list[i] = numbers[second_i]
            second_i += 1
        elif second_i == end+1:
            sub_list[i] = numbers[first_i]
            first_i += 1
        else:
            if numbers[first_i] > numbers[second_i]:
                sub_list[i] = numbers[second_i]
                second_i += 1
            else:
                sub_list[i] = numbers[first_i]
                first_i += 1
    numbers[start:end+1] = sub_list[:]

if __name__ == "__main__":
    main()
```

위 코드를 이해했다면 책을 덮고 완전히 같은 기능을 수행하는 프로그램을 만들어보자. 위 코드의 기능은 다음과 같다.

1. 사용자로부터 여러 숫자를 입력받는다.
2. 입력받은 숫자를 병합 정렬한다.
3. 정렬된 리스트를 화면에 출력한다.

파이썬은 다음과 같이 정렬된 리스트를 반환하는 내장함수 sorted()와 리스트 메서드 sort()를 지원한다.

```
>>> 리스트 = [2, 3, 1, 5, 4]
>>> sorted(리스트)
[1, 2, 3, 4, 5]
>>> 리스트
[2, 3, 1, 5, 4]
>>> 리스트.sort()
>>> 리스트
[1, 2, 3, 4, 5]
>>> sorted(리스트, reverse=True)
[5, 4, 3, 2, 1]
>>> 리스트
[1, 2, 3, 4, 5]
>>> 리스트.sort(reverse=True)
>>> 리스트
[5, 4, 3, 2, 1]
```

순차 탐색(sequential search)

종이로 된 국어사전을 찾는데 낱말이 가나다순으로 정렬되어 있지 않다고 생각해보자. 혹은 십년치 서류가 보관된 서류 창고에 기록을 찾으러 갔는데 연도별로 정리되어 있지 않거나 도서관에 책을 빌리러 갔는데 청구기호순으로 정리되어 있지 않다고 생각해보자.

이렇듯 정렬되지 않은 자료에서 무언가를 찾는 일은 끔찍하다. 왜냐하면 맨 앞에서부터 하나씩 확인하는 것이 유일한 해법이기 때문이다. 이를 순차 탐색이라고 한다. n개의 자료가 있을 때 최대 n번의 확인을 거쳐야 하므로 시간복잡도는 O(n)이 된다.

순차 탐색이라는 이름이 낯설겠지만, 방법은 이미 예제 4-1, 유제 4-1, 예제 4-2, 유제 4-2, 그리고 선택 정렬 코드에서 다룬 적이 있다. 반복문을 이용해 순회 가능한 자료형의 앞부터(또는 뒤부터) 각 요소를 하나씩 비교하여 원하는 것을 찾아내는 순차 탐색은 모든 탐색의 기본이며, 가장 효율이 낮은 방법이다.

이진 탐색(binary search)

정렬되지 않은 자료에서 무언가를 찾을 때는 순차 탐색이 필요하며, 그 시간복잡도는 O(n)임을 알아보았다. 반면, 자료를 미리 정렬해두면 탐색 시간을 단축할 수 있다. 특히, 이미 정렬된 자료를 이진 탐색하면 시간복잡도가 O(logn)까지 떨어진다.

이진 탐색의 구체적인 절차는 다음과 같다. 오름차순 정렬된 1차원 리스트를 가정한다.

2진 탐색

반복:

  탐색 구간의 중앙값(k)과 찾으려는 값(n) 비교

  • k == n이면 반복 종료

  • k < n이면 중앙값의 왼쪽 구간을 버리고, 중앙값의 오른쪽 구간을 새로운 탐색 구간으로 설정

  • k > n이면 중앙값의 오른쪽 구간을 버리고, 중앙값의 왼쪽 구간을 새로운 탐색 구간으로 설정

즉, 이진 탐색은 구간을 절반씩 잘라 배제하여 찾고자 하는 대상이 있을 수 있는 범위를 좁힌다. 판단 한 번에 범위가 대략 절반씩 사라지므로 열 번이면 전체 구간의 $\dfrac{1}{2^{10}} (= \dfrac{1}{1024})$까지 범위를 좁힐 수 있다. 이진 탐색의 힘을 느끼기에 적절한 문제가 있어 소개한다.

분할정복 **UpAndDown.py**

업&다운 게임은 일정 범위 내에서 한 사람이 생각하고 있는 자연수를 다른 사람이 스무고개처럼 연속된 질문을 던져 맞히는 놀이다. 예를 들어, A가 85를 생각하고 있는데 B가 50인지 물어본다면 'Up'이라고 답하고, 100인지 물어본다면 'Down'으로 답한다. 그렇게 범위를 좁히다가 B가 85인지 물어봤을 때 A는 'Yes'라고 답하고 게임이 끝난다. 컴퓨터가 B 입장이 되어 사용자 A가 생각하는 숫자를 맞힐 수 있도록 프로그램을 작성하라. 구간은 1 이상 100 이하의 자연수이며, 작동 형태는 다음과 같다.

사례 1	사례 2
1. Up 2. Down 3. Yes 당신의 숫자는 50입니까?: **3** 당신의 숫자는 50입니다.	1. Up 2. Down 3. Yes 당신의 숫자는 50입니까?: **2** 당신의 숫자는 25입니까?: **1** 당신의 숫자는 37입니까?: **1** 당신의 숫자는 43입니까?: **1** 당신의 숫자는 46입니까?: **1** 당신의 숫자는 48입니까?: **1** 당신의 숫자는 49입니다.

```python
def binary_search(left, right):
    if left == right:
        return right
    mid = int((left+right)/2)
    menu = input("당신의 숫자는 "+str(mid)+"입니까?: ")
    if menu == '3':
        return mid
    elif menu == '1':
        return binary_search(mid+1, right)
    else:
        return binary_search(left, mid-1)

print("""[보기]
1. Up
2. Down
3. Yes""")
left_boundary = 1          # 좌측(작은 쪽) 경계
right_boundary = 100       # 우측(큰 쪽) 경계
print("당신의 숫자는", str(binary_search(left_boundary, right_boundary))+"입니다")
```

> **NOTE** 다음과 같이 재귀 호출을 사용하지 않는 binary_search()를 만들 수도 있다.
>
> ```python
> def binary_search(left, right):
>     while True:
>         if left == right:
>             return right
>         middle = int((left+right)/2)     # 중앙값
>         menu = input("당신의 숫자는 "+str(middle)+"입니까?: ")
>         if menu == '3':
>             return middle
>         elif menu == '1':
>             left = middle+1
>         else:
>             right = middle-1
> ```

LEVEL 04

그리디 알고리즘(greedy algorithm)

골에 대한 축구 선수의 욕심이 과하면, 자기보다 좋은 자리에 있는 동료를 보지 못하고 직접 슈팅을 시도하게 된다. **욕심 때문에 시야가 좁아진 것이다.** 그리디 알고리즘은 골 욕심에 눈이 먼 스트라이커의 의사결정과 비슷하다. 필드에 있는 동료를 보지 못하고 슈팅 파워와 각도만을 고민하는 것처럼 문제 전체를 보지 않고 현재 단계만을 고려해 계산을 수행한다.

과욕으로 때린 슈팅이 들어갈 때도 있지만 안 들어갈 때도 있는 것처럼 그리디 알고리즘에 따

른 계산 결과는 맞을 수도 있고 틀릴 수도 있다. 하지만 그렇다고 해서 그리디 알고리즘이 쓸모없는 것은 아니다. 후반 40분에 5대 1로 이기고 있는 상황에서는 욕심을 부려도 되는 것처럼 현재 단계만 고려해서 계산해도 답이 나오는 문제가 있기 때문이다. 유명한 사례를 통해 그리디 알고리즘을 이해해보자.

현재 사용되고 있는 대한민국 동전의 액면은 다음과 같다.

$$₩500 \quad ₩100 \quad ₩50 \quad ₩10$$

한 손님이 당신의 물건을 구매하기 위해 현금을 지불했고, 당신은 x원을 거슬러주려고 한다. 거스름돈을 구성하는 동전의 개수를 출력하는 프로그램을 작성하라. 단, 동전의 개수는 언제나 최소화한다.

250원짜리 물건을 사려는 손님이 1000원을 내밀었다고 가정해보자. 거슬러줘야 할 돈은 총 750원이다. 이를 최소한의 동전 개수로 거슬러주면 500원 1개, 100원 2개, 50원 1개다. 즉, 가장 큰 단위의 동전을 최대한 많이 사용하면 된다. 이 과정을 조금 더 구체적으로 표현하면 다음과 같다.

① 750원보다 작거나 같으면서 가장 큰 동전을 찾는다. 500원짜리다. 필요한 500원짜리 동전의 개수는 750//500=1이고, 거슬러줄 금액은 750%500=250원이 남는다.

② 250원보다 작거나 같으면서 가장 큰 동전을 찾는다. 100원짜리다. 필요한 100원짜리 동전의 개수는 250//100=2고, 거슬러줄 금액은 250%100=50원이 남는다.

③ 50원보다 작거나 같으면서 가장 큰 동전을 찾는다. 50원짜리다. 필요한 50원짜리 동전의 개수는 50//50=1이고, 거슬러줄 금액은 50%50=0원이므로 남지 않는다. 즉, 계산이 끝난다.

이는 일상생활에서 이미 사용하고 있는 방법이다. 우리는 750원을 거슬러줄 때 500원짜리 동전의 개수를 계산하면서 100원이나 50원짜리 동전의 개수를 고려하지 않는다. 500원짜리 동전의 개수를 결정할 때는 오로지 500원짜리 동전의 개수만 고민하면 된다. 100원짜리나 50원짜리 동전의 개수를 계산할 때도 마찬가지다. 동전 한 종류의 개수를 결정할 때, 다른 동전의 개수는 고려하지 않는다. 즉, 대한민국의 화폐를 이용한 거스름돈 동전 개수 최소화 방법은 그리디 알고리즘을 따른다고 말할 수 있다. 이 과정을 코드로 표현하면 다음과 같다.

'greedy'는 '탐욕스러운'을 의미한다. 명사가 아니라서 대개 greedy algorithm으로 표현한다. 국어로는 '욕심쟁이 알고리즘' 또는 '탐욕적 방법' 등으로 옮기지만, 그냥 그리디 또는 그리디 알고리즘이라고 말하는 사람도 많다. 그리디 알고리즘은 특정 문제를 해결하는 구체적 알고리즘이 아니라 알고리즘 설계 패러다임이다. 이름 때문에 오해하는 일이 없도록 주의하자.

▌[그리디] 동전교환.py

```python
coins = [500, 100, 50, 10]          # 동전의 종류
change = int(input("거슬러줄 금액: "))    # change: 거스름돈
count = 0       # 동전의 개수
for each_coin in coins:
    if not change:      # 더 거슬러줄 금액이 없다면 반복 종료
        break
    count += change // each_coin
    change = change % each_coin
print(count)
```

지금까지 그리디 알고리즘으로 거슬러줄 동전의 개수를 최소화할 방법을 살펴보았다. 그런데 위 방법을 따랐는데도 동전 개수 최소화에 실패할 때가 있을까? 결론부터 말하자면 있다. 다음 이야기에서 A 씨의 주장이 수용될 수 없는 이유를 생각해보자.

거리의 예술가 A 씨는 기타 케이스를 모금함 삼아 바닥에 열어놓고 옆에 서서 기타 연주를 한다. 신들린 솜씨로 연주를 마치고 나면, 사람들이 모두 주섬주섬 지갑을 꺼낼 정도로 실력이 좋다.

그런데 A 씨에게는 작은 불만이 있다. 사람들이 모두 천 원 한 장씩만을 내놓는 것이다. 그 이유가 5천 원을 선뜻 내놓기는 부담스럽기 때문임을 A 씨는 잘 안다. 그래서 그는 오늘도 관객들 앞에서 우스갯소리를 한다.

"정부는! 3천 원짜리를! 찍어내라!"

안타깝게도 A 씨의 외침이 실현되기는 어려울 것 같다. 3천 원짜리 지폐가 생기는 순간, 그리디 알고리즘을 이용한 거스름돈 개수 최소화가 불가능해지기 때문이다.

3천 원짜리가 있다고 가정하여 9천 원을 거슬러줄 방법을 생각해보자. 그리디 알고리즘을 적용하면 9000 = 5000 × **1** + 1000 × **4**가 되어 지폐 다섯 장을 거슬러줘야 한다는 결론이 나온다. 그런데 더 좋은 방법이 있다. 9000 = 3000 × **3**이므로 3천 원짜리 세 장만 거슬러주면 된다.

이처럼 기존의 체계를 무시한 화폐 발행은 우리가 일상에서 거스름돈을 건네줄 때 사용하

는 그리디 알고리즘의 효과성을 위협한다. 이는 특수한 상황에서만 사용할 수 있는 그리디 알고리즘의 특성과 그리디 알고리즘을 사용할 수 있도록 설계된 화폐의 액면 금액 구조 때문이다.

하지만 어딘가 찜찜함이 남는다. 그렇다면 300원이나 70원짜리 동전이 생겼을 때는 거슬러줄 동전의 개수를 최소화할 방법이 없단 말인가? 결론부터 말하자면 방법이 있다. 그런데 이를 알기 위해서는 동적 계획법을 이해해야 한다.

동적 계획법(dynamic programming)

다이내믹 또는 다이내믹 프로그래밍이라 칭하는 사람도 많다. DP라고 하기도 한다. 분할정복이나 그리디 알고리즘과는 달리 이름에 별다른 의미가 담겨 있지 않다.

동적 계획법은 **부분 문제의 답을 기억해두었다가 더 큰 문제를 풀 때 재사용하는 방법**이다. 생소하게 들릴지 모르겠으나 이미 레벨 3에서 다뤘던 내용이다. 다음 두 코드를 보자.

▌예시 1 – 예제 3-7의 예시 답안 코드

```python
def f(n):
    if n == 1 or n == 2:
        return 1
    return f(n-1)+f(n-2)

n = int(input("n: "))
print(f(n))
```

▌예시 2 – 유제 3-7의 학습 포인트 코드(일부 변형)

```python
def f(n):
    fibonacci = [0, 1]
    for i in range(2, n+1):
        fibonacci += [fibonacci[i-1]+fibonacci[i-2]]
    return fibonacci[n]

n = int(input("n: "))
print(f(n))
```

두 코드는 같은 결과를 내지만, 큰 차이점이 두 가지 있다. 첫째, 예시 1은 f(n)을 구하기 위해 f(n-1)과 f(n-2)를 구하려 시도하고, 그것을 구하기 위해 다시 그보다 앞에 있는 항을 찾는 작업을 반복한다. 즉, **하향식 접근(top-down)**을 하고 있다. 반면, 예시 2는 f(1)과 f(2)부터 f(n)까지 하나씩 쌓아나가는 **상향식 접근(bottom-up)**을 하고 있다. 두 접근법 중 우월한 것은 없다.

문제에 적용하기 편한 것을 사용하면 된다.

둘째, 예시 1의 시간복잡도는 $O(C^n)$이고, 예시 2의 시간복잡도는 $O(n)$이다. 예시 1을 실행하여 100을 입력하면 결과물 출력에 오랜 시간이 걸리지만, 예시 2를 실행하여 100을 입력하면 순식간에 답이 나오는 것을 볼 수 있다. 이 차이는 예시 1의 중복 계산에서 기인한다. 다음 그림은 예시 1로 피보나치수열의 5번째 항을 구하는 과정을 나타낸 것이다.

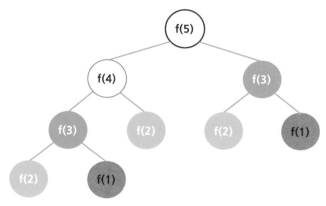

재귀 호출을 이용해 피보나치 수열의 다섯 번째 항을 구하는 과정

f(3)과 f(2), f(1)이 중복되는 것을 볼 수 있다. 이러한 중복 계산은 구하고자 하는 n이 커질수록 빠르게 늘어난다. 예컨대, f(20)을 구할 때 f(4)는 1500회 이상 중복된다.

반면, 예시 2는 중복 계산이 발생하지 않는다. 왜냐하면 계산 결과를 리스트에 저장해 두고 이를 이용해서 다음 항을 구하기 때문이다. **즉, 예시 1과 달리 예시 2는 동적 계획법을 따르고 있다.**

정리하자면 예시 1은 하향식 접근에 $O(C^n)$의 시간복잡도를, 예시 2는 상향식 접근에 $O(n)$의 시간복잡도를 보인다. 그렇다면 예시 1을 수정해서 시간복잡도를 낮출 수는 없을까? 즉, 하향식 접근을 하면서도 계산 결과를 재사용할 수는 없을까?

메모이제이션(memoization)을 이용하면 가능하다. 메모이제이션이란, 동일한 계산을 반복하여 수행하는 상황에서 계산 결과를 저장해두었다가 재사용하는 방법을 말한다. 즉 이 상황에서는 한 입력에 대한 함수의 출력을 저장해두었다가 같은 입력이 들어왔을 때 계산을 수행하지 않고 저장된 값을 반환하는 것을 뜻한다.

 메모이제이션(memoization)은 메모라이제이션(memorization, 암기)과 다른 단어다.

다음은 피보나치수열을 구하는 재귀함수에 메모이제이션 기법을 적용한 것이다.

▌[동적계획법] 피보나치.py

```python
fibonacci = {}  # 딕셔너리

def f(n):
    if n == 1 or n == 2:
        fibonacci[n] = 1
        return fibonacci[n]

    a = fibonacci.get(n-1)        # a: 직전 항이 없으면 None이 반환됨
    if not a:
        fibonacci[n-1] = f(n-1)   # 직전 항이 저장되어 있지 않으면, 구해서 딕셔너리에 저장함

    b = fibonacci.get(n-2)        # b: 전전 항이 없으면 None이 반환됨
    if not b:
        fibonacci[n-2] = f(n-2)   # 전전 항이 저장되어 있지 않으면, 구해서 딕셔너리에 저장함

    return fibonacci[n-1]+fibonacci[n-2]   # 딕셔너리에 저장된 직전 항과 전전 항의 합 반환

n = int(input("n: "))
print(f(n))
```

 메모이제이션은 한 입력에 대해 늘 같은 출력을 반환하는 함수에만 적용할 수 있다. 상황에 따라 다른 값을 반환하는 함수의 출력은 저장해봤자 중복 계산 방지에 아무런 도움이 되지 않기 때문이다.

하향식 접근에 메모이제이션을 적용한 이 방법을 응용하면 300원짜리 동전이나 3천 원짜리 동전이 있는 상황에서도 거슬러줄 동전 개수를 최소화할 수 있다. 먼저, 접근 방법을 생각해 보자. 예를 들어, 1원, 3원, 5원짜리 동전이 있는 상황에서 9원을 거슬러주려면 어떻게 해야 할까? 방법은 세 가지다.

    ① 최소한의 동전 개수로 8(=9-1)원을 만들고 1원짜리 동전 1개를 더하는 방법
    ② 최소한의 동전 개수로 6(=9-3)원을 만들고 3원짜리 동전 1개를 더하는 방법
    ③ 최소한의 동전 개수로 4(=9-5)원을 만들고 5원짜리 동전 1개를 더하는 방법

이외의 방법은 없다. 따라서 세 가지 방법 중에서 동전 개수가 가장 적은 방법을 선택하면 된다. n원을 거슬러주는 최소한의 동전 개수를 f(n)이라고 약속하면, 위 방법을 다음과 같이 표현할 수 있다.

$$f(9) = \min([f(9 - 1) + 1,\ f(9 - 3) + 1,\ f(9 - 5) + 1])$$

$$= \min([f(9 - 1),\ f(9 - 3),\ f(9 - 5)]) + 1$$

동전의 종류가 c_1, c_2, $\cdots$, c_k라면, 다음과 같이 일반화할 수 있다.

$$f(n) = \min([f(n - c_1),\ f(n - c_2),\ ...,\ f(n - c_k)]) + 1$$

이를 적용하여 작성한 코드는 다음과 같다.

▎[동적계획법] 동전교환.py

```python
memoization = dict()        # 딕셔너리를 이용한 메모이제이션 적용
def get_answer(n):
    if n in coins:          # 베이스 케이스: 동전 액면과 같은 금액
        memoization[n] = 1
        return 1
    available_count = []
    for i in coins:
        if n-i > 0:
            memo = memoization.get(n-i)
            # memo가 없으면 메서드 get은 None을 반환함
            if memo:
                available_count.append(memo)
            else:
                available_count.append(get_answer(n-i))
    memoization[n] = min(available_count)+1
    return memoization[n]

change = int(input("거슬러줄 금액: "))
coins = [int(i) for i in input("동전의 종류: ").split()]
print(get_answer(change))
```

이 동전 교환 코드를 이해했다면 다음 문제를 풀어보자.

> 키가 큰 민서는 생각이 많은 날엔 계단을 한 칸씩 올라가지만, 보통은 두 칸씩 올라간다. 그런데 기분이 좋은 날엔 세 칸씩 올라갈 때도 있다. 민서는 어제 합격 통지를 세 곳으로부터 받아 기분이 좋으면서도 생각이 복잡하다. 그래서 오늘 민서는 한 번에 계단을 한 칸씩 오르기도 하고 두 칸씩 오르기도 하고 세 칸씩 오르기도 한다. 이때 민서가 계단 n칸을 오르는 방법의 가짓수를 출력하는 프로그램을 작성하라. n은 자연수이며, 사용자로부터 입력받는다.

▌[동적계획법] 계단오르기.py

```python
count = [0, 1, 2, 4]
n = int(input("계단 수: "))
if n <= 3:
    print(count[n])
else:
    for i in range(4, n+1):
        count.append(count[i-1]+count[i-2]+count[i-3])
    print(count[n])
```

예시 답안의 코드를 이해하기 어렵다면, 계단 5칸을 올라가는 방법을 생각해보자.

　① 2번째 계단에서 3칸을 올라 도착

　② 3번째 계단에서 2칸을 올라 도착

　③ 4번째 계단에서 1칸을 올라 도착

이 세 가지 방법에는 중복이 없으며, 세 가지 방법 외에 또 다른 길은 없다. 따라서 다음이 성립한다.

　5번째 계단에 오르는 방법의 가짓수 = 2번째 계단까지 오르는 방법의 가짓수

　　　　　　　　　　　　　　 + 3번째 계단까지 오르는 방법의 가짓수

　　　　　　　　　　　　　　 + 4번째 계단까지 오르는 방법의 가짓수

이를 일반화하면 다음과 같이 표현할 수 있다.

$$계단(n) = 계단(n - 1) + 계단(n - 2) + 계단(n - 3)$$

사실 이 문제는 피보나치수열을 구하는 문제와 같은 논리를 공유한다. 따라서 비슷한 형태로 코딩할 수도 있다. 유제 3-7의 예시 답안 학습 포인트에 있는 코드와 이 예시 답안의 코드를 비교해보자.

전수시도(brute-force)

모든 경우의 수를 시도하는 접근법이다. 알고리즘 설계 패러다임 중 가장 무식하면서도 가장 강력한 방법이기도 하다.

그리디 알고리즘은 각 단계의 최선이 전체의 최선일 때만 사용할 수 있고, 분할정복은 문제를 나누고 병합할 방법이 확실할 때에만 사용할 수 있으며, 동적 계획법은 작은 문제의 답으로 큰 문제를 풀 수 있을 때만 사용할 수 있다.

그러나 이 패러다임은 그렇지 않다. 경우의 수가 너무 많아서 시간 내에 답이 안 나올 수는 있어도 적용할 수 없어서 사용하지 못하는 상황은 거의 없다. 예외가 있다면, 가짓수가 무한대인 상황뿐이다.

이 방법의 핵심은 모든 경우의 수를 중복되지 않게 빠짐없이(Mutually Exclusive and Collectively Exhaustive, MECE) 시도하는 것이다. 기법이라기보다는 지켜야 할 원칙이다.

패스워드를 뚫기 위해 0000부터 9999를 모두 시도하는 방법을 **brute-force attack**이라고 한다. 레벨 5에서 자세히 알아볼 것이다.

brute-force로 동전 교환 문제를 풀 방법을 생각해보자. 동전의 종류가 500원, 100원, 50원, 10원뿐이라고 할 때, 모든 가짓수를 조사해 가장 적은 동전으로 750원을 거슬러줄 방법을 어떻게 찾을 수 있을까?

① 500원짜리는 최대 750//500=1개 사용될 수 있다. 따라서 500원짜리의 경우의 수는 2이다. (0, 1)
② 100원짜리는 최대 750//100=7개 사용될 수 있다. 따라서 100원짜리의 경우의 수는 8이다. (0, 1, 2, 3, 4, 5, 6, 7)
③ 50원짜리는 최대 750//50=15개 사용될 수 있다. 따라서 50원짜리의 경우의 수는 16이다. (0, 1, 2, ..., 14, 15)
④ 10원짜리는 최대 750//10=75개 사용될 수 있다. 따라서 10원짜리의 경우의 수는 76이다. (0, 1, 2, ..., 74, 75)
⑤ 따라서 2*8*16*76 = 19,456개의 조합이 가능하다. 이들 중에서 합이 750원인 것을 찾고, 그중에서도 가장 적은 동전이 사용된 경우를 찾아 화면에 출력한다.

이를 간단히 코드로 옮긴 것은 다음과 같다.

▌[전수시도] 동전교환.py

```
change = int(input("거슬러줄 금액: "))

available_answer=[]      # 정답 후보
for i1 in range(change//500+1):
    for i2 in range(change//100+1):
        for i3 in range(change//50+1):
            for i4 in range(change//10+1):
                if i1*500+i2*100+i3*50+i4*10 == change:
                    available_answer.append(i1+i2+i3+i4)
print(min(available_answer))
```

하지만 이 프로그램은 사용자가 동전의 종류를 지정하지 못한다는 단점이 있다. 즉, 사용자가 300원짜리를 추가하거나 500원짜리를 삭제할 수 없다. 이를 해결할 방법 중 한 가지는 입력받은 값에 따라 리스트를 형성하고, 이를 변형하여 모든 조합을 만드는 것이다.

① 사용자로부터 거슬러줄 금액과 동전의 종류를 입력받는다. (예를 들어, 거슬러줄 금액으로는 750, 동전의 종류로는 300 100 50 10을 입력받아 [300, 100, 50, 10] 꼴의 리스트로 변환한다.)

② 동전의 종류별로 사용될 수 있는 최대 개수를 찾아 리스트로 나타낸다. (예를 들어, [2, 7, 15, 75])

③ ②에서 만든 리스트를 [0, 0, ..., 0]까지 체계적으로 줄여나간다. 조금 난해할 수 있지만, 평소에 손으로 하는 뺄셈의 받아내림과 비슷한 과정이다.

```
[2, 7, 15, 75],
[2, 7, 15, 74],
[2, 7, 15, 73],
...,
[2, 7, 15, 0],          뺄셈의 받아내림과
[2, 7, 14, 75],  ←     비슷한 방법으로!
[2, 7, 14, 74],
...,
[0, 0, 0, 1]
[0, 0, 0, 0]
```

④ ③을 수행하는 동시에, 각 동전의 조합이 지니는 가치 총합을 구한다. 그것이 거슬러줄 금액과 일치한다면 동전 개수의 총합을 지금까지 구한 최소 동전 개수와 비교하여 갱신한다.

이 전체 과정을 코드로 옮기면 다음과 같다. ①, ②, ③, ④를 코드에 주석으로 표시했다.

```
result = 0
change = 0
coins = []
max_coins = []

def main():
    global max_coins
    # ①
    get_data()

    # ②
    max_coins = [change//i for i in coins]

    # ③, ④
    get_answer(max_coins[:])

    print(result)

def get_data():
    global change
    global coins
    change = int(input("거슬러줄 금액: "))
    coins = [int(i) for i in input("동전의 종류: ").split()]

def total_value(combination, coins):     # 동전의 가치 총합을 계산하여 반환
    total = 0
    for i in range(len(coins)):
        total += combination[i]*coins[i]
    return total

def get_answer(combination):
    global result
    while sum(combination):  # combination 리스트가 [0, 0, ..., 0]이 되면 종료
        # ④
        if total_value(combination, coins) == change:
            if not result:
                result = sum(combination)
            else:
                if result > sum(combination):
                    result = sum(combination)
        # ③
        combination[-1] -= 1
        for i in range(len(combination)-1, 0, -1):
            if combination[i] == -1:
                combination[i] = max_coins[i]
                combination[i-1] -= 1          # 받아내림

if __name__ == "__main__":
    main()
```

이번에는 애너그램(anagram, 또는 어구전철(語句轉綴))을 만드는 프로그램을 다뤄보자. 애너그램이란 글자의 순서를 바꿔 단어나 문장을 새롭게 만드는 것이다. 예컨대 다음과 같을 때,

python -> hypont

hypont를 python의 애너그램이라 한다. 물론 ponhyt나 opthyn도 python의 애너그램이다. 그런데 이 문제는 수학 시간에 지겹도록 다뤘던 다음의 경우의 수 문제와 접근법이 똑같다.

문제: 숫자 1, 2, 3을 한 번씩만 이용하여 만들 수 있는 세 자리 자연수를 모두 나열하라.
답: 123, 132, 213, 231, 312, 321

즉, 이 문제의 답을 제시하는 프로그램을 만들고, 숫자 대신 알파벳을 입력할 수 있도록 프로그램을 바꾸면 애너그램을 생성할 수 있다. 단, 단어나 문장의 길이에는 제한이 없으므로 '사용자로부터 n을 입력받아 1부터 n까지의 자연수를 한 번씩만 이용해 n자리 자연수 만들기'로 바꿔 풀어야 한다.

하지만 다짜고짜 n자리 자연수를 다루려면 부담스러우니 세 자리로 제한하여 풀이법을 생각해보자. 이 문제를 푸는 과정은 다음과 같이 추상화할 수 있다.

숫자 1, 2, 3을 나열하는 문제는 다음 세 가지 문제로 나뉜다.

① 1을 먼저 뽑은 후, 그 뒤에 올 2, 3을 나열하는 문제
② 2를 먼저 뽑은 후, 그 뒤에 올 1, 3을 나열하는 문제
③ 3을 먼저 뽑은 후, 그 뒤에 올 1, 2를 나열하는 문제

이 과정은 다음과 같이 일반화할 수 있다.

숫자 1, 2, ..., n을 나열하는 문제는 다음 n가지 문제를 더한 것이다.

1: 1을 먼저 뽑은 후, 그 뒤에 올 2, 3, ..., n을 나열하는 문제
2: 2를 먼저 뽑은 후, 그 뒤에 올 1, 3, ..., n을 나열하는 문제
...
n: n을 먼저 뽑은 후, 그 뒤에 올 1, 2, ..., n-1을 나열하는 문제

마치 하노이 탑이나 피보나치수열처럼 문제 안에서 같은 문제가 반복되고 있다. 따라서 재귀함수를 이용할 것이다. 더는 뽑을 문자가 없는 상황을 베이스 케이스로 두고, 이 과정을 코드로 옮기면 다음과 같다.

```python
def main():
    n = int(input("n: "))
    number = ''                    # 이어붙이기 기능을 쓰기 위해 number를 문자열로 정의
    for i in range(1, n+1):        # n이 3일 때 '123' 꼴의 문자열을 만듦
        number += str(i)
    spread(number, '')

def spread(source, destination):
    if not source:
        print(destination)
        return
    for i in range(len(source)):
        spread(source[0:i]+source[i+1:], destination+source[i])

if __name__ == "__main__":
    main()
```

이 코드의 main() 함수를 다음과 같이 바꾸면 애너그램 생성기가 완성된다.

```python
def main():
    string = input("순서를 섞을 문자열: ")
    spread(string, '')
```

 단어나 문장에 두 번 이상 등장하는 글자가 있으면, 출력되는 애너그램에서 중복이 발생할 수 있다. 이를 해결할 방법은 여러 가지가 있지만, 가장 쉬운 방법은 애너그램 리스트를 만든 뒤 집합으로 형 변환하여 출력하는 것이다.

내장 모듈을 이용해서 애너그램 쉽게 만들기

itertools 모듈에는 n개의 공 중에서 r개를 뽑는 경우(조합)와, n개의 공 중에서 r개를 뽑아 나열하는 경우(순열)를 모두 나열해주는 combinations 함수와 permutations 함수가 있다. 두 함수 모두 첫 번째 인수로는 순회 가능한 객체를, 두 번째 인수로는 뽑으려는 공의 개수를 요구한다. 다음 코드는 itertools 모듈을 이용하여 애너그램을 구하는 프로그램이다.

```python
import itertools
string = input("순서를 섞을 문자열: ")
print(list(itertools.permutations(string, len(string))))
```

마지막으로 미로 찾기 문제를 생각해보자. 예상할 수 있듯이 미로 찾기 문제란 출발지에서 도착지까지의 경로를 찾아내는 문제다. 조금 더 구체적으로 설명하자면 다음과 같다.

사용자로부터 미로를 입력받아 출발지에서 목적지까지의 모든 경로를 화면에 출력하는 프로그램을 작성하라.

다음은 흔한 유아용 학습지에서 볼 수 있을법한 미로를 '미로.txt'에 문자로 모델링한 것이다.

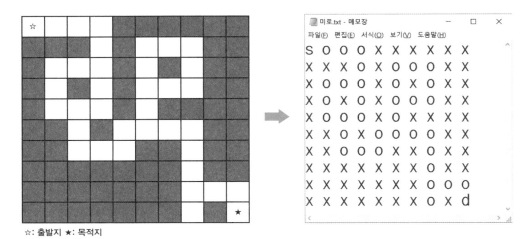

☆: 출발지 ★: 목적지

미로 문제와 이를 추상화한 텍스트 데이터

그러면 미로.txt를 2차원 리스트 형태로 들여올 수 있다. 다음은 파일을 통해 입력받은 미로를 화면에 출력한 것이다.

```
>>> for i in range(len(미로)):
    for j in range(len(미로[0])):
        print(미로[i][j], end=' ')
    print()

s o o o x x x x x x
x x x o x o o o x x
x o o o x o x o x x
x o x o x o o o x x
x o o o x o x x x x
x x o x o o o o x x
x x o o o x o o x x
x x x x x x o x x x
x x x x x x x o o o
x x x x x x x o x d
```

미로 찾기를 수행한 후의 결과는 어떻게 출력해야 할까? 문제의 요구에 따라 출력 내용이 달라지겠지만, 가장 쉬운 방법은 출발지부터 목적지까지의 (i, j) 좌표를 화면에 출력하는 것이다. 예컨대, 예로 든 미로의 탈출 경로는 다음 두 가지다.

[(0, 0), (0, 1), (0, 2), (0, 3), (1, 3), (2, 3), (3, 3), ..., (8, 9), (9, 9)]

또는

[(0, 0), (0, 1), (0, 2), (0, 3), (1, 3), (2, 3), (2, 2), ..., (8, 9), (9, 9)]

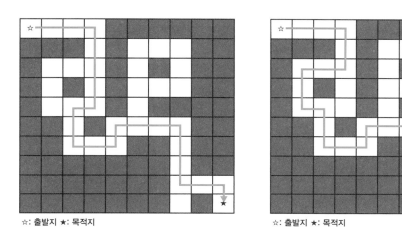

☆: 출발지 ★: 목적지   ☆: 출발지 ★: 목적지

출발지에서 목적지에 이르는 모든 경로

모델링과 입출력 방법에 대한 고민이 끝났으니, 이제는 본격적으로 알고리즘과 구현 방법을 생각해보자. 미로에서 경로를 찾는 알고리즘은 여러 가지가 있지만, 여기서는 가장 기본이 되는 방법을 사용할 것이다. 그것은 **모든 길로 가보기**다. 다음은 가벼운 정의에서 시작해 질문을 던지면서 알고리즘을 구체화하는 과정이다.

모든 길로 가보기: 길을 가다 막히면 되돌아간다.

질문 1: 길을 간다는 것은 무엇인가?

미로를 모델링한 2차원 리스트에서 한 칸을 진행한다는 뜻이다. 예컨대 (0, 0)에서 (0, 1)로 가는 것을 의미한다. 두 칸을 가거나 대각선으로 가진 못한다. 따라서 원래의 좌표가 (i, j)라면, 진행한 후의 좌표는 (i+1, j), (i, j+1), (i-1, j), (i, j-1) 넷 중 하나가 될 것이다.

질문 2: 막힌다는 것은 무엇인가?

미로 밖으로 나가는 것은 불가능하므로 미로 바깥 테두리를 벗어나도 막힌 것이고, 모델링된 리스트에서 x(벽)를 만나도 막힌 것이며, 내가 이미 지나왔던 길을 만나도 막힌 것이다. 특히, 내가 이미 지나왔던 길을 막힌 길로 보지 않으면, 순환하는 길에서 무한히 돌게 된다.

질문 3: 되돌아간다는 것은 무엇인가?

'막혔는지 확인하기와 진행하기' 또는 '막혔는지 확인하기와 돌아가기'가 반복될 것이므로 재귀함수를 이용할 것이다. 현재의 위치를 나타내는 i와 j를 파라미터로 하고, 이를 1 증가시키거나 1 감소시켜 호출하는 방법으로 진행을 표현하면 자연스럽다. 따라서 되돌아간다는 행위는 return으로 추상화된다. 이때, 위의 질문 2에서 확인했던 '막힘' 조건이 충족되는 상황을 베이스 케이스로 두면 될 것이다. 목적지에 도달하는 상황도 베이스 케이스다. 단, 목적지에 도달했다면 리턴하기 전에 지금까지의 경로를 화면에 출력해야 한다.

질문 4: (질문 3으로부터 파생됨) 경로는 어떻게 저장하고 출력할 것인가?

재귀함수가 한 칸씩 진행할 때마다 좌표를 추가하면 된다. 단, 막힌 곳에서 되돌아갈 때는 저장하면 안 된다. 그리고 길을 되돌아갈 경우, 즉 막혀 있지 않더라도 내가 들어섰다 포기한 길은 경로에 나타나면 안 된다. 이를 구현하는 가장 자연스러운 방법은 경로 좌표를 저장하는 리스트를 지역변수인 파라미터로 두는 것이다. 왜냐하면 모든 지역변수는 함수 호출 시 메모리에 저장되고 리턴을 만나 되돌아왔을 때 복구되기 때문이다. 즉, 일단 괜찮아 보이는 곳이라고 판단하여 현재 좌표를 경로에 추가하더라도 추후 리턴을 하게 되면 기록된 좌표가 자연스럽게 사라진다는 뜻이다.

이 모든 사항을 고려하여 코드로 옮기면 다음과 같다.

▌[전수시도] 미로찾기.py

```python
# 직사각형 미로를 가정한다.
# 재귀함수 'find_path'의 이해를 돕기 위해 지역변수를 최소한으로 줄임
labyrinth = ''          # 미로
i_length = 0            # 미로의 세로 길이
j_length = 0            # 미로의 가로 길이
all_paths = []          # 시작점에서 도착점까지의 모든 경로를 저장할 리스트

def main():
    global i_length
    global j_length
    si, sj = get_labyrinth()      # 시작점의 i, j 좌표
    i_length = len(labyrinth)
    j_length = len(labyrinth[0])
    find_path([], si, sj)
    print_labyrinth()

def find_path(path, i, j):        # path는 지금까지 거쳐온 좌표 저장, i, j는 현재 위치
    visited = (i, j) in path      # 왔던 길인지 판별
    wall = (i == i_length) or (j == j_length) or (i == -1) or (j == -1)   # 벽인지 판별

    # 다음 두 조건은 and의 앞뒤가 바뀌면 IndexError 발생
    not_way = not wall and labyrinth[i][j] == 'x'     # 길이 아님
```

```
        arrived = not wall and labyrinth[i][j] == 'd'     # 목적지에 도달함

        if wall or not_way or visited:   # 벽에 막혔거나 길이 아니거나 왔던 길이라면
            return       # 직전 좌표로 돌아감

        if arrived:      # 목적지에 도착했다면
            path.append((i, j))
            all_paths.append(path)
            return

        find_path(path+[(i, j)], i+1, j)  # 하
        find_path(path+[(i, j)], i, j+1)  # 우
        find_path(path+[(i, j)], i-1, j)  # 상
        find_path(path+[(i, j)], i, j-1)  # 좌

def get_labyrinth():
    global labyrinth
    with open("미로.txt", "r") as f:
        labyrinth = f.read()      # 파일을 하나의 문자열로 읽어 들임
    labyrinth = [i.split() for i in labyrinth.split('\n')] # labyrinth를 2차원 리스트로 변환
    for i in range(len(labyrinth)):
        try:
            sj = labyrinth[i].index('s')
            si = i
            break
        except ValueError:
            continue
    return si, sj

def print_labyrinth():
    for each_path in all_paths:
        print(each_path)

if __name__ == "__main__":
    main()
```

이 코드의 실행 결과는 다음과 같다.

```
[(0, 0), (0, 1), (0, 2), (0, 3), (1, 3), (2, 3), (3, 3), (4, 3), (4, 2), (5, 2),
(6, 2), (6, 3), (6, 4), (5, 4), (5, 5), (5, 6), (5, 7), (6, 7), (7, 7), (8, 7), (8, 8),
(8, 9), (9, 9)]
[(0, 0), (0, 1), (0, 2), (0, 3), (1, 3), (2, 3), (2, 2), (2, 1), (3, 1), (4, 1),
(4, 2), (5, 2), (6, 2), (6, 3), (6, 4), (5, 4), (5, 5), (5, 6), (5, 7), (6, 7), (7, 7),
(8, 7), (8, 8), (8, 9), (9, 9)]
```

답은 맞지만, 알아보기가 어렵다. 미로의 원형과 경로 변수를 고려하여 지도 형태로 특수문
자를 출력하기 위해 print_labyrinth() 함수를 다음과 같이 수정해보자.

```
...(생략)...
def print_labyrinth():
    for each_path in all_paths:
        for i in range(i_length):
            for j in range(j_length):
                if labyrinth[i][j] == 's':
                    print('☆', end=' ')
                elif labyrinth[i][j] == 'd':
                    print('★', end=' ')
                elif (i, j) in each_path:
                    print('·', end=' ')
                elif labyrinth[i][j] == 'o':
                    print('□', end=' ')
                elif labyrinth[i][j] == 'x':
                    print('▨', end=' ')
                else:
                    print('?', end=' ')
            print()
        print()
...(생략)...
```

그러면 결과가 다음과 같이 출력된다.

```
☆ ▪ ▪ ▪ ▨ ▨ ▨ ▨ ▨ ▨
▨ ▨ ▨ ▪ ▨ □ □ □ ▨ ▨
▨ □ ▨ ▪ ▨ □ □ □ ▨ ▨
▨ □ ▨ ▪ ▨ □ □ □ ▨ ▨
▨ □ ▪ ▪ □ ▨ ▨ ▨ ▨ ▨
▨ ▨ ▪ ▨ ▪ ▪ ▪ ▪ ▨ ▨
▨ ▨ ▪ ▪ ▪ ▨ ▨ ▪ ▨ ▨
▨ ▨ ▨ ▨ ▨ ▨ ▨ ▪ ▨ ▨
▨ ▨ ▨ ▨ ▨ ▨ ▪ ▪ ▪ ▨
▨ ▨ ▨ ▨ ▨ ▨ ▪ □ ▨ ★
```

```
☆ ▪ ▪ ▪ ▨ ▨ ▨ ▨ ▨ ▨
▨ ▨ ▨ ▪ ▨ □ □ □ ▨ ▨
▨ ▪ ▨ ▪ ▨ □ □ □ ▨ ▨
▨ ▪ ▨ □ ▨ □ □ □ ▨ ▨
▨ ▪ □ □ □ ▨ ▨ ▨ ▨ ▨
▨ ▪ ▪ ▨ ▪ ▪ ▪ ▪ ▨ ▨
▨ ▨ ▪ ▪ ▪ ▨ ▨ ▪ ▨ ▨
▨ ▨ ▨ ▨ ▨ ▨ ▨ ▪ ▨ ▨
▨ ▨ ▨ ▨ ▨ ▨ ▪ ▪ ▪ ▨
▨ ▨ ▨ ▨ ▨ ▨ ▪ □ ▨ ★
```

가능한 방법을 시도하다가 가망이 없을 때 뒤로 돌아와 또 다른 방법을 시도하면서 모든 가짓수를 시도하는 이 접근법은 **백트래킹(backtracking, 퇴각 검색)** 알고리즘의 일종이다. 또한, 미로 한 칸을 정점으로 보면 미로 전체를 그래프로 볼 수도 있다. 이 관점에서 위 접근법은 그래프 탐색 알고리즘 중 하나인 **깊이 우선 탐색(depth first search)**에 해당한다.

 가끔 **우선법(또는 오른손 법칙)**을 미로 찾기 알고리즘으로 제시하는 교재가 있다. 이는 오른손이나 왼손으로 한쪽 벽을 짚은 뒤, 그 손을 떼지 않고 계속 걷는 방법이다. 앞에서 예로 든 지도는 이 방법이 통한다. 그러나 다음과 같이 순환하는 미로에서는 도착지에 도달하지 못한다는 단점이 있다. 즉, 우선법은 100% 답을 제시해줄 수 있는 알고리즘이 아니다.

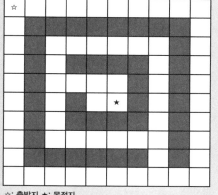

☆: 출발지 ★: 목적지

유제 해설

유제 4-1　최솟값.py

예시 답안

```python
# 출력: 가장 작은 숫자
# 입력: 숫자 여러 개

numbers = input("여러 개의 숫자 입력: ")
numbers = [int(i) for i in numbers.split()]
min_number = numbers[0]
for i in numbers:
    if i < min_number:
        min_number = i
print("가장 작은 숫자:", min_number)
```

해설

① 가장 작은 숫자를 찾으려면 비교를 해야 하고, 비교를 시작하려면 기준값이 필요하다. 이를 위해 예시 답안에서는 min_number(최소 숫자)를 입력받은 값 중 첫 번째 숫자인 numbers[0]로 초기화했지만, 마지막 숫자를 사용해도 괜찮다. 그러나 min_number를 임의의 숫자, 예컨대 99나 9999 등으로 설정하는 실수를 범하지 않도록 주의한다. 그보다 더 큰 숫자만 입력되면 잘못된 답이 도출되기 때문이다.

② 파이썬은 내장함수 min()을 통해 순회 가능 객체의 요소 중 가장 작은 값을 찾는 기능을 제공한다. 따라서 다음과 같이 코드를 작성할 수도 있다.

```python
numbers = input("여러 개의 숫자 입력: ")
numbers = [int(i) for i in numbers.split()]
print("가장 작은 숫자:", min(numbers))
```

예시 답안

```python
# 출력: 숫자의 인덱스 또는 ValueError
# 입력: 숫자 묶음과 숫자 하나
numbers = input("정수 묶음: ").split()
number = input("찾을 정수: ")
idx = -1
for i in range(len(numbers)):
    if numbers[i] == number:
        idx = i
        break
if idx == -1:
    raise ValueError
else:
    print("인덱스:", idx)
```

해설

① 인덱스를 출력해야 하는 문제다. 따라서 i를 numbers 리스트의 요소가 아닌, 0부터 'numbers 리스트의 요소 개수-1'까지의 값을 갖도록 했다. enumerate()를 사용하면 조금 더 간결한 코드를 작성할 수 있지만, 예시 답안과 같이 len()을 이용하는 방법도 있음을 알아두자.

② ValueError를 발생시키면 프로그램이 종료되므로 else는 사실 불필요하다.

③ 파이썬은 리스트의 메서드 index()를 통해 특정 요소가 몇 번째 인덱스에 있는지 알려주는 기능을 제공한다. 따라서 다음과 같이 코드를 작성할 수 있다.

```python
numbers = input("정수 묶음: ").split()
number = input("찾을 정수: ")
print("포함:", numbers.index(number))
```

④ 문자열은 index() 메서드와 더불어 find()라는 메서드도 지니고 있다. find()의 기능은 index()와 거의 같지만 차이가 있다. 인수로 넘겨받은 요소를 찾지 못하면 에러를 발생시키는 것이 아니라 -1을 반환한다.

LEVEL 04

유제 4-3   문자열역순출력.py

예시 답안

```python
def reverse(i):
    if i == -1:
        return                   # 베이스 케이스
    print(string[i], end='')
    reverse(i-1)                 # 재귀 호출

string = input("문자열: ")
reverse(len(string)-1)
```

해설

① 재귀함수에 대한 기본 개념 이해를 묻는 문제다. 만약 이 문제를 풀지 못했다면 레벨 3의 재귀함수 설명을 다시 읽어보길 권한다.

② 사실 문자열을 거꾸로 출력하는 가장 쉬운 방법은 다음을 이용하는 것이다. 이 방법은 리스트에도 적용할 수 있다.

```python
>>> a='ABCDE'
>>> a[::-1]
'EDCBA'
```

유제 4-4   단순평균.py

예시 답안

```python
numbers = input("숫자: ")
numbers = [int(i) for i in numbers.split()]
total = 0
for i in numbers:
    total += i
print(total/len(numbers))   # 평균: 숫자 합계를 숫자의 개수로 나눔
```

해설

파이썬은 내장함수 sum()을 통해 순회 가능 객체가 지닌 요소들의 합계를 구하는 기능을 제공한다. 따라서 다음과 같이 코드를 작성할 수 있다.

```python
numbers = input("숫자: ")
numbers = [int(i) for i in numbers.split()]
print(sum(numbers)/len(numbers))
```

예시 답안

```python
count = 0

def hanoi(disks, starting_point, tool, destination):
    global count
    if disks == 0:
        return
    hanoi(disks-1, starting_point, destination, tool)
    count += 1    # starting_point에 남은 원판 1개를 destination으로 이동하며 횟수 추가
    hanoi(disks-1, tool, starting_point, destination)

n = int(input("n: "))
hanoi(n, 'A', 'B', 'C')
print("이동횟수:", count)
```

해설

이 예시 답안과 같이 전역변수를 활용하여 처리 횟수를 세는 방법을 익혀두면 코드의 효율을 비교할 때 큰 도움이 된다. 효율 비교는 레벨 4 후반부에서 다룬다.

유제 4-6   달팽이배열.py

예시 답안

```python
# 출력: 달팽이 배열
# 입력: 정사각 달팽이 배열의 가로/세로 길이
# direction: 방향 -> d로 표현
# cancel: 최소 -> c로 표현
def main():
    n = int(input("n: "))
    snail = [[0 for j in range(n)] for i in range(n)]
    make_snail(snail, 0, 0, 0, 1, 1, n)
    print_snail(snail, n)

def make_snail(snail, i, j, i_d, j_d, value, n):
    if value > n**2:
        return
    elif i == n or j == n or snail[i][j] != 0:
        i_c, j_c = i_d, j_d
        i_d, j_d = d(i_d, j_d)
        make_snail(snail, i-i_c+i_d, j-j_c+j_d, i_d, j_d, value, n)
    else:
        snail[i][j] = value
        make_snail(snail, i+i_d, j+j_d, i_d, j_d, value+1, n)
```

LEVEL 04

```
def d(i_d, j_d):     # 시계 방향으로 진행 방향이 바뀌도록 조절
    if i_d == 0 and j_d == +1: return (+1, 0)          #우->하
    elif i_d == +1 and j_d == 0: return (0, -1)         #하->좌
    elif i_d == 0 and j_d == -1: return (-1, 0)         #좌->상
    elif i_d == -1 and j_d == 0: return (0, +1)         #상->우

def print_snail(snail, n):
    for i in range(n):
        for j in range(n):
            print("%4d" % snail[i][j], end='')
        print()

if __name__ == "__main__":
    main()
```

해설

① 예제 4-6의 제어문을 재귀함수 형태로 바꿀 수 있는지 묻는 문제다.

② 만약 이 문제를 풀지 못했다면 논리를 세우지 못한 것인지, 아니면 재귀함수를 모르는 것인지 확실히 짚고 넘어가자.

유제 4-7   **단위환산.py**

예시 답안

```
def 평to제곱미터(평):
    return 평*3.3058

def 제곱미터to평(제곱미터):
    return 제곱미터/3.3058
```

해설

이런 수준의 문제는 서술형 문제로도 출제될 수 있다.

유제 4-8   **인기인.py**

예시 답안

```
with open("투표결과.txt", "r") as file:
    names = file.read().split()
for name in set(names):
    print(name, names.count(name))
```

① 파일 전체를 읽어 split()하면 투표결과가 담긴 리스트를 얻을 수 있다. 이것을 집합으로 형변환하여 중복을 없앤 뒤 반복문의 순회 대상으로 지정하였다.

② 각 이름이 적힌 횟수를 구하기 위해 리스트의 count() 메서드를 사용하였다.

유제 4-9	n초근접게임.py

예시 답안

```python
import time
n = int(input("n: "))
tolerance = 0.1    # 오차 허용 비율
for count in ['3', '2', '1']:
    print(count, end=', ')
    time.sleep(1)

print("시작!", end='')
start = time.time()

input()
end = time.time()

elapsed_time = end-start     # 경과 시간
print("%.2f" % elapsed_time, end=' ')
if abs(elapsed_time-n) < n*tolerance:
    print("성공")
else:
    print("실패")
```

해설

① tolerance 변수의 값을 낮추면 게임을 더 어렵게 만들 수 있다.

② 카운트다운 시 sleep() 함수의 인수로 1이 아닌 다른 숫자를 사용하면 게임을 더 어렵게 만들 수 있다. 플레이어의 감각에 혼란을 줄 수 있기 때문이다.

③ 게임을 더 어렵게 만드는 요인들은 보통 교육과정에서 알려주지 않는다. 그러나 이러한 요인이 프로그램의 완성도 결정에 더 중대한 영향을 미칠 수도 있다.

LEVEL 04

예시 답안

```python
result = {'S': 0, 'A': 0, 'B': 0, 'C': 0}

def deduction(a, b):    # 감점 총합을 계산하여 반환하는 함수
    return a[0]*b[0] + a[1]*b[1] + a[2]*b[2] + a[3]*b[3]

with open("테스트.txt") as file:
    while True:
        record = file.readline()
        if record == '':
            break
        record = record.rstrip('\n').split()

        for i, value in enumerate(record):
            record[i] = int(value)          # 점수를 계산하기 위해 문자열에서 정수로 형 변환

        penalty_point = [2, 6, 4, 10]     # 감점 기준

        score = 100-deduction(penalty_point, record)

        if score >= 90:
            result['S'] += 1                 # 등급 산출 후 해당 등급 인원을 1 상승시킴
        elif score >= 80:
            result['A'] += 1
        elif score >= 60:
            result['B'] += 1
        else:
            result['C'] += 1

for key, value in result.items():
    print(key, value)
```

해설

문제는 길지만 풀이는 단순한 유형이다. 이 문제를 풀지 못했다면 문제 이해에 실패한 것인지, 문법적 요인에 약한 것인지 꼭 짚고 넘어가자.

예시 답안

```python
year = int(input("year: "))

if year % 400 == 0:
    print("윤년")
```

```
    elif year % 100 == 0:
        print("평년")
    elif year % 4 == 0:
        print("윤년")
    else:
        print("평년")
```

해설

① 조건의 적용 순서가 중요한 문제다. 조건문은 문제에서 주어진 단서 순서대로가 아니라 프로그래밍하기 위해 좋은 순서대로 구성해야 편하다.

② 문제에서 주어진 조건을 읽는 순간 다음 이미지를 떠올릴 수 있으면 좋다. 안쪽부터 걸러내는 순서로 조건문을 구성하면 되기 때문이다.

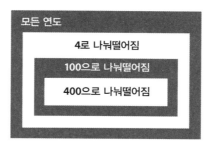

유제 4-12   **채팅프로그램.py**

예시 답안

```
import random
words = open("후보낱말.txt", "r").read().split()

def judge(word1, word2):
    """word1은 직전 낱말, word2는 새로운 낱말"""
#    if word2 not in words:      # 후보낱말 파일의 완성도가 높으면 주석 해제
#        return False
    if len(word2) == 1:          # 한 글자 단어라면 False 반환
        return False
    if word1[-1] == word2[0]:    # 글자가 이어졌다면 True 반환
        return True
    else:                        # 그 외의 경우 모두 False 반환
        return False

def word_selection(previous_word):
    if not previous_word:        # 새로 시작하는 경우
        return random.choice(words)
    else:
        # 역슬래시(\)를 사용하면 긴 문장을 나눠 바로 아랫줄에 이어 쓸 수 있다.
```

```
            available_words = \
                [i for i in words if i[0] == previous_word[-1] and len(i) > 1]
            if not available_words:  # 사용 가능한 단어가 없다면
                return ''
            else:
                return random.choice(available_words)

def word_chain():
    user_word=''
    print("컴퓨터: 나부터 할게.")
    while True:   # 끝말잇기 시작
        computer_word = word_selection(user_word)   # 찾아 고르기
        if not computer_word:
            print("컴퓨터: 내가 졌다. 다시 해.")
            user_word = ''
            continue
        else:
            print(computer_word)                        # 말하기

        user_word=input("나: ")                         # 듣기

        if not judge(computer_word, user_word):      # 판단하기
            print("컴퓨터: 와! 내가 이겼다!")
            break

while True:   # 대화 시작
    user = input("나: ")
    if user == "끝!":
        print("컴퓨터: 또 보자.")
        break
    elif "안녕" in user:
        print("컴퓨터: 만나서 반가워.")
    elif "끝말잇기" in user:
        word_chain()
    else:
        print("컴퓨터: 무슨 말인지 잘 모르겠어.")
```

해설

두 명이 수행하는 끝말잇기 놀이 과정을 코드로 옮기는 것이 관건이다. 한 참여자를 기준으로 끝말잇기는 다음 과정이 반복된다.

① 듣기: 상대의 낱말을 듣는다. input() 함수가 사용된다.

② 판단하기: 상대가 답한 낱말이 타당한지 판단하고, 타당하지 않다면 자신의 승리를 선언한다. 타당성은 단어의 실재 여부와 음절의 연속 여부, 한 글자 낱말의 사용 여부 등으로 구성할 수 있다.

③ 찾기: 상대의 낱말이 타당하다면 답할 수 있는 낱말 후보를 추린다. 후보가 없다면 패배를 선언한다.

④ 고르기: 답할 수 있는 낱말 후보 중에서 하나를 골라 말한다.

유제 4-13 | **홀짝판단.py**

예시 답안

```
n = int(input("자연수: "))
if n % 2 == 0:
    print("짝수")
else:
    print("홀수")
```

해설

이런 수준의 문제는 서술형 문제로도 출제될 수 있다.

유제 4-14 | **조합.py**

예시 답안

```
from math import factorial as fa
n = int(input("n: "))
r = int(input("r: "))
print(fa(n)//(fa(r)*fa(n-r)))
```

해설

① 모듈을 사용하면 프로그램 코드가 간결해진다.

② 이런 수준의 문제는 서술형 문제로도 출제될 수 있다.

유제 4-15 | **소수판별.py**

예시 답안

```
n = int(input("n: "))
prime_number = True
for i in range(2, int(n**0.5)+1):
    if n % i == 0:
        prime_number = False
        break
if prime_number:
    print("소수")
```

```
else:
    print("소수 아님")        # 합성수라고도 한다
```

해설

① 예제 4-15와 같은 이유로, n의 양의 제곱근보다 작거나 같은 정수로만 나눠봐도 소수 여부를 판단할 수 있다.

② 그 과정에서 한 번이라도 나눠떨어지면 소수가 아니므로 반복문을 더 진행할 이유가 없다. 따라서 break를 사용했다.

유제 4-16   **최소공배수.py**

예시 답안

```
a = int(input("a: "))
b = int(input("b: "))
if a > b:
    a, b = b, a    # a가 b보다 작은 값을 갖도록 조정

for i in range(1, a+1):
    if b*i % a == 0:
        print(b*i)
        break
```

또는 a와 b의 최소공배수가 (a*b)/gcd(a,b)와 같음을 이용할 수도 있다.

```
def gcd(a, b):
    if b % a == 0:
        return a
    return gcd(b % a, a)

a = int(input("a: "))
b = int(input("b: "))
print(int(a*b/gcd(a, b)))
```

해설

두 자연수 a, b의 최소공배수는 둘 중 큰 숫자보다 크거나 같고, a*b보다 작거나 같다. 따라서 둘 중 큰 숫자의 배수를 작은 숫자로 나눠 나머지가 0인 것을 구하면 계산 횟수를 줄일 수 있다.

예시 답안

```python
def judge(n):
    for i in range(2, int(n**0.5)+1):
        if n % i == 0:
            return False  # 한 번이라도 나눠떨어지면 False를 반환
    return True           # 그렇지 않으면 True를 반환

days=[31, 28, 31, 30, 31, 30, 31, 31, 30, 31, 30, 31]
월일숫자 = []
for i in range(12):
    for j in range(1, days[i]+1):
        월일숫자.append(int(str(i+1)+str(j)))
월일숫자 = set(월일숫자)      # 중복 제거. 12월 1일이나 1월 21일 모두 121이다.
for i in 월일숫자:
    if judge(i):
        print(i)
```

해설

소수 판단 방법은 이미 다뤘다. 따라서 월일숫자를 제대로 구성하는 것이 이 문제의 관건이다. 많이 어려운 작업은 아니지만, 각 월의 마지막 날짜를 몰라서 헤맨 사람도 있을 것이다. 이번 달의 끝이 30일인지 31일인지 혹은 28일인지 29일인지를 아는 것은 일상생활에서도 무척 중요하다. 2월 30일이나 6월 31일 같이 어처구니없는 실수를 하지 않기 위해서라도 각 월의 날짜 수는 꼭 외우자.

예시 답안

```python
# 출력: 삼각형
# 입력: n
n = int(input("n: "))
for i in range(1, n+1):
    for j in range(1, n+1):
        if i+j <= n+1:
            print("*", end='')
    print()
```

해설

① 위 문제는 n행 n열의 공간을 요구한다.

② 위 문제는 i+j <= n+1를 충족하는 좌표에 *를 표시할 것을 요구한다.

③ i와 j의 관계식을 이용하지 않고 다음과 같이 풀 수도 있다.

```
n = int(input("n: "))
for i in range(n, 0, -1):
    for j in range(1, i+1):
        print('*', end='')
    print()
```

유제 4-19 **삼각형2.py**

예시 답안

```
# 출력: 삼각형
# 입력: n
n = int(input("n: "))
for i in range(1, n+1):
    for j in range(1, n+1):
        if j >= i:
            print('*', end='')
        else:
            print(' ', end='')
    print()
```

해설

① 위 문제는 n행 n열의 공간을 요구한다.

② 위 문제는 j >= i를 충족하는 좌표에 *를 표시할 것을 요구한다.

③ i와 j의 관계식을 이용하지 않고 다음과 같이 풀 수도 있다.

```
n = int(input("n: "))
for i in range(n, 0, -1):
    for j in range(1, n+1):
        if j >= n-i+1:
            print('*', end='')
        else:
            print(' ', end='')
    print()
```

유제 4-20 **삼각형3.py**

예시 답안

```
# 출력: 삼각형
# 입력: n
n = int(input("n: "))
for i in range(1, n+1):
    for j in range(1, 2*n):
```

```
            if j >= i and i+j <= 2*n:
                print('*', end='')
            else:
                print(' ', end='')
        print()
```

해설

① 위 문제는 n행 (2n-1)열의 공간을 요구한다.

② 위 문제는 다음 부등식을 모두 충족하는 좌표에 *를 표시할 것을 요구한다. 그러나 '다' 조건
은 모든 좌표가 충족하므로 코드에 명시하지 않았다.

가. j >= i

나. i+j <= 2*n

다. i >= 1

③ 다음과 같이 풀 수도 있다.

```
n = int(input("n: "))
for i in range(1, n+1):
    for j in range(1, i):
        print(' ', end='')
    for j in range(1, 2*(n-i+1)):
        print('*', end='')
    print()
```

유제 4-21   **마름모.py**

예시 답안

```
# 출력: 마름모
# 입력: n
n = int(input("n: "))
for i in range(1, 2*n):
    for j in range(1, 2*n):
        if i+j <= n+1 or i+j >= 3*n-1 or j-i >= n-1 or i-j >= n-1:
            print('*', end='')
        else:
            print(' ', end='')
    print()
```

해설

① 위 문제는 (2n-1)행 (2n-1)열의 공간을 요구한다.

② 위 문제는 다음 부등식 중 하나 이상을 충족하는 좌표에 *를 표시할 것을 요구한다.

　가. i+j <= n+1

　나. i+j >= 3*n-1

　다. j-i >= n-1

　라. i-j >= n-1

③ 다음과 같이 풀 수도 있다.

```
n = int(input("n: "))
for i in range(1, 2*n):
    for j in range(1, 2*n):
        if abs(n-i)+abs(n-j) >= n-1:  # abs()는 절댓값을 구하는 함수
            print('*', end='')
        else:
            print(' ', end='')
    print()
```

유제 4-22　　**필승의BR31.py**

예시 답안

```
def judge(name, n):
    """참여자의 승패를 판단하는 함수"""
    if n == 31:
        print(name, "패배")
        return True
    else:
        return False

def BR31():
    """참여자의 턴 및 게임의 진행 전반을 관리하는 함수"""
    user_numbers = [0]
    k = 0
    while True:
        k += 1      # 턴을 세는 변수 추가 후 인수로 전달
        computer_numbers = computer_turn(user_numbers, k)
        if judge('컴퓨터', computer_numbers[-1]):   # 컴퓨터의 패배 여부 판단(사실 불필요)
            break
        user_numbers = user_turn()
        if judge('사람', user_numbers[-1]):
            break

def computer_turn(previous_numbers, k):
    """컴퓨터의 턴에 숫자를 결정하고 출력하는 함수. 임의 선택이 아니라 공식에 의해 숫자가 선택된다."""
    last_number = 4*k-2
    numbers = [i for i in range(previous_numbers[-1]+1, last_number+1)]
    # 숫자 결정 완료
```

```
        print("컴퓨터: ", end='')
        for i in numbers:
            print(i, end=' ')
        print()
        # 숫자 출력 완료

        return numbers

def user_turn():
    """사용자 턴에 숫자를 입력받아서 이를 처리하는 함수"""
    numbers = [int(i) for i in input("사람: ").split()]
    return numbers

if __name__ == "__main__":
    BR31()
```

해설

BR31() 함수와 computer_turn() 함수만 일부 수정하였다. 컴퓨터의 숫자 결정에 무작위성 부여 과정이 없어서 예제 4-22의 답안보다 훨씬 쉬운 코드가 됐다.

유제 4-23   **개미수열.py**

예시 답안

```
def get_previous_line(line):
    previous_line = ''
    for i in range(0, len(line), 2):
        previous_line += line[i]*int(line[i+1])
    return previous_line

line = input("n번째 행: ")
print(get_previous_line(line))
```

해설

1행을 제외하면 개미수열의 각 행은 다음과 같이 짝수 개의 숫자로 이루어져 있다.

$$x_1y_1x_2y_2...x_ky_k$$

이때 x는 직전 줄에 나타난 숫자이며, y는 x의 개수다. 따라서 직전 줄에는 x_1이 y_1개, x_2가 y_2 개, ..., x_k가 y_k개 있어야 한다. 예시 답안의 for i in range(0, len(line), 2):에서 i는 각 x 를 가리키는 인덱스 역할을 수행한다. 이때 line[i]는 문자열이므로 int(y)를 곱하여 반복시킬 수 있다.

길을 찾은 여행자

컴퓨팅 사고와 먼 삶을 살았던 사람이라면 여기까지 오는 길이 무척 험난했을 것이다. 특히 레벨 4에서는 포기하고 싶은 마음도 컸을 텐데, 꾸역꾸역 여기까지 온 것에 박수를 보낸다. 그런데 프로그래밍을 공부하는 이유가 단순히 교육과정만을 대비하기 위한 것인가? 컴퓨팅 사고를 함양했으니 프로그래밍을 손에서 놓을 것인가? 그렇다면 여기서 책을 덮어도 괜찮다. 하지만 프로그래밍을 통해 사람들의 욕구를 충족시키고 가치를 창출하고 싶다면 이 레벨의 본문을 즐겨보자.

패스워드 크래킹: 당신의 힘을 실감하라

5.1.1 들어가기 전에

레벨 5에 어려운 내용은 전혀 없다. 이야기를 통해 다루고자 하는 것은 두 가지 태도다.

윤리적 책임

큰 힘에는 큰 책임이 따른다.[1] 히어로 영화 또는 판타지 소설에나 어울릴 문장으로 보이겠지만, 프로그래밍 학습자에게도 유효한 문장이다.

프로그래밍 언어를 알고 있다는 것은 그 자체로 엄청난 무기가 된다. 격투기를 배운 사람이 생각 없이 휘두른 주먹에도 맞아 죽을 수 있다는 사실을 알 것이다. 이와 마찬가지로, 프로그래밍을 배운 사람이 타인을 해할 목적으로 프로그램을 만들면 엄청난 사회적 파장을 일으킬 수 있다.

'에이, 지금까지 배운 것 가지고 뭘 얼마나 할 수 있다고?'라는 생각을 하고 있을지도 모르겠다. 하지만 지금까지 배운 내용에 새로운 지식이 0.1g만 추가되면 타인을 해할 무기가 된다. 믿기지 않겠지만 이것이 사실임을 알리기 위해 레벨 5에서는 패스워드 크래킹을 다룬다. 부디 이번 단계를 통해서 우리 손에 칼이 들려있다는 사실을 깨닫길 바란다.

새로운 지식의 습득과 활용

너무나 당연한 말이지만, 이 책에 담긴 지식은 프로그래밍의 극히 일부일 뿐이다. 본격적인 프로그래밍을 시작하면 아는 것보다 모르는 것이 훨씬 더 많다는 사실을 알게 된다. 그렇다고 매번 기초만 뒤적거리고 있을 수는 없다. 목적을 달성하려면 돌아가는 게 아니라 앞으로

---

1 2002년에 개봉한 영화 '스파이더맨'에 등장했던 대사로, 원문은 'With great power comes great responsibility.'이다.

나아가야 한다. 그래서 잘 알지 못하는 대상, 예컨대 덩어리를 이루고 있는 지식의 조그마한 파편만을 익혀 원리도 모른 채 사용해야 하는 일도 자주 생긴다. 이번 단계를 통해서 그것이 어떤 느낌인지 알게 될 것이다.

내용 전달의 효과성을 고려하여 레벨 5의 본문은 소설 형식을 취했다.

5.1.2 거짓말의 이유

사람의 기억력은 무한하지 않다. 그래서 기록을 한다. 컴퓨터 파일을 만드는 것도 그 연장선에 있다고 채혁이 닭다리를 뜯으며 말했다.

"그런데 우스운 건 말이지, 그 내용을 들키지 않으려고 파일에 암호를 건단 말이야?"

"그래서?"

의도를 알 수 없는 채혁의 발언에 예진은 표정을 살짝 찌푸렸다. 하지만 채혁은 아랑곳하지 않고 뼈만 남은 닭다리로 예진에게 삿대질을 하며 말했다.

"웃기지 않냐? 기억하기 싫어서 파일을 만든 사람이 기억해야 하는 암호를 건다는 게."

"하고 싶은 말이 뭐야?"

"뭐긴 뭐야. 내가 암호를 까먹었다는 거지. 킥낄낄!"

저 웃음소리는 무언가를 숨기고 있을 때 내는 것이라고, 채혁을 오래 사귄 예진은 알 수 있었다.

"그래서 말인데, 혹시 뚫을 방법이 없을까?"

"뭐?"

이 무슨 경우 없는 소리란 말인가, 예진은 눈에 힘을 주어 채혁을 살벌하게 노려보았다.

"아 왜에, 넌 할 수 있잖아? 그치?"

채혁이 아양까지 부려 가며 매달렸지만 예진은 단호하게 쳐냈다.

"할 수 있고 없고의 문제가 아니잖아. 내가 뭘 믿고 그걸 도와줘? 그게 불법적인 일이면 어쩌려고?"

"그런 거 아닌데…… 그냥 내가 옛날에 그린 그림 찍어둔 거야."

시무룩해진 채혁의 표정에 예진은 살짝 미안한 마음이 들었지만, 그래도 짐짓 단호한 표정을 풀지 않았다.

LEVEL 05

"됐어. 안 할 거야."

협상의 여지가 완전히 사라지려던 찰나, 채혁이 그녀를 붙잡고 늘어졌다.

"그럼 이렇게 하자. 그게 압축 파일이거든? 암호 풀어서 네가 직접 열어보고, 이상하다 싶으면 나한테 전해줄 것도 없이 지워. 그러면 되잖아!"

"……"

"응?"

채혁의 눈을 물끄러미 바라보던 예진이 한숨을 내쉬곤 입을 열었다.

"암호에 대해서 기억나는 건 전혀 없어?"

*

벌게진 눈으로 낮에 있었던 만남을 회상하던 예진은 커피잔을 마저 비우고 다시 컴퓨터 앞에 앉았다. 시곗바늘은 이미 자정을 넘어 새벽 두 시를 달리고 있었지만, 그녀는 잠들 수 없었다. 하나를 붙잡고 시작하면 끝을 봐야 하는 성격 때문이었다.

"하아."

예진은 손으로 얼굴을 감싸고 한숨을 내쉬었다. 쉽지 않을 것이라고 생각하긴 했지만, 생각보다 진도가 더뎠다.

'역시 승낙하는 게 아니었어. 괜히 마음이 약해져선!'

사실, 예진이 컴퓨터과학을 전공하고 있긴 했다.

'하지만 나도 이제 겨우 2학년인데 도대체 무슨 생각으로!'

지금까지 배운 전공과목의 내용이라고는 파이썬 문법과 알고리즘 일부뿐이었다. 하지만 미술을 전공하는 채혁은 그 사실을 알지 못하리라.

짝!

'됐다, 됐어. 집중해서 빨리 끝내고 자자.'

스스로 때린 뺨에서 열기가 오르는 것을 느끼며, 예진은 지금까지의 진행 상황을 적어둔 메모를 확인했다.

'……다시 봐도 참 신기해.'

인터넷을 검색하다가 파이썬에 zipfile이란 모듈이 내장되어 있다는 사실을 처음 알았을 때
는 얼마나 놀랐던가.

'이런 건 수강할 때 배운 적 없었는데 말이야. 언제 한 번 날 잡아서 내장 모듈을 전부 훑어
보든지 해야겠는걸.'

한껏 기지개를 켠 그녀는 파이썬 에디터를 띄웠다. 그리고 압축파일이 있는 폴더에 만들어
둔 '압축풀기.py' 파일을 수정하기 시작했다.

'일단 지금까지 알아낸 걸 써보자.'

▌압축풀기.py

```
import zipfile
압축파일 = zipfile.ZipFile("그림.zip")
```

'잠깐, 그런데 ZipFile 객체도 보통 파일 객체처럼 close 메서드가 있으려나?'

그녀는 F5를 눌러 코드를 실행했다. 오류는 없었지만 역시 아무런 반응도 없었다. 하지만
상관없었다. 코드를 실행해서 셸을 띄운 것은 ZipFile 객체의 메서드를 확인하기 위해서였으
니까.

'객체 안에 있는 것들을 확인할 땐 dir()이었지, 아마?'

```
>>> dir(file)
['NameToInfo', '_RealGetContents', '__class__', '__del__', '__delattr__', ...,
'writestr']
```

'아, 눈 아파.'

예진은 결과를 더 보기 좋게 정리하도록 명령을 바꿨다. 그러자 결과가 한눈에 들어왔다.

```
>>> for i in dir(file):
    if not '_' in i:
        print(i)

NameToInfo
close
...
extract
extractall
...
```

'close가 있구나. 그럼 파일을 닫아줘야겠다. 근데 extract라고? 이게 압축 풀기 아닌가?'

우선 extract를 영어사전에서 찾아보니 '뽑아내다, 추출하다'라는 뜻이 있었다.

'이게 압축 해제가 맞는 것 같은데……'

문제는 extract냐 extractall이냐 하는 점이었다.

'두 개가 어떻게 다르지?'

예진은 문득 파일 압축의 두 가지 기능에 생각이 미쳤다. 하나는 파일의 크기를 줄이는 것, 또 다른 하나는 파일을 묶는 것!

'그러니까 extract는 압축파일 안에 있는 파일 하나를 콕 집어서 밖으로 꺼내는 거고, extractall은 압축파일을 완전히 다 푸는 게 아닐까?'

그렇다면 지금 상황에선 extract보단 extractall을 이용하는 것이 맞았다. extract는 여러 파일 중에서 하나를 풀어내는 것이므로 압축 파일 안에 포함된 파일 이름을 지정해야 할 텐데, extractall은 그럴 필요가 없을 것이기 때문이었다. 뭔지 잘 알지도 못하는 모듈과 객체를 쓰는 마당에 파라미터가 늘어나서 좋을 게 없었다. 예진은 자신의 추측 능력에 스스로 만족하며 메서드에 대한 설명을 읽기 위해 에디터에서 다음 내용을 입력하고 탭 키를 눌렀다.

```
압축파일.extractall(
```

'Extract all members from the archive to the current working directory…… 대충 압축파일 전체를 현재 폴더에 푼다는 얘기 같아! 추측이 맞았어!'

게다가 extractall 메서드는 pwd라는 파라미터를 지니고 있었다. 보아하니 password의 약자 같았다.

'될 것 같아!'

테스트를 해볼 필요가 있었다. 예진은 두근거리는 마음으로 급하게 압축파일 하나를 만들기 시작했다. '설예진'이라는 이름 석 자를 담은 '테스트.txt'를 '테스트.zip' 파일로 묶으며 압축 암호를 1로 지정했다.

"제발!"

그녀는 압축풀기.py의 내용을 다음과 같이 수정하고 실행했다.

▌압축풀기.py

```python
import zipfile
압축파일 = zipfile.ZipFile("테스트.zip")
압축파일.extractall(pwd = 1)
압축파일.close()
```

하지만 아니나 다를까, 빨간 글씨와 함께 에러가 발생했다.

'뭐지?'

```
TypeError: pwd: expected bytes, got int
```

해석하자면, 파라미터 pwd의 인수로 bytes를 줘야 하는데 정수형(int)을 썼다는 말이었다.

'bytes는 뭐지? 이것도 자료형인가?'

머리가 아프기 시작했지만, 예진은 우선 할 수 있는 걸 해보기로 했다. 어쨌든 정수가 마음에 안 든다는 것 아닌가.

'문자열로 변환해도 안 되려나?'

예진은 코드를 다음과 같이 수정해서 다시 실행했다.

```
...
압축파일.extractall(pwd=str(1))
...
```

하지만 이번에도 거의 비슷한 에러 메시지가 떴다.

```
TypeError: pwd: expected bytes, got str
```

해석하자면, bytes를 써야 하는데 문자열(str)을 썼다는 말이었다.

'도대체 bytes가 뭔데?!'

자료형 같다는 생각이 들기는 했지만 사용해본 적이 없었다. 8비트가 1바이트라는 건 외워서 알고 있긴 하지만, 파이썬 자료형으로서의 bytes는 생소한 존재였다.

'하긴, range형 자료형도 처음 들었을 땐 어색했으니까.'

세상엔 알고 있는 것보다 모르는 게 더 많다. 예진은 이를 겸허히 수긍하며, 다음과 같이 코드를 수정해보았다.

```
...
압축파일.extractall(pwd=bytes(1))
...
```

에디터 위의 bytes라는 글자가 str처럼 보라색으로 물드는 것을 보며, 왠지 모르지만 될 것 같다는 느낌이 들었다.

'bytes가 정말 파이썬 자료형이라면, 이렇게 했을 때 형 변환이 되겠지.'

예진은 두근거리는 마음으로 F5를 눌렀다. 하지만 이번에도 결과는 꽝. 빨간 메시지가 화면을 가득 채웠다.

'어? 근데?'

에러 메시지가 바뀌었다. 예진은 그것을 읽으며 생각에 잠겼다.

```
RuntimeError: Bad password for file <ZipInfo filename='ᅡᅥᆯᅵᅡᆾ«.txt'
```

'한글로 된 파일 이름이 깨져 보이는 건 그럴 수 있다 쳐. 그런데 Bad password라고? 패스워드가 틀려?'

그럴 리가 없었다. 자신이 방금 1이라고 패스워드를 직접 지정해서 만든 압축파일이었다. 그런데 패스워드가 틀렸다는 에러 메시지가 나오다니.

'도대체 왜!'

쿵—

예진은 고운 이마를 책상에 박듯이 기댄 채 생각에 잠겼다.

'포기할까?'

문득, 그런 생각이 들었다.

'……'

그러나 자존심이 허락하질 않았다. 게다가 지금까지 퍼부은 시간과 노력도 아까웠다. 하지만 무엇보다 채혁이 어렸을 때 그렸다는 그림이 무엇인지 궁금했다.

'도대체 무슨 그림을 그렸길래 암호씩이나 걸어놓은 거야?'

예진은 인정해야 했다. 그녀가 지금 패스워드 크래킹을 하고 있는 이유는 채혁의 부탁 때문이 아니었다. 그녀는 자신의 의지로 그것을 붙잡고 있었다. 채혁의 과거에 대한 호기심과 자신의 능력을 확인하고 싶은 욕구가 뒤섞여 키보드에서 손을 떼지 못하는 것이었다.

'이건 더 이상 채혁이 문제가 아니라 내 문제야. 내 문제는 아니지만……'

문득 이상한 느낌이 들었다. 뭔가가 떠오르려 하고 있었다.

'내 문젠데 내 문제가 아니다……'

예진은 퍼뜩 고개를 들었다.

'1이 1이 아니라면?'

그럴 수도 있겠다는 생각이 들었다. 예진은 학기 초반에 파이썬을 처음 배우던 때를 떠올렸다. input 함수로 사용자에게 받아낸 숫자에 사칙연산을 적용할 수 없어 얼마나 헤맸던가.

'……그래. 숫자 1을 bytes형으로 전환한 건 문자 1을 bytes로 전환한 거랑 다를 수도 있어.'

그래서 예진은 코드를 다음과 같이 고쳤다.

```
...
압축파일.extractall(pwd=bytes(str(1)))
...
```

그런데 이번에도 에러가 떴다. 하지만 에러의 형태가 바뀌었다.

'좋은 징조야.'

합리화든 뭐든 좋았다. 예진은 그렇게라도 자신을 속여야 했다.

```
TypeError: string argument without an encoding
```

'encoding 없는 문자열 인수? 문자열을 인코딩하라고……?'

에러 메시지를 보는 순간 예진의 뇌리에 스치는 기억이 있었다.

'잠깐만, 설마 encode 메서드?!'

문자열 메서드를 한 번에 몰아서 배울 때에는 용도를 이해하지 못해 그냥 넘어갔던 내용이었다. 예진은 셸을 띄워 떨리는 손으로 한 가지를 확인했다.

```
>>> type('a'.encode())
<class 'bytes'>
```

'아!'

그것을 보는 순간 확실해졌다. bytes로 직접 형 변환하는 것이 아니라, 문자열의 encode 메서드를 써서 bytes로 변환된 값을 pwd에 건네줘야 했던 것이다.

결국 코드의 최종 형태는 다음과 같았다.

▌압축풀기.py

```
import zipfile
압축파일 = zipfile.ZipFile("테스트.zip")
압축파일.extractall(pwd = str(1).encode())
압축파일.close()
```

'될까?'

실행해보니 아무런 에러 메시지도 뜨지 않았다.

'됐나?'

예진은 떨리는 손으로 결과를 확인했다.

"됐어!"

압축파일이 풀려서 'ㅓㅓㅗㄴ‖ ╠«.txt'가 밖으로 나와 있었다. 파일 이름이 깨졌지만 예진은 신경 쓰지 않았다.

'어차피 내용만 잘 보이면 되는 거 아냐?'

예진은 메모장으로 그 파일을 열어보았다. 그러자 '설예진'이라는 세 글자가 눈앞에 떴다.

"됐어!"

마음껏 소리를 지르고 싶었지만 야심한 시각이었으므로 그럴 순 없었다. 대신, 그녀는 소박하게 딸기우유를 한 팩 뜯었다. 당을 보충해줄 필요도 있었지만, 스스로에 대한 보상이기도

했다.

벌컥— 벌컥—

자취방 냉장고 앞에 서서 딸기우유 한 팩을 깔끔히 비운 그녀는 손등으로 입술을 훔치고 다시 컴퓨터 앞에 앉았다.

'이제 뭘 해야 하지?'

암호를 알고 있을 때 파이썬으로 압축파일을 풀 방법은 찾았다. 남은 것은 가능한 휴대전화 번호를 모두 생성하며 그것으로 압축 해제를 일일이 시도해보는 것이었다. 예진은 문제를 분리해서 생각하기 위해 '전화번호생성연습.py'를 따로 만들어 에디터로 코드를 작성하기 시작했다.

'앞은 010이고, 중간 번호도 네 자리, 뒷 번호도 네 자리였지.'

전부 합쳐서 for문 하나로 처리할지 아니면 2중 for문을 돌릴지 잠시 생각해본 예진은 2중 for문을 선택해서 감이 오는 대로 프로그램을 짰다.

```
for i in range(10000):
    for j in range(10000):
        print("010-%d-%d"%(i, j))
```

실행 결과는 다음과 같았다.

```
010-0-0
010-0-1
010-0-2
010-0-3
...
```

'아, 각각 네 자리 숫자를 만들어야 되지?'

예진은 에디터로 코드를 수정하기 시작했다. 이 문제는 자신이 있었다. 왜냐하면 아까 encode 메서드를 떠올리며 또 다른 문자열 메서드를 기억해냈기 때문이다.

'zfill이었지, 아마?'

zfill은 문자열 형태의 숫자 앞에 0을 채워서 인수로 주어진 자릿수에 맞게 변환해주는 메서드였다.

'그게 정수가 아니라 문자열 메서드인 이유는 아직도 모르겠지만 말이야.'

예진은 기억을 더듬어 코드를 다음과 같이 고쳤다.

```
...
        print("010-%s-%s" % (str(i).zfill(4), str(j).zfill(4)))
```

'안 되면 직접 만들지 뭐.'

예진이 기억하는 **zfill** 메서드의 기능은 크게 어려울 것이 없었다. 따라서 직접 구현하는 것도 쉬울 것 같았다.

'다만 귀찮을 뿐이지.'

다행히도 실행 결과는 좋았다.

```
010-0000-0000
010-0000-0001
010-0000-0002
010-0000-0003
...
```

'좋아. 거의 다 왔어!'

예진은 코드를 일부 수정하여 구분자(-, dash)가 없는 번호도 함께 출력되도록 바꿨다.

▌전화번호생성연습.py

```
for i in range(10000):
    for j in range(10000):
        print("010-%s-%s" % (str(i).zfill(4), str(j).zfill(4)))
        print("010%s%s" % (str(i).zfill(4), str(j).zfill(4)))
```

실행 결과는 다음과 같았다.

```
010-0000-0000
01000000000
010-0000-0001
01000000001
010-0000-0002
01000000002
...
```

성공이었다.

'됐다!'

그런데 문제가 있었다.

'왜 이렇게 느려?'

단순히 출력만 하는 것뿐인데도 엄청나게 오랜 시간이 걸렸다. 반복문이 총 1억 번 실행되려면 얼마나 많은 시간이 필요할까? 예진은 time 모듈을 이용해 시간을 재보기로 했다.

'일단 1만 번 정도만 반복해보자.'

▌전화번호생성연습.py

```
import time
시작 = time.time()
for i in range(100):
    for j in range(100):
        print("010-%s-%s" % (str(i).zfill(4), str(j).zfill(4)))
        print("010%s%s" % (str(i).zfill(4), str(j).zfill(4)))
종료 = time.time()
print(종료-시작)
```

그러자 충격적인 결과가 나왔다.

"82초?!"

1억은 1만의 1만 배다. 82초에 1만을 곱하면 820,000초였다. 이는 13,667분이고, 228시간이었으며, 약 9.5일이었다. 물론 최악의 경우를 고려한 것이지만, 평균적인 경우를 생각해도 약 닷새였다. 이대로라면 프로그램을 완성해도 실행하기가 싫었다.

'시간을 줄일 방법이 없을까?'

예진은 혹시나 하는 마음에 화면 출력을 생략해보기로 했다.

▌전화번호생성연습.py

```
import time
시작 = time.time()
for i in range(100):
    for j in range(100):
        pass
        # print("010-%s-%s" % (str(i).zfill(4), str(j).zfill(4)))
        # print("010%s%s" % (str(i).zfill(4), str(j).zfill(4)))
종료 = time.time()
print(종료-시작)
```

그러자 눈을 의심하게 만드는 결과가 나왔다.

'0.00098896... 0.001초 정도까지 줄었어!'

0.001에는 1만 배를 해도 10초밖에 걸리지 않으니 82초와 0.001초의 차이는 엄청난 것이

었다.

'출력 함수가 생각보다 시간을 많이 잡아먹는구나.'

더 이상의 테스트는 무의미했다.

'이제 마지막 단계야.'

예진은 다시 압축풀기.py 파일을 열어 전화번호생성연습.py의 코드의 내용을 다음과 같이 합친 뒤 실행했다.

'될까?'

▌압축풀기.py

```python
import zipfile
압축파일 = zipfile.ZipFile("그림.zip")
for i in range(10000):
    for j in range(10000):
        a = "010-%s-%s" % (str(i).zfill(4), str(j).zfill(4))
        b = "010%s%s" % (str(i).zfill(4), str(j).zfill(4))
압축파일.extractall(pwd=a.encode())
압축파일.extractall(pwd=b.encode())
압축파일.close()
```

하지만 역시 한 번에 되는 일은 없었다.

```
RuntimeError: Bad password for file ...
```

예진은 깊게 심호흡을 한 뒤 에러 메시지를 읽었다. 그런데 이미 한 번 봤던 에러 메시지였다.

'패스워드가 틀렸다고 에러가 났잖아?'

패스워드가 한 번에 맞을 리가 없으니 에러가 발생하는 것은 당연한 일이었다. 그러나 그녀는 패스워드가 맞지 않더라도 계속해서 시도하는 것을 원했다. 에러가 한 번 났다고 프로그램 전체가 멈추는 것은 그녀의 의도가 아니었다.

'이럴 땐 적당한 게 있지.'

바로 try-except였다. 이 구조를 이용하면 오류가 발생하더라도 이를 적절히 처리하고 실행을 이어나갈 수 있도록 만들 수 있었다.

'차라리 잘 됐어.'

예진은 코드를 수정하며 반복문을 멈추기 위한 break까지 추가했다. 압축이 안 풀려서 오류가 발생하면 break되지 않을 것이고, 압축이 풀리면 break가 실행되며 반복문이 작동을 멈추도록 만들었다.

'이렇게 하면 되지 않을까?'

▌압축풀기.py

```python
import zipfile
압축파일 = zipfile.ZipFile("그림.zip")
성공 = False
for i in range(10000):
    for j in range(10000):
        A = "010-%s-%s" % (str(i).zfill(4), str(j).zfill(4))
        B = "010%s%s" % (str(i).zfill(4), str(j).zfill(4))
        try:
            압축파일.extractall(pwd=A.encode())
            성공 = True
            break
        except:
            pass
        if 성공:
            break

        try:
            압축파일.extractall(pwd=B.encode())
            성공 = True
            break
        except:
            pass
        if 성공:
            break

압축파일.close()
```

하지만 예진은 자신이 짠 코드가 마음에 들지 않았다.

'역시, 차라리 단일 for문으로 만드는 게 낫겠어.'

그것은 그렇게 어려운 일이 아니었다. 예진은 코드를 살짝 수정해 조금 더 보기 좋게 바꿨다.

▌압축풀기.py

```python
import zipfile
import winsound
압축파일 = zipfile.ZipFile("그림.zip")
for i in range(100000000):
    a = str(i).zfill(8)[:4]
    b = str(i).zfill(8)[4:]
    c = "010-%s-%s" % (a, b)
    d = "010%s%s" % (a, b)
```

```
    try:
        압축파일.extractall(pwd=c.encode())
        break
    except:
        pass
    try:
        압축파일.extractall(pwd=d.encode())
        break
    except:
        pass
압축파일.close()
winsound.Beep(1000, 20000)
```

'좋아, 훨씬 낫네.'

코드를 실행해보니 아무런 반응도 없이 커서만 깜빡거리고 있었다. 프로그램이 열심히 동작 중이라는 뜻이었다. 하지만 방심할 수는 없었다. 뒤에서 돌아가고 있는 c와 d의 값을 확인할 필요가 있었다. 그래서 예진은 코드를 임시로 다음과 같이 바꿔 실행해보았다.

```
...
    try:
        print(c)
        압축파일.extractall(pwd=c.encode())
...
    try:
        print(d)
        압축파일.extractall(pwd=d.encode())
...
```

그러자 c 값과 d 값이 차례로 바뀌며 프로그램이 실행되는 모습을 볼 수 있었다.

'좋아, 제대로 작동하는구나.'

코드를 다시 원래 상태로 돌려놓은 예진은 잠시 고개를 돌려 창문 밖을 바라보았다. 산 너머로 동이 트고 있었다.

'얼른 프로그램 돌려놓고 한숨 자야겠네.'

하지만 마지막 단계가 남아 있었다. 프로그램이 실행을 마칠 때까지 얼마나 걸릴지에 대한 예측이었다.

"제발 열흘만 아니게 해주세요."

그렇게 중얼거리며 예진은 다음과 같이 코드를 수정하여 실행했다.

```
...
import time
...
시작 = time.time()
for i in range(10000):
...
종료 = time.time()
print(종료-시작)
...
```

'7.4959초?'

약 7.5초로 계산했을 때, 최악의 경우 프로그램이 그 1만 배인 75000초를 필요로 한다는 뜻이었다. 이는 1250분이었고, 약 20.83시간에 해당했다. 기댓값으로는 열 시간이 조금 넘었다.

"열흘이 아닌 게 어디야?"

그녀는 문득 이 정도 속도만 유지되더라도 굉장한 것이라는 생각이 들었다. 네 자리 패스워드를 뚫는 데 최악의 경우 7.5초라는 것은, 여섯 자리 숫자 패스워드를 뚫는 데에는 최대 750초밖에 걸리지 않는다는 뜻이었으니까.

'십 분 남짓한 시간에 비밀번호가 이렇게 뚫릴 수 있다고?'

게다가 이것은 어디까지나 파이썬을 기준으로 한 시간이었다. 파이썬보다 훨씬 더 빠른 컴파일 언어를 사용하면 시간이 훨씬 더 단축될 수도 있으리라.

'특수문자 없는 숫자 패스워드 쓰지 말라고, 귀에 딱지가 앉도록 얘기하는 이유가 이거였구나.'

기껏해야 풋내기 정도밖에 되지 않는 자신의 실력으로도 뚫리는 비밀번호가 제 역할을 할 수 있을 리가 없었다.

짜악!

예진은 자신의 뺨을 때렸다. 어느새 고개를 숙인 채 졸고 있었기 때문이다.

"빨리 돌려놓고 자야겠어."

그녀는 time 모듈과 관련 함수를 코드에서 지운 후, winsound 모듈의 Beep 함수를 추가했다. 프로그램이 모든 작업을 마쳤을 때 알람이 울리면 좋겠다는 생각이 들었기 때문이다. 시간은 20초로 설정했다.

```
import winsound
...
winsound.Beep(1000, 20000)
```

결국, 전체 코드는 다음과 같은 모양이 되었다.

▌압축풀기.py

```python
import zipfile
import winsound
압축파일 = zipfile.ZipFile("그림.zip")
for i in range(100000000):
    a = str(i).zfill(8)[:4]
    b = str(i).zfill(8)[4:]
    c = "010-%s-%s" % (a, b)
    d = "010%s%s" % (a, b)
    try:
        압축파일.extractall(pwd=c.encode())
        break
    except:
        pass
    try:
        압축파일.extractall(pwd=d.encode())
        break
    except:
        pass
압축파일.close()
winsound.Beep(1000, 20000)
```

예진은 컴퓨터를 재부팅했다. 그리고 방해가 될 만한 백그라운드 프로세스를 전부 종료하고 압축풀기.py를 실행했다. 창밖을 돌아보니 그 사이에 해가 완전히 떠 있었다. 예진은 후련한 표정으로 커튼을 치고 침대에 쓰러지듯 누웠다. 그리고 의식이 꺼졌다.

*

삐—

'……뭐지?'

예진은 비몽사몽한 상태로 상체를 일으켰다. 그 알람은 마치 멈춰버린 심장 박동을 알리는 심전도 모니터 소리 같아서 그녀의 마음을 불안하게 만들었다. 그리고 정확히 20초가 지났다. 뚝, 하고 멎어버린 소리. 숨을 크게 들이쉰 그녀는 고개를 돌려 시계를 바라보았다. 시침이 1을 갓 넘어가고 있었다. 그런데 커튼 바깥이 어둑어둑했다.

'여섯 시간밖에 안 됐는데? ……설마, 나 열여덟 시간을 넘게 잔거야?!'

퍼뜩 정신이 돌아왔다. 예진은 급하게 침대에서 일어나 커튼을 젖혔다.

쏴아아―

비가 오고 있었다.

"아."

세차게 내리는 빗소리. 창밖으로 들리는 빗소리 사이에는 천둥소리도 이따금 섞여 있었다. 간만에 내리는 폭우였다.

'그냥 어두운 거였구나.'

예진은 안도의 한숨을 내쉬며 컴퓨터 앞 의자에 몸을 맡겼다.

'끝났네.'

프롬프트 옆에서 깜빡거리는 커서를 보던 예진은 피식 웃음을 흘렸다. 채혁 때문에 시작된 지난밤의 사투가 떠올랐기 때문이다.

'별 것 아니기만 해봐.'

예진은 마우스를 움직여 어젯밤에 만들어두었던 폴더를 찾았다. 그 안에는 IMG_0184.JPG 가 압축이 풀린 상태로 놓여 있었다.

"뭐야, 이게?"

사진을 확인한 예진은 이상한 느낌이 들었다. 그것은 그녀의 초상화였다. 예진은 마치 사진처럼 그려져 있는 자신의 모습을 보고 있었다. 미술에 까막눈인 그녀가 봐도 얼마나 정성을 들였는지 알 수 있을 정도로 애정이 담겨 있었다. 문제는, 초상화 속의 얼굴이 지금의 그녀와 크게 다르지 않다는 점이었다.

"분명히 어렸을 때 그린 거라고 하지 않았……."

정성 들여 그린 초상화 밑에 새겨진 깨알 같은 문구를 발견한 것은 그때였다.

"……!"

예진의 동공이 커졌다. 그녀는 왼손으로 채혁에게 전화를 걸며, 오른손으로는 사진 파일의 속성을 확인했다.

'찍은 날짜가 언제야?!'

통화 연결음이 사라졌다.

"야, 길채혁!"

아직 한 달도 지나지 않은 파일.

지금 거신 전화는 고객의 요청에 의해 당분간 착신이 정지되어―

"뭐라고?"

황망한 표정으로 자신의 휴대전화를 내려다보던 그녀는 우당탕 자리에서 일어났다. 그리고 입는 둥 마는 둥 급하게 껴입고는 자취방을 나섰다.

끼이이— 달칵

녹슨 문소리를 끝으로.

그녀의 자취방에 남은 것은 빗소리뿐이었다.

찾아보기

문제를 풀 때 문법이 생각나지 않는다면? 다음 코드를 참고하자.

```python
# 사용자로부터 입력받기: input()
r = input('반지름: ')



# 형 변환: 입력받은 값이 숫자라면 형 변환이 필요하다.
r = float(r)
# int: 정수, str: 문자열, float: 실수, list: 리스트, dict: 딕셔너리
# set: 집합, tuple: 튜플, bool: 부울,



# 출력하기: print()
print('원의 넓이:', r * r * 3.14)
# 사칙연산: +, -, *, /
# 몫, 나머지: //, %



# 조건문: if, elif, else
if r % 2 == 0:
    print('반지름은 짝수다.')
elif r % 3 == 0:
    print('반지름은 3의 배수인 홀수다.')
else:
    print('반지름은 3의 배수가 아닌 홀수다.')
# 크다, 작다, 크거나 같다, 작거나 같다: >, <, >=, <=
# 같다, 같지 않다: ==, !=
# a가 b에 포함되어 있다, 포함되어 있지 않다: in, not in
# 논리연산자: and, or, not
```

```
# 반복문: for, while
lunch = ['제육덮밥', '김치볶음밥', '치즈돈까스']
day = ['일', '월', '화', '수', '목', '금', '토']
for i in range(0, 7, 1):
    print(day[i] + '요일의 점심 메뉴는', lunch[i % len(lunch)])
while True:
    menu = input('오늘 먹은 메뉴: ')
    if menu == '짜장면':
        print('당신은 내일도', menu + '을 먹게 될 것입니다.')
        continue
    else:
        break
# range(a, b, c): a부터 b 직전까지 c씩 증가.
# c가 1이면 c 생략 가능, c가 1이며 a도 0이면 a, c 생략 가능.
# len(): 길이
# while True: 무한 반복
# continue: 다음 반복을 시작
# break: 반복을 완전히 멈춤


# 사용자 정의 함수: def
def quote(sentence):
    print('"' + sentence + '"')
quote('...이렇게 적으면 인용이 되는 거야?')
quote('신기한 함수네.')
# def를 이용해 함수를 정의한다.
# input과 output에 해당하는 파라미터와 return 값은 각각 있거나 없을 수 있다.
```